MONOGRAPHIE

DE LA

PAROISSE DU HOULBEC

(PRÈS GROS-THEIL)

PAR

L'ABBÉ C. HEULLANT

Curé de Gros-Theil (Eure)

————◦————

ÉVREUX

IMPRIMERIE DE CHARLES HÉRISSEY

4, RUE DE LA BANQUE, 4

—

1901

Des archives de la bibliothèque de Rouen, il résulte que les Postis étaient dès 1280, forestiers d'Évreux, puisqu'à cette époque nous voyons Hugues Postis, époux d'Idelte de Harcourt, et forestier du comté d'Évreux.

Il est de tradition dans la famille de Postis de se croire d'origine milanaise.

Par suite de quelles circonstances les de Postis ont-ils quitté leur patrie pour venir se fixer en France et principalement à Évreux ? Toute espèce de documents fait défaut à cet égard. Néanmoins la famille Postis se transmet d'âge en âge la tradition suivante qui paraît vraisemblable :

Lorsque Charles d'Anjou, roi des deux Siciles et son frère Philippe le Hardi, fils de Louis IX, aussitôt après la mort de leur père, eurent terminé la 8e croisade (1270) par une victoire suivie d'un traité de paix autorisant la libre prédication du christianisme sur le littoral africain, un membre de la famille Postis qui avait suivi, dans cette croisade, le roi des deux Siciles, l'accompagna en France ; et pour le récompenser de ses services, le nouveau roi Philippe III le Hardi, concéda à Hugues Postis le titre « héréditaire » de Forestier du Comté d'Évreux.

Jusqu'en 1453, les Postis sont qualifiés forestiers et veneurs de la Comté d'Évreux, ce qui explique qu'ils aient pris comme armoiries : Trois défenses ou massacres de cerf d'or et comme supports deux lévriers. Le cimier qui surmontait l'écu indiquait leur noblesse (Veneurs).

Lorsque plus tard ils devinrent chevaliers, ils remplacèrent le cimier par une couronne de marquis.

Les timbres armoriés des de Postis remontant aux années 1604, 1713 et 1767, le démontrent clairement.

GÉNÉALOGIE DES DE POSTIS, GENS D'ÉPÉE, SEIGNEURS DU VIEIL-ÉVREUX, D'ARGENCES, ETC., VENEURS HÉRÉDITAIRES DU COMTÉ D'ÉVREUX

En 1280 :

Hugues de Postis, forestier d'Évreux, épouse Idelte de Harcourt.

D'où :

1311. **Guy Postis**, forestier héréditaire d'Évreux, épouse noble demoiselle Huguenette Dampierre ;

D'où :

1345. **Henri Postis**, écuyer, veneur de la forêt d'Évreux, épouse Guyanne de Coqueray ;

D'où :

1379. **Charles Postis**, forestier d'Évreux, épouse Marguerite de Gomey ;

D'où :

1413. **Armand Postis**, écuyer, veneur de la comté d'Évreux, épouse Gisèle de l'Isle ;

D'où :

1453. **Robert Postis**, écuyer, épouse noble dame Anne Baillod ;

D'où :

1484. **Gérard Postis**, épouse noble dame Gilette Spencer, nièce du bailli d'Évreux ;

D'où :

1514. 1º **Philippe Postis** qui de son mariage avec Charlotte de Grand-Puel ont un fils Jehan Postis, en 1514, sans descendants.

2º **Jacques second Postis**, de son vivant seigneur du Vieil-Évreux, épouse en 1514 noble dame Jehanne Aubert, descendant des sires d'Aubert et de Valof ;

D'où :

Vers 1550, **Mathieu de Postis et Simon de Postis**.

Vers 1570, ce dernier épouse Suzanne du Val qui suit :

MONOGRAPHIE

DE LA

PAROISSE DU HOULBEC

(PRÈS GROS-THEIL)

MONOGRAPHIE

DE LA

PAROISSE DU HOULBEC

(PRÈS GROS-THEIL)

PAR

L'ABBÉ C. HEULLANT

Curé de Gros-Theil (Eure)

————— ☙ —————

ÉVREUX

IMPRIMERIE DE CHARLES HÉRISSEY

4, RUE DE LA BANQUE, 4

—

1901

ÉVÊCHÉ
D'ÉVREUX

Évreux, 4 octobre 1901.

MONSIEUR LE CURÉ,

Je vous félicite bien sincèrement des éloges que vous adresse Monsieur le chanoine Chevretel si compétent dans les questions d'histoire, et j'autorise l'impression de votre travail.

Recevez l'assurance de mon entier dévouement en N.-S.

† PHILIPPE, Ev. d'Evreux.

PRÉFACE

—

S'il est sur le sol du canton d'Amfreville-la-Campagne un lieu riche en souvenirs historiques, c'est
sans contredit la modeste paroisse de Houlbec près
Saint-Georges-du-Gros-Theil.

Il y a là une charmante petite église, avec sa
légende pieuse, et un vieux manoir féodal dont les
restes imposants nous obligent à évoquer le passé,
avec ses souvenirs des nobles chevaliers bardés de
fer, des soldats faisant le guet du haut des créneaux
ou des tours, des belles châtelaines accompagnées
de leurs gentes damoyselles, car de nombreuses
générations ont grandi à l'ombre du vieux castel.

Il y a là des tours fort élégantes, avec machicoulis; des murailles solidement bâties et épaisses,
avec meurtrières; des souterrains et des caves avec
anneaux en fer scellés dans la pierre; des restes de
plusieurs enceintes de fossés, qui sont dignes que
nous nous arrêtions devant ces débris grandioses
d'un passé glorieux. Car nous ne sommes point de

ces gens au parti pris et à l'esprit par trop limité pour lesquels notre glorieuse France ne remonte pas au-delà de 1789.

Nous estimons très glorieux le passé, nous qui l'avons étudié sérieusement, et nous l'acceptons, sinon sans réserve, au moins sans rougir.

Soucieux de nos gloires nationales et plus encore de nos gloires départementales, nous avons pensé faire œuvre utile en même temps que agréable aux nombreux esprits d'élite qui de nos jours sont à la recherche du moindre grain de mil en fait d'histoire locale, en présentant au public un modeste travail sur une petite paroisse ignorée ou au moins méconnue, qui pourtant pourrait être mise sur un pied de complète égalité avec de plus grandes, et qui peut à bon droit être fière et de son église et de son château-fort.

Avouerons-nous que nous ne nous expliquons pas que notre siècle si passionné d'histoire, ait négligé ce petit coin, moins célèbre qu'Harcourt, il est vrai, mais cependant qui touche à l'histoire de notre vieille Normandie?

Nous ne nous flattons pas d'avoir fait œuvre complète et définitive, ni d'avoir épuisé le sujet.

Nous n'avons pas la prétention d'ouvrir des voies nouvelles à l'histoire et nous n'ignorons pas que nous n'échapperons point à quelque critique. Mais au moins nous rendra-t-on cette justice que nous présentons un travail de conscience et d'impartialité, appuyé sur des documents authentiques et de première main, malgré que nous ne prétendions pas pouvoir dire, après plusieurs années de labeur : « Exegimus monumentum. »

Nous ne présentons notre travail que comme un recueil de notes et de documents destinés à seconder l'homme de talent qui plus tard se proposera de parfaire notre œuvre.

Si l'on nous permettait d'exprimer un regret, ce serait de n'avoir point l'envergure nécessaire et de ne pas être à la hauteur de notre sujet.

Que n'avons-nous la palette, les pinceaux et les couleurs vives de Chateaubriand, pour peindre le gracieux paysage dont nous nous proposons de parler, paysage mêlé d'ombre et de lumière, avec ses lagunes, avec sa nature calme, avec sa retraite, son silence et sa fraîcheur capables de faire rêver un moine!

Néanmoins nous avons lieu de croire que notre recueil de notes sera loin d'être nuisible à l'histoire normande et qu'on le lira avec plaisir parce que nous avons voulu, suivant le conseil d'Horace : « Omne tulit punctum qui miscuit utile dulci, » rendre cette lecture attrayante et lui donner comme qualité principale la sûreté de la documentation et le caractère d'une véritable impartialité.

Nous espérons même que certains documents pourront être une révélation pour divers lecteurs et jeter quelque lumière sur des points obscurs; et que l'on apprendra avec plaisir des détails ignorés qui pourront servir de leçons, car l'expérience n'est-elle pas, en toutes choses, la grande maîtresse, et ne sont-ce pas ses leçons qui ont le plus d'efficacité, suivant la pensée d'Adolphe Thiers?

Les documents concernant notre sujet sont si nombreux et si volumineux qu'il nous a fallu nous priver du plaisir de tout citer, pour éviter des volumes et que nous avons été obligé d'opérer une sélection au milieu de ces nombreux matériaux.

Nous avons pensé qu'après avoir parlé de la charmante église du Houlbec et de son manoir au moins cinq fois séculaire, dont l'histoire se relie à celle des d'Harcourt et de la Normandie, ce ne serait pas un hors d'œuvre que d'exposer la liste de ses différents seigneurs et la filiation ou généalogie de ceux qui l'habitent de nos jours et qui constituent la famille noble *la plus ancienne résidant encore dans le département de l'Eure*. Comment en effet ne pas avoir un mot d'éloges pour une famille qui a donné tant de défenseurs à la patrie, d'humbles ministres à Dieu, et qui a été l'âme du pays durant des siècles?

Et sans songer à restaurer l'ancien régime, il nous sera bien permis parfois de constater que tout n'y était point blâmable, et que s'il y a eu des abus, il y a eu également de grandes vertus qui ont éminemment honoré la noblesse, et que, si, d'une part on a tort de l'admirer en entier et sans réserve, on aurait tort aussi de la condamner par parti pris et sans l'avoir mûrement étudiée.

Aussi bien ne constatons-nous pas comment l'ingratitude des hommes oublie les services passés pour ne plus voir qu'une faute présente qu'elle fait retomber injustement sur de nombreux innocents? Pour nous il nous est doux de nous souvenir, et nous trouvons avantageux de rappeler les gloires du passé qui parfois consolent de bien des tristesses présentes. En outre puisque c'est une page d'histoire locale que nous nous proposons d'écrire, n'est-ce pas le lieu de rappeler que l'histoire locale se recommande d'autant mieux à l'attention des esprits cultivés que les leçons du passé sont les plus sûres lumières pour le présent et le stimulant le plus efficace pour l'avenir? Et pourtant combien n'est-elle pas négligée en certains milieux où l'on enseigne l'histoire et la géographie de pays éloignés que l'on ne visitera jamais, alors que l'on ignore même les faits les plus simples, les noms des chemins et des trièges du propre pays que l'on habite?

Sans doute l'œuvre que nous offrons est bien modeste, aussi modeste que l'humble paroisse dont elle s'occupe; mais si nos lecteurs veulent bien lui sourire, elle fera allégrement ses premiers pas dans la vie à côté de ses sœurs aînées.

Enfin notre dernier but est de rappeler que la

patrie est avant tout le pays où l'on est né, dont le nom respecté fait toujours vibrer les cœurs; le vieux clocher à l'ombre duquel on a grandi et qui évoque le souvenir de notre berceau; les champs que nos ancêtres ont tant de fois retournés, où tout le monde se connaît, ces champs qui ont fourni du pain à tant de générations et où il est encore plus facile de se faire une existence indépendante, honorée et utile, loin du mirage des villes où l'on gagne parfois facilement un argent que l'on dépense plus facilement encore.

Nous estimons que notre travail ne sera pas désagréable aux habitants du Houlbec. Puissions-nous contribuer à les convaincre que la terre ennoblit et qu'il n'y a rien de plus beau que de vivre à la campagne, tandis que souvent les ruisseaux fangeux des villes altèrent la santé, quand ils n'empoisonnent pas la vie.

Avant d'entrer dans notre sujet, nous tenons à exprimer à M. le comte Adrien de Postis du Houlbec toute la gratitude que mérite le concours plein de bienveillance qu'il nous a prêté pour mener à bonne fin ce travail, et nous nous permettons de signaler aux amateurs de calligraphie un manuscrit malheureusement pas signé et qui se trouve aux archives du château du Houlbec, concernant ce domaine seigneurial, manuscrit que nous estimons un vrai chef-d'œuvre. Un grand nombre de lettres majuscules de ce manus-

crit de grand mérite, exécutées à la plume, sont des
merveilles pour la richesse de l'imagination, la
variété des modèles, le fini du dessin et le naturel de
l'exécution.

L'ordre chronologique étant la clé de l'histoire nous
nous efforcerons d'observer l'ordre des dates autant
que faire se pourra dans les divers chapitre de ce travail.

Nous terminons cette préface par l'étymologie du
mot Houlbec :

« *Houl*, *houle*, *houlle* vient du mot celtique *hocval*
qui signifie *mouvement de l'eau;* et *beck*, mot gaulois qui signifie *petit ruisseau.*

D'où nous devons conclure à l'origine antique de
ce modeste village qui s'est appelé successivement et
même simultanément : Houllebeck, Hollebeck, Hol-
beck, Houllebec et Houlbec. C'est ce dernier qui a
prévalu au xixe siècle.

Nous estimons que ce village tire son nom des
lagunes proches de l'église et qui alimentaient les
diverses enceintes de fossés du vieux castel.

MONOGRAPHIE

DE LA

PAROISSE DU HOULBEC

CHAPITRE PREMIER

ÉGLISE

Non loin des paroisses de Saint-Georges-du-Gros-Theil, de Saint-Denis-du-Bosguérard, de Saint-Denis-des-Monts et de Saint-Eloy-de-Fourques ; à l'extrémité nord-ouest du doyenné d'Amfreville-la-Campagne ; à cheval pour ainsi dire sur les trois arrondissements de Louviers, Pont-Audemer et Bernay, est assise la modeste paroisse du Houlbec.

Pour petite qu'elle soit, elle n'en est pas moins une paroisse ayant son histoire des plus intéressantes, son église gothique possédant sa légende miraculeuse [1] ; son manoir presbytéral jadis occupé par les moines du Bec et son vieux castel fortifié par les d'Harcourt.

Nous avons pensé faire œuvre utile au pays normand, si riche en souvenirs dont nous avons le droit d'être fiers, et agréable aux nombreux amateurs d'antiquités, en tirant de l'oubli et en leur signalant *deux Inconnus : l'église et le château.*

L'église du Houlbec dont nous allons parler est un vrai

[1] La légende est souvent de l'histoire.

bijou, bâtie d'un seul jet, d'après un plan qui honore autant l'architecte qui l'a dressé que la noble châtelaine qui l'a fait exécuter. Non pas certes qu'il s'agisse d'une de nos églises de ville où se sont illustrés les Jean Goujon et autres artistes de valeur. Mais nous nous croyons en droit de déclarer que l'église du Houlbec, comme église de campagne, est un véritable joyau malheureusement trop peu connu des hommes de savoir qui s'intéressent à notre histoire locale. C'est la raison pour laquelle nous allons la révéler aux amateurs d'antiquités.

Élevée aux frais de Jeanne d'Harcourt, épouse de Jean de Rieux, l'an 1431, elle a servi depuis d'église paroissiale en même temps que de nécropole à plusieurs générations de seigneurs du Houlbec qui dorment là leur dernier sommeil, troublé par les Jacobins de la première révolution.

A l'heure actuelle, le chœur, ancien caveau funéraire, est devenu le lieu où s'offre le Saint-Sacrifice, précisément sur les restes des seigneurs qui y sont inhumés, et dont les noms gravés sur la muraille de droite ont été enlevés par une main sacrilège.

Le trésor de cette église, jadis doté, nous dirions presque royalement, par les châtelains, n'avait pas attendu les ordres de la Convention pour organiser l'instruction publique et en répandre les bienfaits. Depuis bien des années, les châtelains qui n'avaient eu garde de négliger l'instruction, avaient fourni au trésor les ressources nécessaires à la présence dans la paroisse d'un instituteur. Malheureusement à la date du 2 novembre 1789, tous ces biens, produit de la générosité des seigneurs dans la suite des siècles, furent *sécularisés*.

Notons que l'église de Saint-Denis-du-Bosguérard actuellement Bosguérard-de-Marcouville, ayant été interdite au culte, de 1734 à 1746, à cause de son état de délabrement, plusieurs inhumations de cette paroisse furent faites dans le cimetière de l'église du Houlbec. Néanmoins nous ne lisons nulle part que quelque personne du Bosguérard ait été inhumée dans l'église du Houlbec, de même que nous ne possédons aucun document nous notifiant l'inhumation d'un habitant du Houlbec dans la nef de l'église. Seuls les châtelains et les membres de leur famille étaient inhumés dans le chœur qui était leur caveau funéraire.

Faisons remarquer que, sans parler de plusieurs de Postis qui furent ou prêtres ou religieux à l'Abbaye de Saint-Taurin, à Évreux, témoins : Geoffroy Postis qui, en 1406, reçoit la tonsure, à Évreux (paroisse Saint-Pierre), et Jehan Postis qui, en 1498, est curé de la paroisse actuelle de Houlbec-Cocherel (Arch. de la famille de Postis) la modeste paroisse du Houlbec a eu l'honneur de posséder à sa tête, comme curés, deux seigneurs du Houlbec :

1° Pierre de Postis né en 1664, décédé en 1714 ;

2° Jacques de Postis, d'abord officier, puis prêtre et curé du Houlbec, né en 1704, décédé en 1742, le 21 août.

(Arch. de l'Archev. de Rouen et de la famille de Postis.)

L'église actuelle, vrai petit joyau perdu dans les arbres qui l'environnent, est d'autant moins connue qu'aucune grande voie de communication ne se dirige vers elle et qu'elle jouit encore de cette rare fortune de conserver autour d'elle cette enceinte qui encadrait si bien les cimetières paroissiaux d'autrefois et au sein de laquelle les paroissiens défunts dormaient si tranquillement leur dernier sommeil sous la protection et la surveillance de cette maison de la prière.

Cette église est bien orientée. A l'ouest, derrière les sapins, se trouve le château ; à l'est, au milieu des arbres, est le presbytère et ses dépendances (fig. 1).

Elle est sous le vocable de la Vierge Mère et a nom : *Notre-Dame du Houlbec.*

Elle est de construction relativement moderne, ayant été bâtie d'un seul jet et terminée en 1431 conformément aux archives de la famille de Postis du Houlbec et à la date susnommée que l'on distingue encore sur une pierre du portail au dessus des deux portes d'entrée.

L'église primitive dont il ne reste que fort peu de traces était située à environ un kilomètre sud-ouest de l'église actuelle, près du hameau des Hayes, sur la frontière de la paroisse de Saint-Eloy-de-Fourques, à l'endroit appelé « *Le Moulin du Houlbec* », et était desservie dès le xiie siècle, par les moines du Bec, comme presque toutes les églises des environs.

Au commencement du xve siècle l'archevêque de Rouen ayant autorisé des quêtes[1] pour la restauration de cette vieille église qui menaçait ruine, les châtelains du Houlbec qui se proposaient de participer généreusement à la restauration projetée et qui avaient même déjà souscrit, furent amenés, comme on va le voir par la légende qui suit et que l'on conserve religieusement, à construire, à leurs frais, l'église actuelle située à environ cinquante mètres de leur château.

On comprendra aisément qu'un manoir aussi important que le castel du Houlbec et situé à la distance d'un kilomètre de l'église paroissiale, ait eu sa chapelle propre. Nous ne serions même pas surpris d'apprendre, comme

[1] Archives de l'Archevêché de Rouen et de la famille du Houlbec.

Fig. 1. — Église du Houlbec. Vue prise de la rue de Béthune, au-dessus de l'étang ou mare de la ville.

cela se produisait toujours dans les châteaux fortifiés,

Fig. 2. — Égliso du Houlbec. Vue du portail et d'une partie de l'if
qui se trouve dans le cimetière, à l'entrée, un peu à gauche.

qu'une chapelle intérieure où l'on pût assister à la messe,
en temps de siège, ait existé.

Quoiqu'il en soit, une respectable tradition nous apprend que la chapelle extérieure du château fort, était située[1] au nord, vers le pré de la Forge[2], où d'ailleurs on a retrouvé des fondations, dans le clos Monseigneur, actuellement le clos Costé.

A cette époque, la châtelaine était Jeanne d'Harcourt fille de Jean d'Harcourt, mariée à Jean de Rieux à qui elle avait apporté en dot le vaste domaine du Houlbec. Vers 1425 ou 1426, elle venait de restaurer la chapelle du pré de la Forge.

Or à la place du chœur actuel de l'église paroissiale, sur un terrain à elle appartenant et à quelques mètres du vaste étang dont il sera parlé, se trouvait une très vieille épine dans laquelle on vénérait une statue de la Sainte Vierge, appelée Notre-Dame de l'Épine.

Jeanne d'Harcourt, après la restauration de sa chapelle, conçut le religieux projet d'y faire transporter Notre-Dame de l'Épine pour laquelle elle professait un véritable culte. Mais voilà que le lendemain, au grand étonnement de la châtelaine et de tout le personnel du château, on constate avec stupeur que la statue est retournée à sa place dans l'épine.

Soupçonnant quelque trahison de la part de son personnel, la pieuse Jeanne fait reporter, en sa présence, dans sa chapelle, la statue, et elle en confie la garde pendant la nuit à ses plus dévoués serviteurs. Vaines précautions !

Eux-mêmes étaient-ils de connivence avec ceux qui une

[1] Archives de l'archevêché de Rouen et de la famille du Houlbec.

[2] L'importance du château exigeait une forge. Des traces de charbon y subsistent encore et permettent de préciser l'endroit où elle se trouvait.

première fois avaient réinstallé Notre-Dame dans l'épine?
On ne sait. Toujours est-il que de nouveau la statue était
dès le matin dans l'épine.

Jeanne d'Harcourt en conclut que Notre-Dame désirait
demeurer en ce lieu et y voir élever un temple. Telle est
l'origine de l'église actuelle bâtie à 3 ou 4 mètres d'un
vaste marécage, endroit mal choisi sans doute, mais que
la châtelaine croyait divinement désigné[1].

N'écoutant que sa foi et son ardent désir d'exécuter la
volonté divine, Jeanne édifia à ses frais, sur son propre
terrain, cette charmante église, où le chœur tout entier
(8^m,75 de long sur 7^m,50 de large), servit jusqu'à la révolution de caveau funéraire, vraie nécropole qui reçut la
dépouille mortelle des châtelains du Houlbec et celle des
membres de leur famille.

L'église est construite en pierre, moyen appareil, que
nous pensons avoir été extraite de la carrière Monneaux
près de Gros-Theil, carrière dont l'entrée est sur la Neu-
ville-du-Bosc, mais dont les chambres s'étendent dans la
campagne de Gros-Theil. C'est de cette même carrière
qu'est sortie la pierre des églises de Gros-Theil et de
Saint-Éloy-de-Fourques.

Le plus simple examen du plan ci-après (fig. 3) fait
deviner la régularité de cette église dont nous allons donner une description détaillée.

Extérieurement elle est solidement bâtie et pourvue de
contreforts datant de la construction de l'église.

Elle a du caractère et fort bon air, dans sa simplicité;

---

[1] Il eût en effet été facile de choisir, dans l'immense domaine du
Houlbec, un endroit plus favorable. Mais Jeanne ne considéra que
la volonté divine. Le prodige ayant été connu, on venait de fort
loin en pèlerinage, et la tradition rapporte que pendant plusieurs
siècles des ex-voto, des béquilles, etc., couvraient une partie des
murs de l'église.

A. Maitre autel, bois de chène sculpté, avec clocheton ajouré, travail exécuté par les frères Laumonier, sculpteurs à Conches.

A'. Autel sans valeur, très petit, surmonté de la statue de la Mère de Dieu ;

A". Petit autel semblable au précédent et surmonté du groupe de saint Roch ;

B. Bancs du château placés dans le chœur ;

EE'. Encadrement en pierre sculptée surmonté des écussons des de Postis, et faisant saillie ;

g Groupe de saint Hubert ;

g' Groupe de saint Roch ;

PP'. Portes d'entrée très anciennes, avec panneaux plissés ;

M. Marche en pierre séparant le chœur de la nef et surmontée d'une grille en fonte ornée de peintures et de dorures ;

S. Sacristie en pierre, portant au fronton la date de 1753 ; seul le tympan contient quelques briques.

s Statues en pierre de saint Claude, *s'* de la Mère de Dieu, *s"* de saint Jean Évangéliste, *s'''* *Ecce Homo*, *s* de saint Joseph, *s'* de sainte Marguerite. Toutes ces statues sont en pierre et pas sans valeur, sauf celle de saint Joseph.

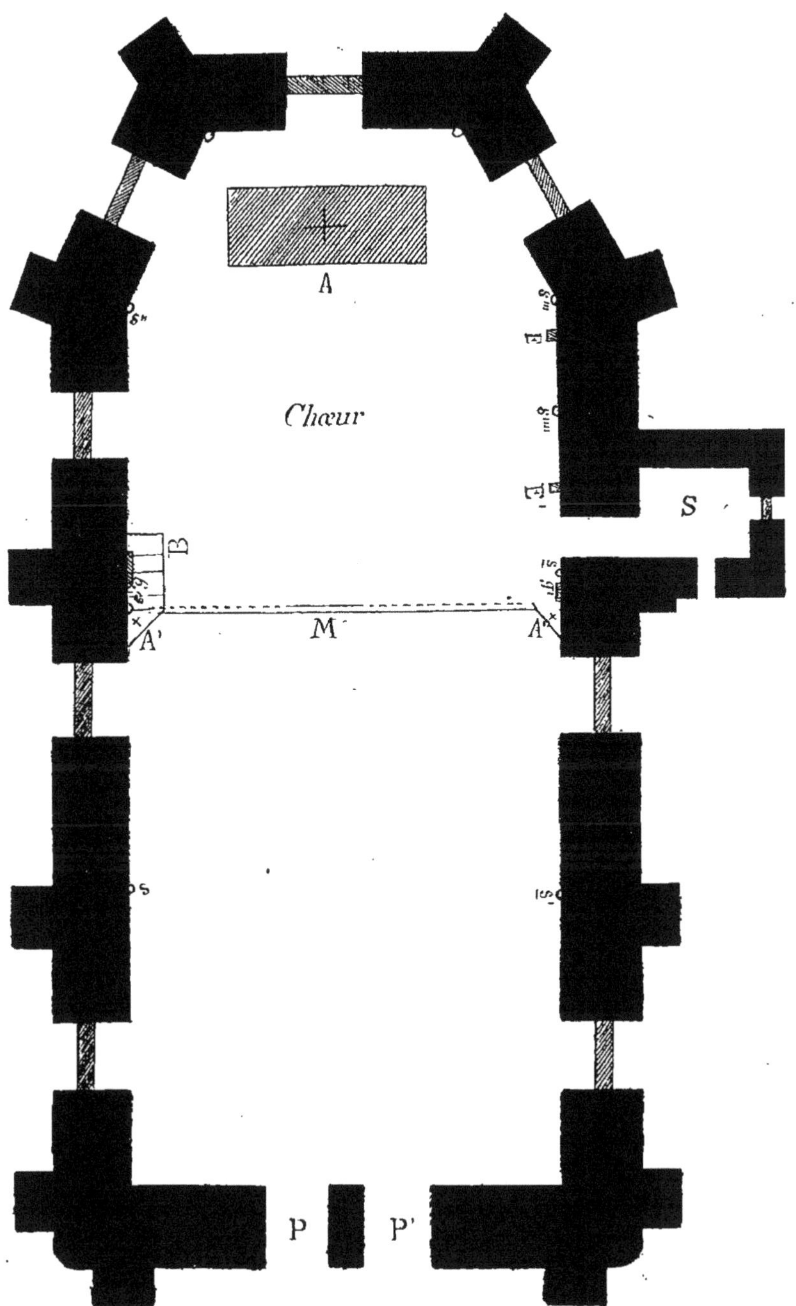

Fig. 3. — Plan de l'église du Houlbec.

et sans connaître l'origine de sa construction, le touriste se demande instinctivement qui a présidé aux travaux de cet édifice si régulier, et comment une simple petite paroisse a pu se doter d'un pareil bijou.

Les huit fenêtres de la nef et du chœur sont d'un style pur, vrai xv⁰ siècle, à deux travées, séparées par un meneau en pierre.

La belle fenêtre qui surmonte les portes d'entrée (voir, fig. 2) possède trois travées pourvues de meneaux en pierre, du pur xv⁰ siècle.

La figure 1 rend bien l'aspect vrai de l'élégant clocher normand octogone qui est à l'entrée de l'église et possède deux cloches, car la *cathédrale* du Houlbec a l'avantage de lancer une double voix argentine, au lointain dans les airs, pour rappeler à tous la grande obligation de la prière.

Ces deux cloches n'ont que onze lustres d'existence, et leur naissance a été témoin de nombreuses difficultés les concernant dont nous nous abstiendrons de parler, par la simple raison que les faits sont trop récents encore et que nous désirons ne froisser qui que ce soit.

Voici les dimensions et les inscriptions de ces deux cloches :

1° La grosse, 0ᵐ,84 de diamètre.

« A la gloire de Dieu, l'an de J.-C. [184] 5 j'ai été bénite par M. Trotry Jean Henry, curé de cette paroisse, et nommée Louise Zaïde par M. de Postis du Houlbec Louis Jules capitaine d'infanterie [au] 1ᵉʳ régiment de ligne, et Dᶫˡᵉ de Postis de Houlbec Zaïde, M. Mansel Jean, maire ; M. Herpin Louis Jacques, trésorier en charge, Julien Caplain fondeur à Elbeuf et à Couronne.

2° La petite, 0ᵐ,74 de diamètre.

« A la gloire de Dieu, l'an de J.-C. 1845 j'ai été donnée

par souscription des [h] abitants et bénite par M. Jean
Henry Trotry, curé, nommée Maria Augustine Joséphine
par M. André Joseph Vernethuit et D[lle] Maria Augustine
Courtin. M. Jean Mancel maire ; Henri Bottrel, adjoint ;
L. Herpin, trésoriers en charge, conseiller [s] MM. Noël
Fleury. Théodore Vallon ; M. Augustin Dauvergne p[er]
so[tre] [souscripteur] de cette cloche. Julien Caplain fon-
deur à Elbeuf et à Couronne. »

LES DEUX BAIES DES PORTES D'ENTRÉE DE L'ÉGLISE
DU HOULBEC (fig. 4).

Les vieilles portes plissées, en chêne, étant ouvertes,
la photographie n'a reproduit que les baies, avec des
fragments de vitraux du fond du chœur.

Inutile, pensons-nous, de faire observer que les deux
portes sont séparées par un pilier central, sorte de trumeau
orné de moulures d'un bel effet et le séparant en six
parties [1].

Avant de pénétrer dans l'intérieur de l'église, nous
ferons observer au lecteur que (fig. 1), au pourtour du
chœur, les moulures de la base sont à 0^m,70 du sol, tandis
que pour le reste de l'église elles ne sont qu'à 0^m,20
pour revenir très gracieusement au portail, à 0^m,45
(fig. 4).

Dès notre entrée dans l'église, nous sommes agréable-
ment frappés par une vue d'ensemble qui nous offre moins
l'aspect d'une église que celui d'une chapelle vénérable par
son antiquité.

---

[1] Du côté Sud, au bas du rampan de la façade, nous distinguons
la date 1781, gravée dans la pierre. C'est la date d'une restauration.

Le chœur, à pans coupés, avec ses baies fermées de vitraux coloriés, son autel en chêne sculpté, à la romaine, surmonté d'une élégante flèche ajourée, ses statues en pierre, ses groupes aussi en pierre artistement fouillés,

Fig. 4. — Portes d'entrée de l'église du Houlbec.

sa statue de la Vierge Mère assise, son encadrement funéraire à droite dans le chœur, le plancher du chœur, tout attire nos regards en même temps que se dressent devant nous plusieurs points d'interrogation.

Essayons de détailler chaque chose :

L'église, le chœur compris, a 19^m,25 de longueur, avec 7^m,50 de largeur. La nef mesure en longueur 10^m,50, et le chœur 8^m,75. Pour bien saisir les explications qui vont suivre, nous estimons utile de rappeler au lecteur que cette église a été édifiée par Jeanne d'Harcourt, femme de Jean de Rieux, qui avait livré au public la nef, mais qui s'était réservé le chœur comme chapelle et caveau funéraire.

Actuellement (voy. fig. 3) le pointillé A' M' A", et qui est une marche en pierre surmontée d'une grille en fonte peinte et dorée, séparant le chœur de la nef, était une cloison probablement en planches séparant la nef du caveau de famille. Le maître-autel était en M dans la nef avec deux tout petits autels en A' A". Aussi constatons-nous de chaque côté, au haut de la nef, une piscine sculptée de l'époque de la construction de l'église.

Derrière le maître-autel était une porte qui donnait accès au caveau funéraire.

Le chœur n'a été que planchéié et jamais dallé. Les cercueils déposés dans le caveau étaient placés sur des trétaux ou des barres en fer.

Pendant la Révolution, il s'est rencontré, comme presque partout ailleurs, il s'est rencontré au Houlbec des Jacobins assez peu respectueux des cendres des morts que plusieurs siècles avaient laissées en paix, pour enlever le plomb des cercueils, jeter ici et là les ossements et s'approprier les quelques objets de valeur que la piété avait déposés dans les bières.

Après la chute de Robespierre, la famille de Postis du Houlbec profita de l'accalmie qui suivit, pour recueillir respectueusement les ossements épars dans le caveau et les enfermer dans un cercueil laissé au côté droit de ce même caveau qui fut bientôt comblé par des terrains apportés du dehors. Et comme ces terres exigeront de bien longues années pour acquérir le tassement nécessaire à la pose d'un pavage, on a jugé prudent de n'employer que des planches fixées sur des lambourdes. C'est la raison d'être du plancher du chœur.

Le maître-autel est moderne, en chêne sculpté, et sort des ateliers de MM. Laumônier de Conches. Les quatre statues des évangélistes placées devant le tombeau de l'autel ne sont pas dépourvues de valeur.

Sur le gradin de l'autel on remarque deux assez grands reliquaires en bois peint, renfermant des reliques notables de sainte Clotilde reine de France et de saint Christ martyr [1]. Nous avons tout lieu de supposer que ces reliques n'existaient pas dans la paroisse au siècle dernier [2].

Les vitraux du chœur sont au nombre de quatre et ont été donnés par M. et Mme Ludovic de Postis du Houlbec en 1866, M. l'abbé Mainet étant curé. Le vitrail derrière le maître-autel représente dans une travée la Vierge Mère et dans l'autre saint Joseph ; en bas nous remarquons les armoiries des de Postis et des de La Porte surmontées d'une couronne de marquis.

Les autres vitraux du chœur, composés de losanges en verre fleuronné portent les médaillons des évangélistes, de saint Roch et de sainte Clotilde.

Toutes les statues du chœur et de la nef, sauf celle de sainte Clotilde qui date du commencement du siècle et qui ne fait pas honneur à l'artiste d'un goût douteux qui l'a moulée, sont en pierre. Les deux du fond du chœur, l'*Ecce Homo*, l'Homme des douleurs, et *saint Jean Évangéliste* tenant un calice d'où s'échappe un dragon ailé sont certainement du XVe siècle et de l'époque de la construction de l'église. Et il est aisé de comprendre la double pensée de Jeanne d'Harcourt en les faisant ériger : l'*Ecce Homo* n'était-il pas à sa place dans une chapelle funéraire ? Et

---

[1] Saint Christ fut martyrisé à Tomes, royaume du Pont, en Scythie.

[2] La travée du milieu du tombeau de l'autel porte les armoiries de Monseigneur Jean-Adolphe Devoucoux, évêque d'Evreux.

d'autre part saint Jean était le patron de Jean de Rieux et de Jeanne d'Harcourt.

A droite dans le chœur, existe un encadrement en pierre sculptée, style renaissance, d'un beau travail, de 4 mètres de long sur $2^m,25$ de large, avec $0^m,32$ de moulures, encadrement qui contenait les noms des châtelains ou des membres de leur famille déposés dans le caveau. E E' (fig. 3).

Sur la partie inférieure nous lisons gravés sur la pierre : *Tribulationem et dolore [m] inveni et nomen D^{ni} invocavi.* (Psaume $CXIIII^e$). L'inscription n'était-elle pas bien appropriée au séjour de la douleur et du deuil ?

Inutile d'ajouter, pensons-nous, que le vendalisme révolutionnaire a crû sauver le monde et ramener l'âge d'or, en détruisant ces noms qui ont été remplacés par une couche de plâtre. Seul l'encadrement en pierre subsiste.

Sur la partie sculptée de cet encadrement nous remarquons à droite les emblèmes de la foi et de la douleur : la croix et la couronne d'épines soutenues par un ange ; à gauche, la lance et les clous entre les mains d'un autre ange.

Tous ces emblèmes, ainsi que l'*Ecce Homo*, et les noms des défunts contenus dans l'encadrement étaient bien de nature à suggérer des pensées sérieuses et chrétiennes et convenaient parfaitement au lieu où ils étaient.

Nous tenons à redire que cet encadrement est postérieur, d'au moins un siècle, à la construction de l'église et qu'il ne nous paraît pas remonter au delà de 1550. Probablement qu'il doit être attribué à Suzanne du Val, épouse de Simon de Postis, femme d'un réel mérite et d'une haute valeur dont nous aurons à parler.

Nous passerons sous silence la statue de saint Joseph (s fig. 3), par la raison qu'ayant été mutilée accidentellement, une main de plâtrier novice a essayé de la réparer.

On ne peut que souhaiter l'enlèvement de cette statue qui est une tache dans l'église.

Tout près de saint Joseph (en g' fig. 3) nous admirons le groupe en pierre finement ouvragé et délicatement fouillé de saint Roch assis, accompagné de son inséparable chien et ayant à sa droite un ange. Il y a là un très bel ensemble qui fait plaisir et qui mérite quelques détails.

Saint Roch est assis, la pose très naturelle avec toutes proportions laissant deviner la main d'un réel artiste.

Le chien, très svelte, se dresse sur ses pattes de derrière, appuie celles de devant sur le genou gauche de son maître et regarde son bienfaiteur.

L'ange semble regarder les pèlerins et leur indiquer de la main droite le saint protecteur.

Saint Roch a le genou et la jambe droite découverts, et de sa main droite il semble montrer ses plaies.

Son chapeau porte, au milieu, le voile de sainte Véronique, à droite le bourdon de pèlerin, et à gauche deux clés en sautoir.

Pourquoi l'artiste à qui l'on doit ce petit chef-d'œuvre n'a-t-il pas signé son travail ?

Nous ne pouvons que regretter l'oubli dans lequel il a laissé son nom et l'impossibilité où nous nous trouvons de le transmettre à la postérité. Il le mériterait si bien ! Pourtant il nous reste l'espoir que des artistes connaisseurs en statuaire réussiront, sinon à deviner le nom du sculpteur, au moins à préciser l'époque à laquelle remonte ce joli travail, ainsi que le groupe de saint Hubert qui est de la même époque, de la même main et dont nous allons parler.

Du côté gauche du chœur, au-dessus des bancs du château (fig. 3, g, B) existe un autre groupe en pierre

d'un travail pour le moins aussi délicat que le précédent.
C'est le groupe de saint Hubert.

A gauche est un cerf portant fièrement entre ses bois la
croix dorée, lumineuse ; à droite, en bas, nous voyons
saint Hubert en habit de chasse, descendu de son cheval
que tient un palfrenier, tête découverte (son chapeau est
à terre) la corne suspendue au côté droit, les mains jointes
dans l'attitude de la prière, le regard dirigé vers le prodige,
le genou gauche en terre.

Plusieurs chiens haletants et hissants se dirigent vers la
bête ; le cheval lui-même semble incliner la tête en face
du prodige. Au milieu, sur la partie supérieure du groupe,
se tient un ange déployant et montrant l'étole de saint
Hubert.

Le cerf est debout sur une sorte de ponceau ou de
caverne d'où sort un crapaud. La bride du cheval est
ornée de plusieurs lettres de l'alphabet.

Si nous ignorons le nom de l'artiste qui s'est grandement honoré par ce travail digne d'admiration, pour le
fini de son dessin, nous ne sommes nullement embarrassé
pour l'attribuer, à coup sûr, aux de Postis qui étant grands
veneurs héréditaires de la forêt d'Evreux, devaient
nécessairement professer un culte pour le saint qui
guérit de la rage, qui lui-même était chasseur et dont
l'étole par simple attouchement ou par l'opération de la
taille, a produit tant de prodiges sur les pauvres malheu-
reux enragés.

Or comme Simon de Postis, époux de Suzanne du Val,
n'est venu au château du Houlbec qu'en 1569, nous ne
pouvons fixer une date antérieure au groupe dont nous
venons de parler.

Nous l'avons dit, le groupe de saint Roch paraissant
pouvoir être attribué au même artiste, doit avoir une

origine commune avec celui de saint Hubert et procéder
des mêmes châtelains.

Dans quel but les seigneurs du Houlbec ont-ils voulu
faire connaître la dévotion à saint Roch dans leur
paroisse? Certes nous ne pouvons répondre que par con-
jectures à ce point d'interrogation, les documents nous
faisant défaut pour être affirmatifs. Néanmoins il ne serait
pas invraisemblable d'admettre que vu les différentes
épidémies qui à diverses époques ont décimé le pays,
étant donnée l'humidité malsaine de la localité où jadis
l'eau était stagnante, il ne serait pas invraisemblable
d'admettre que les seigneurs du pays aient eu l'intention
de se constituer eux et leurs feudataires sous la protection de saint Roch que l'Église invoque dans les épidémies.

A côté du groupe de saint Hubert (fig. 5) nous avons
une statue de la Vierge Mère, en pierre, qui ne laisse pas
que d'intriguer tous ceux qui la voient.

La Vierge, statue de mérite, est assise et tient debout
sur son genou droit l'enfant Jésus qui regarde sa Mère.
Cet enfant laisse fort à désirer au point de vue artistique,
mais la Vierge est très bien ; et nous avouons n'avoir
jamais rencontré une Vierge Mère offrant les particula-
rités qui caractérisent la Vierge du Houlbec.

A quelle époque remonte-t-elle ? Nous n'osons nous
prononcer. Sa coiffure, ses vêtements fort bien drapés,
les ornements de son manteau portant sur le pli les lettres
gothiques de l'alphabet, l'originalité du dessin, tout nous
porte à la croire très ancienne sans qu'il nous soit pos-
sible de préciser. Ne serait-ce pas la statue de Notre-
Dame de l'Épine qui a donné naissance à la construction
de cette église? Il est naturel et vraisemblable de soupçonner que Jeanne d'Harcourt qui professait un culte pour

la statue de Notre-Dame de l'Épine, ne négligea pas de lui réserver une place de choix et d'honneur dans la nouvelle église, et il y a tout lieu de présumer que ses successeurs respectèrent cette vierge autant qu'ils ont respecté l'*Ecce Homo* et la statue de saint Jean l'évangéliste.

Nous laissons aux connaisseurs la solution de ce problème.

Terminons nos explications touchant le chœur en signalant que la piscine placée dans le mur à droite de l'autel a été creusée par un maçon, depuis la Révolution, c'est-à-dire, lorsque l'on a cessé de célébrer la messe dans la nef. Elle est sans valeur artistique.

Nous ferons également remarquer la suspension pour la lampe, devant le maître-autel, non point parce qu'elle a quelque valeur mais uniquement parce que une anecdote se rattache à son acquisition. La voici :

Alexandre de Grôlé, légitimé de Lorraine d'Elbeuf, marié en secondes noces à D^lle Magdeleine Victoire de Postis, étant un jour au château du Houlbec, fut chargé de chevaucher un matin jusqu'à Duclair, pour se procurer une alose destinée au dîner du jour. Or à son retour au château, il s'aperçoit qu'il a perdu en chemin le poisson mal fixé à la selle de son cheval. Pour cette étourderie, il fut condamné par sa belle-mère à offrir la lampe du sanctuaire. Il s'exécuta de bonne grâce. (Arch. des de Postis).

L'église du Houlbec possède une voûte en chêne régnant en ligne droite de l'entrée jusqu'au fond du chœur et ornée de quelques peintures. A la jonction des deux côtés de cette voûte on remarque des ornements en bois découpé et plusieurs écussons dont il nous est impossible de distinguer les détails.

Remarquons aussi que toutes les statues du chœur ont leur console accompagnée d'un écusson soutenu soit par deux anges, soit par un seul. Comme partout ailleurs les vandales de la Révolution se sont empressés de gratter ces armoiries qui ont été remplacées depuis quelques années par des blasons peints sur toile et collés sur la pierre à l'aide de la céruse.

Quelques peintures ont été exécutées il y a cinq années dans l'église, ainsi que sur les cinq traverses ou sommiers accompagnés de leurs poinçons.

Dans la nef, très simple, mais de caractère, nous avons encore deux belles statues en pierre : à droite, sainte Marguerite marchant sur un dragon, et à gauche, saint Claude, évêque.

Sainte Marguerite est une statue bien faite, de caractère, parfaitement drapée. L'écusson qui est devant la console qui la soutient a été également gratté [1].

Saint Claude bénissant, habillé en évêque, mitré, crossé et revêtu de la chape, repose sur un socle très bien ouvragé et portant des ornements semblables à ceux de plusieurs pierres du château. L'écusson de ce socle, malgré le grattage et l'humidité, porte encore des traces des armoiries des Jarnac-Chabot. Nous devons en conclure que c'est probablement Suzanne du Val, dont le grand-père, Jean du Val, avait épousé une demoiselle de Roncherolles, issue d'une Jarnac-Chabot, qui fit élever cette statue.

Aussi bien, la statue de saint Claude, comme celle de sainte Marguerite, est-elle du xvie siècle, c'est-à-dire du temps de Suzanne du Val.

Détail à noter : en examinant de très près la statue de

---

[1] Nous supposons qu'il portait les armoiries de Marguerite de Chesnard.

saint Claude, on remarque sur l'étole des figurines très finement faites, et dont l'une représente Moïse tenant les tables de la Loi.

Si pour ces deux dernières statues, comme pour toutes celles dont nous avons parlé, nous ignorons le nom des artistes de talent et de bon goût qui les ont travaillées, nous devons reporter aux châtelains tout le mérite d'avoir su se procurer des œuvres de valeur qui honorent leur générosité autant que leur sentiment du beau.

Pour terminer la description de la nef il nous reste à parler de ses quatre vitraux.

Certainement cette petite église était pourvue de vitraux dès le xvie siècle, puisque les deux verrières près du chœur contiennent encore de fort beaux fragments de vitraux du xvie siècle qui ont été restaurés en 1866 par Duhamel-Marette.

Celle près de saint Roch représente dans une travée un archevêque, et dans l'autre saint Adrien pape, patron d'Adrian de Postis.

La verrière de gauche contient un très beau et très vieux panneau représentant sainte Marguerite écrasant un dragon.

La présence de ce vieux vitrail et celle de la statue de sainte Marguerite nous dévoilent toute la dévotion des châtelains du Houlbec pour sainte Marguerite. Aussi bien voyons-nous fréquemment des dames et des damoyselles de leur famille porter le nom de Marguerite, depuis Marguerite Jabbin, jusqu'à Marguerite de Chesnard, etc.

Les deux autres vitraux et la grande verrière de la pointe de l'église ne sont composés que de losanges fleuronnés, avec une bordure formant encadrement. Seule la grande verrière contient les médaillons de Notre-Seigneur et de la Mère de Dieu.

Notons aussi la présence dans la piscine de gauche, d'une statue en pierre représentant saint Jérôme à genoux accompagné d'un lion. Malheureusement un accident ayant brisé la statue, on a rejoint les fragments avec du plâtre. La figure et un pied de cette statue sont admirables.

Le caractère d'antiquité de cette statue nous paraît incontestable, et nous avons lieu de penser qu'elle provient de l'ancienne église où elle devait reposer sur un socle et s'appuyait de profil contre une muraille, puisque seul le côté visible est sculpté.

Certaines gens l'appellent saint Acroupi (Agapit).

Deux lustres anciens, verre et cuivre, sont dans cette église.

Nous avons omis intentionnellement de noter la présence dans le chœur, incrustée dans le mur et portant les armoiries des de Postis et des de Chesnard, d'une pierre contenant la fondation de Chesnard.

La voici dans son intégrité :

FONDATION DE CHESNARD
6 Mai 1743.

Par devant Jean Hue et Denis Cyrille notaires royaux au bailliage et vicomtées du Pont-Autou et du Pont-Audemer, pour les sièges du dit Pont-Autou et Monfort sur Risle soussignés :

Fut présente noble Dame Marguerite de Chesnard veuve d'Adrien de Postis chevallier seigneur et patron de la paroisse du Houllebec.

Laquelle a par le présent fondé à perpétuité à toujours, tant pour elle que pour ses parents amis vivants et trépassez, en l'Église et paroisse du dit Houllebec. : scavoir est soixante et dix-huit basses messes et deux haultes

messes qui seront dittes et célébrées tous les ans à perpétuité, scavoir cinquante-deux tous les mercredis de
chaque semaine et les vingt-six autres tous les vendredis
de quinzaine en quinzaine, et les deux haultes messes
seront dittes :

La première à l'intention du dit feu seigneur Adrien de
Postis vivant chevallier et patron du dit Houllebec, le
12 août jour de son décez. Et la seconde à l'intention de
la ditte Dame de Chesnard le 20 juillet qui est le jour de
Sainte-Marguerite lesquelles deux haultes messes seront
aussy à l'intention du sieur Abbé cy-après nommé :

Touttes lesquelles haultes et basses messes seront dittes
et célébrées tous les ans à toujours, à commencer du premier de ce moys dont le premier tiers des basses messes
qui compose quatre mois seront dittes à l'intention du dit
seigneur Adrien de Postis et de feu Jean Baptiste de
Postis, écuyer sieur du Favril et de Damoyselle Angélique de Postis ses enfants : le second tiers seront dittes et
célébrées à l'intention de Messire Jacques de Postis vivant,
prêtre aussy, fils du dit seigneur du Houllebec et l'autre
tiers à l'intention de la ditte Dame de Chesnard.

Touttes lesquelles messes seront annoncées tous les
dimanches avant, au prône de la grand-messe et sera dit
l'oraison propre et accoutumée. A la fin de chaque messe
sera un libera sur les tombes de celuy ou celle pour qui
elle sera ditte.

Et à l'égard des grandes messes, en forme d'obit, sera
observé la même chose, à l'exception par augmentation
que le tout sera chanté en la forme accoutumée, et avant
chaque grand-messe sera chanté un Nocturne et Laudes.
Et à la fin sera chanté le Libera. Et sera sonné soir et
matin la veille et le jour que chaque grand messe sera
ditte en mort par le clerc ; et en cas que les dits jours

soient occupés les dittes messes seront plutôt avancées que retardées. Et sera chanté tous les dimanches après vespres les commandements de Dieu et de l'Église ; au moyen de laquelle fondation, la ditte Dame a donné et ômôné à la ditte fabrique : soixante-douze livres de rente foncière que la ditte Dame fondatrice a droit d'avoir et prendre sur Pierre Jacques Duval, fils et héritier de Jacques Duval de la ditte paroisse du Houlbec, suivant le contrat de fieffe d'héritages au Houllebec et paroisses voisines, à luy faittes par Messire Gilles Henry Maignard seigneur de Bernière, à cause de la Dame son épouse, passé devant maître Huitmond notaire à Rouen, le 12 mars 1712 ; laquelle rente transportée au sieur Robert Gueudeville par dame Marie Madeleine Dumontier veuve du dit sieur de Bernière par contrat passé devant maître Lemoine notaire à Rouen, le 11 septembre 1741 et transportée par le dit sieur Gueudeville à la ditte Dame de Chesnard, par contrat passé devant nous le 20 avril dernier. Le tout présentement mis aux mains du Trésorier de la ditte paroisse de Houllebec ; pour vertu d'y ceux et du présent se faire payer de la susditte rente, tout et ainsy que la ditte Dame aurait pu faire cessant le présent, laquelle a mis et subrogé le dit trésor à tous ses droits, noms, raisons et actions pour se faire payer de la Saint-Michel dernière à l'avenir, d'autant que les contrats de transport ne sont lecturés. La ditte Dame s'oblige à faire faire lecture touttes fois et quantes et d'en payer les frais ainsy que les frais du présent et tous autres droits, de manière que la ditte rente vient franc et quitte à la ditte fabrique ; et est aresté qu'en cas d'inexécution de la présente fondation les héritiers de la ditte Dame demeurent réservés à se faire renvoyer en possession de la susditte rente. La présente fondation acceptée par M. Martin

Collet prêtre Curé de la ditte paroisse et de Nicolas Hébert trésorier en charge du dit lieu, présens et acceptans pour et au nom de la ditte Fabrique ; à ce présent aussy le dit Pierre Jacques Duval laboureur demeurant au dit Houllebec, lequel après avoir entendu le présent s'est obligé à la susditte rente vertu des contrats susdattés et du présent, et s'est obligé la faire et payer au dit trésor au lieu et place du sieur Gueudeville et de la ditte Dame du Houlbec. Pourquoi le présent vaudra de revalidation et de titre nouvel de la ditte rente ; et s'est arresté et convenu que la ditte rente cy-dessus ômosnée il en sera payé au sieur Curé qui célébrera les dittes messes, recommandations, liberas et chantera les commandements de Dieu et autres charges cy-dessus la somme de cinquante-une livres par chacun an et les vingt-une livres restant reviendront à la Fabrique qui payera au clerc ce qui lui appartient et entretiendra deux cierges allumés pendant les deux grands messes.

Dont du tout ce que dessus les parties sont demeurées d'accord promettant obligeant. Ce fut fait et passé au manoir seigneurial du Houllebec, le lundy après midy, sixième jour de may, l'an de grâce mil sept cent quarante trois, présence de Louis Adrien de Postis chevalier seigneur et patron du Houllebec pour satisfaire à la Dame sa mère, présence en outre de Michel Dosemont et Nicolas Lasne du dit lieu, témoins qui ont signé avec les dittes parties et nous dits notaires, à la réserve des dits Hébert et Duval qui ont fait leur marque pour ne sçavoir écrire, ny signer de ce interpellés, et la minutte de ce présent est demeurée au dit Hüe notaire après lecture faite suivant l'ordonnance.

La ditte minute controllée à Brionne le onzième jour de may mil sept quarante-trois par Hue qui a reçu dix-huit livres et renvoyé insinuer au Pont-Audemer dans les trois mois, suivant les arrêts et règlements de sa Majesté. »[1].

La pierre qui est encastrée au chœur de l'église du Houlbec ne relatant que les charges imposées à la fabrique et au prêtre, nous avons préféré citer la fondation dans toute son intégrité telle que la contiennent les Archives de la famille de Postis du Houlbec. Hélas! les fondations religieuses, volonté expresse des défunts, n'ont pas été plus respectées que la cendre des morts! C'est dire qu'il n'en subsiste actuellement que les documents dont nous venons de parler, des souvenirs!

A notre humble avis, nous estimons que pour être complet, il nous faut citer les noms que nous avons pu nous procurer des morts inhumés dans le chœur de l'église. Puis nous produirons les documents en notre possession touchant la cure et le trésor de l'église du Houlbec.

On ne peut douter qu'à partir de la construction de la chapelle mortuaire (actuellement le chœur de l'église du Houlbec) au xve siècle, les seigneurs du lieu aient été inhumés dans leur caveau de famille, à partir de Jean de Rieux et de Jeanne d'Harcourt.

Aussi bien à l'appui de notre affirmation avons-nous relevé aux Archives paroissiales du Houlbec les baptêmes, mariages, inhumations qui suivent: (Les *registres* paroissiaux ne remontent pas au-delà).

1673. 17 janv. — Charlotte des Essarts, Dame du Houlbec, marraine d'un nommé Jean Vasse.

---

[1] La pierre encastrée dans le chœur de l'église du Houlbec et portant gravée la partie essentielle de cette fondation, nous offre 4 écussons également gravés et dont les lignes noires sont d'un bel effet. Nous regrettons que l'on ait négligé d'indiquer les couleurs.

A droite l'écusson de Marguerite de Chesnard : 3 ruches posées 2 et 1, sur fond...?

A gauche celui des Postis.

Au milieu : les deux mêmes écussons réunis et accolés.

1673. 29 mars. — Inhumation dans le chœur de l'église du Houlbec du corps de Louis de Postis, seigneur du Houlbec.

1675. 15 mars. — Baptême à Houlbec d'une fille née du légitime mariage de Eméric de Postis, haut seigneur de la Boissière et de D^{lle} Le Carpentier.

1675. 20 mars. — Inhumation dans le chœur de l'église de Charlotte Magdeleine de Postis, âgée de 4 jours.

1694. 30 juin. — Baptême d'Angélique de Postis, fille d'Adrian de Postis, seigneur du Houlbec, écuyer et patron du dit lieu, et de noble Dame Marguerite de Chesnard, son épouse. — Parrain : Pierre de Postis, écuyer, diacre et curé du dit lieu. Marraine : Haute et puissante Dame Charlotte des Essarts, veuve du sieur du Houlbec.

1695. 1er octobre. — Baptême à Houlbec d'un enfant nommé François Eméric de Postis, fils d'Adrian de Postis et de Marguerite de Chesnard. — Parrain : Eméric de Postis de la Boissière. Marraine : Françoise des Essarts.

1696. 22 mars. — Inhumation dans le chœur de l'église du Houlbec de Dame Charlotte des Essarts, décédée le 21.

1697. 25 juillet. — Baptême de Pierre de Postis, fils d'Adrian de Postis, écuyer, seigneur du Houlbec et de Marguerite de Chesnard. — Parrain : Pierre Gaspard de la Rivière, écuyer, seigneur du Thuit-Hébert. Marraine : Noble Dame Anne de Grouvel, épouse de Jean Baptiste Conard, écuyer, sieur de la Patrière et seigneur de Saint-Martin-la-Corneille.

1698. 16 octobre. — Baptême à Houlbec de Marguerite de Postis, fille d'Adrian de Postis et de Marguerite de Chesnard. — Parrain : Jacques de Poisson, écuyer, seigneur du Busc-Rabasse. Marraine : Anne Claude de Loubert.

1699. 12 novembre. — Baptême à Houlbec de Martin Hiérôme de Postis, fils d'Adrian de Postis et de Dame

Marguerite de Chesnard. — Parrain : Messire Hiérôme Dupont, Curé de Saint-Denis de Bosguérard. Marraine : D^lle Angélique Gabrielle de Thuméry.

1699. 31 décembre. — Inhumation dans le chœur de l'église du Houlbec de Martin Hiérôme de Postis, écuyer, âgé de 1 mois 19 jours.

1701. 26 septembre. — Baptême à Houlbec de Armand de Postis fils d'Adrian de Postis, écuyer, et de Dame Geneviève Marguerite de Chesnard. — Parrain : Antoine Jean-Baptiste de Quintanadoine, écuyer, seigneur de Saint-Denis de Bosguérard. Marraine : D^lle Anixante Isabelle de Billé.

1703. 28 août. — Inhumation dans l'église du Houlbec de François Eméric de Postis, écuyer, décédé le 27.

1704. 20 février. — Baptême à Houlbec de Jacques de Postis, fils d'Adrian de Postis et de Marguerite de Chesnard. — Parrain : Jacques d'Herband, prieur de Tourville. Marraine : D^lle Jeanne Charlotte de Poisson.

1706. 13 juin. — Inhumation dans le chœur de l'église du Houlbec de Dame Charlotte des Essarts, en son vivant, dame et patronne de ce lieu, décédée le 12.

1710. 15 juin. — Inhumation dans l'église du Houlbec d'Eméric de Postis, écuyer, décédé le 14 sur la paroisse de Bosguérard.

1713. 30 janvier. — Messire Pierre de Postis, curé du lieu, cesse d'exercer.

1714. 7 octobre. — Inhumation dans le chœur de l'église du Houlbec de Messire Pierre de Postis, curé du Houlbec, âgé de 50 ans, faite par M. le doyen du Bourgtheroulde, en présence des MM^rs les curés de Saint-Denis-de-Bosguérard, de Saint-Denis-des-Monts et autres.

1719. 12 août. — Inhumation dans le chœur de Messire Adrian de Postis, écuyer, seigneur et patron du Houlbec, âgé de 47 ans et décédé le 11.

1719. 16 octobre. — Inhumation dans le chœur de l'église du Houlbec de D^lle Angélique de Postis, fille de haut et puissant seigneur Messire Adrian de Postis.

1728. 22 septembre. — Après la publication de mariage faite dimanche tant dans cette paroisse qu'en celle d'Incarville, et tous dispensés des deux bans obtenus le 21 par Monseigneur l'Archevêque de Rouen, et leur paroisse (sic) dispensée de deux bans par Monseigneur l'évêque d'Evreux, a eu lieu la célébration du mariage entre Le Grand, écuyer sieur du Mesnil, capitaine de cavalerie à la suite du régiment de Bourbon-Cavalerie, fils d'Alexandre Le Grand, écuyer, sieur du Mesnil et de Dame Marie Durand ; et D^lle Marguerite de Postis, fille de défunt Adrian de Postis chevalier, seigneur et patron du Houlbec, et de Dame Marguerite de Chesnard.

1728. 8 décembre. — Inhumation dans le chœur du Houlbec d'Eméric de Postis, de la paroisse de Bosguérard.

1732. 6 septembre. — Baptême de Marguerite Victoire de Postis, fille de Louis Adrian de Postis, chevalier, seigneur et patron du Houlbec et de Dame Gabrielle, Victoire, Eléonore de Bourbel. — Parrain : Messire Raoul de Bourbel, chevalier, seigneur de Montpinçon et autres lieux. Marraine : Dame Marguerite de Chesnard, veuve d'Adrian de Postis.

1733. 14 novembre. — Baptême de Pierre de Postis, fils de Messire Louis Adrian de Postis et de Dame Gabrielle Eléonore Victoire de Bourbel.

1734. 13 novembre. — Nomination comme curé du Houlbec de Messire Jacques de Postis, écuyer, prêtre.

1735. 23 juillet. — Baptême de Magdeleine Victoire de Postis, fille de Messire Louis Adrian de Postis et de Dame Gabrielle de Bourbel. — Parrain : Messire Jacques de Postis écuyer, prêtre, curé du Houlbec. Marraine : D^lle Magdeleine de Postis.

1736. 17 juin. — Baptême de Louis Adrian de Postis, fils de Messire Louis Adrian de Postis et de Dame Gabrielle de Bourbel. — Parrain : Adrian de Postis de la Boissière. Marraine : Dame Gabrielle Angélique de Thumery.

1737. 5 juin. — Baptême de Louis de Postis du Houlbec. — Parrain : Messire Pierre de Postis, écuyer, chevalier du Houlbec. Marraine : D^lle Marguerite de Chesnard.

1738. 27 janvier. — Inhumation dans le chœur de l'église du Houlbec de Louis de Postis (du Houlbec).

1738. 15 août. — Baptême de Louis Marie de Postis du Houlbec.

1739. 11 octobre. — Baptême à Houlbec de Louise Léonore Marguerite de Postis du Houlbec.

1740. 23 août. — Inhumation dans le chœur de l'église du Houlbec de Louis de Postis âgé de deux ans.

1740. 23 octobre. — Baptême de Marie, Anne, Elisabeth de Postis du Houlbec.

1742. 6 janvier. — Baptême de Marie, Gabrielle, Victoire de Postis du Houlbec.

1742. 22 août. — Inhumation dans le chœur de l'église du Houlbec de Messire Jacques de Postis, écuyer, prêtre, décédé le 21, curé du Houlbec, faite par Monsieur le Doyen du Bourgtheroulde.

1743. 3 juillet. — Baptême dans l'église du Houlbec, fait par Messire de la Houssaye curé de Saint Denis du Bosguérard, en présence de M^r le curé, de Louis Adrian du Houlbec. — Parrain : Messire Robert du Chesne, écuyer, seigneur des Monts. Marraine : Noble Dame Vinande Isabelle de Billé, Dame de la Cambre (paroisse de Saint-Eloy-de-Fourques).

1745. 24 novembre. — Baptème de Marie Catherine de Postis du Houlbec.

1747. 5 juin. — Baptème de Louis Nicolas de Postis du Houlbec. — Parrain : Messire François, Jacques de Grouchy, chevalier, seigneur du Val Cabot (Hermos, paroisse de Saint-Eloy-de-Fourques). Marraine : D^lle Louise du Chesne.

1749. 24 mai. — Baptème de Bonne de Postis du Houlbec. — Parrain : Messire Armand de Postis du Genétey. Marraine : D^lle Marie, Gabrielle, Victoire de Postis du Favril.

1749. 29 août. — Inhumation dans le chœur de l'église du Houlbec de Messire Adrian de Postis, écuyer, sieur de la Boissière, âgé de 70 ans, décédé le 28. Le dit sieur demeurant de son vivant à Saint-Denis du Bosguérard est inhumé en la paroisse du Houlbec sur ses dernières volontés.

1749. 28 octobre. — Inhumation dans le chœur de l'église du Houlbec de D^lle Bonne de Postis, âgée de 5 mois.

1750. 31 août. — Inhumation dans le chœur de l'église du Houlbec de Louis Adrian de Postis du Houlbec, âgé de 7 ans.

1754. 26 août. — Inhumation dans le chœur de l'église du Houlbec de Dame Marguerite de Chesnard, veuve de Messire Adrian de Postis, âgée de 83 ans.

1755. 7 octobre. — Mariage de Messire Alexandre François de Grôlé, légitimé de Lorraine, veuf de feue Marguerite Alexandrine Nicolas du Mesnil-le-Grand, fils légitimé de feu très haut et très illustre prince Henri de Lorraine duc d'Elbeuf, pair de France, gouverneur et lieutenant général pour sa Majesté en ses provinces de Picardie et Artois, et Dame Françoise du Longevois, de la paroisse de Caudebec les Elbeuf, avec D^lle Madeleine Victoire de Postis, fille de Messire Louis Adrian de Postis chevalier seigneur et patron du Houlbec, seigneur du fief des Brières, et de Dame Léonore, Gabrielle, Victoire de Bourbel de Montpinçon. Présents à ce mariage : **MM.** du Houlbec père de la future, le chevalier du Houlbec, oncle de la susdite, du Genétey, son cousin, et Alexandre du Mesnil le Grand, oncle de la susdite.

1756. 6 octobre. — Inhumation dans l'église du Houlbec de Messire Charles Henri de Grôlé âgé d'environ 1 mois.

1758. 22 mars. — Inhumation dans le chœur de l'église du Houlbec de Marie, Catherine de Postis, âgée de 12 ans.

1760. 5 septembre. — Inhumation de Henri Alexandre fils de noble homme Alexandre François de Grôlé.

1560. 29 novembre. — Inhumation dans le chœur de noble Dame Magdeleine Victoire de Bourbel, âgée de 55 ans.

1763. 19 juillet. — Transport dans le chœur de l'église de Saint-Eloy de Fourques du corps de noble Dame Isabelle de Billé épouse de noble homme Pierre de Postis du Houlbec âgée de 68 ans.

1770. 13 mai. — Inhumation dans le chœur de l'église du Houlbec de noble homme Louis Adrian de Postis, en son vivant écuyer, seigneur et patron du Houlbec, âgé de 78 ans.

1781. 21 juillet. — Baptême au Houlbec de Louis Pierre Augustin de Turgis, fils de noble personne Maître Joseph Pierre de Turgis, officier commensal de la maison du Roi, monnayeur en son hôtel des Monnaies de Rouen, licencié ès lois, avocat au parlement de Normandie, et de noble Dame Marie, Victoire, Gabrielle de Postis. — Parrain : Maître Adrien, Augustin Fisset, prêtre curé du Houlbec. Marraine : Rose Lechevallier.

1783. 24 mai. — Baptême de Marie Madeleine de Turgis, fille de Joseph, Pierre de Turgis. — Parrain : Georges

Noël de Turgis de la Rivière. Marraine : Veuve Marie MadeleineLouise Adrianne de Lorraine d'Elbeuf de Boussey.

De ces extraits des registres de catholicité déposés à la mairie du Houlbec, il appert que de 1673 à 1770, 22 membres de la famille du Houlbec ont été inhumés dans le caveau familial transformé plus tard en chœur.

(Depuis la Révolution les membres défunts de la famille du Houlbec ont été inhumés dans le cimetière en face du portail de l'église où s'élèvent plusieurs pierres tombales portant en relief les armoiries de la famille, avec leurs supports.) (Voy. p. 7).

Il est aisé de deviner que de nombreux cercueils ont été déposés dans ce même caveau depuis sa construction au xvᵉ siècle jusqu'en 1673.

Que sont devenues toutes ces sépultures dont il ne reste pas trace ?

Pour quiconque a étudié l'histoire de la grande révolution et sait que presque partout les sépultures ont été violées, soit pour utiliser le plomb des cercueils, soit pour s'emparer des objets de valeur déposés pieusement dans les bières, il n'y aura aucun étonnement à apprendre que le caveau des seigneurs du Houlbec n'échappa point à la rapacité des Jacobins de l'époque.

La profanation en était d'autant plus facile à perpétrer que le caveau était d'un accès aisé et qu'il n'était nul besoin de creuser le sol [1].

Donc la tradition, bien vivace encore de nos jours, nous affirme qu'après la violation des sépultures et la dispersion des ossements jetés çà et là par des mains sacrilèges, on réunit dans un seul cercueil les restes recueillis et qu'on

[1] Malheur à qui des morts profane la poussière ! a dit le Poète.

les déposa du côté droit dans ce même caveau qui fut ensuite comblé avec de la terre.

Quoi qu'il en soit de cette tradition qui nous paraît fort respectable, nous devons reconnaître que le chœur de l'église du Houlbec est planchéié et que les lambourdes qui supportent les planches ne reposent que sur des terres rapportées. Et il est aisé de comprendre qu'il était sage de ne pas paver sur un sol toujours exposé à s'affaisser. Cette particularité, unique peut être en son genre, peut passer inaperçue pour le vulgaire. Pour nous, elle confirme la tradition et concorde avec l'histoire de la famille du Houlbec.

DEPUIS 1789

Noms des membres de la famille de Postis inhumés dans le cimetière du Houlbec, en face du portail de l'église, un peu à gauche, sous l'if.

27 août 1805. — Dame Thérèse Julie Le Prévost épouse de Mre Louis Nicolas de Postis ;

4 août 1808. — Jean Baptiste Joseph de Postis de la Boissière ;

2 décembre 1812. — Damoiselle Marie Gabrielle de Postis sœur de Mre Louis Nicolas de Postis ;

22 août 1852. — Aimé Louis Alphonse de Postis du Houlbec, époux de Marie Louise Le Bienvenu du Busc ;

X. . . . . . . de la Porte de Pinçon enfant (mort en bas âge) ;

4 mai 1860. — Dame Marie Louise Le Bienvenu du Busc [1] ;

---

[1] Marie-Louise Le Bienvenu du Busc, mère du général du Houlbec.

4 octobre 1879. — Ludovic Ferdinand de Postis du Houlbec ;

4 décembre 1895. — Charles Marie Joseph de Planterose de Berville époux de Charlotte de Postis.

femme de grand mérite, travailla une grande partie de sa vie à collectionner les riches archives des de Postis.

CHAPITRE II

CURE DU HOULBEC. — BÉNÉFICE CURE — TRÉSOR
DE LA PAROISSE DU HOULBEC

Nous avons vu précédemment que l'église actuelle bâtie
en 1431 par Jeanne d'Harcourt, épouse de Jean de Rieux,
a remplacé celle qui tombait en ruine au Moulin-du-Houl-
bec, et que le chœur actuel était le caveau où les châtelains du Houlbec inhumaient les membres défunts de leur
famille.

Les seigneurs en confièrent le desservice aux moines
du Bec qui étaient déjà fixés depuis plusieurs siècles, à
Saint Georges du Theil, à Saint-Eloy-de-Fourques, à Bosguerard de Marcouville, et c'est pour ce motif que dans de
nombreux actes anciens, il est question du *Moustier* du
Houlbec (Monasterium).

Les moines conservèrent ce desservice tant qu'ils furent
possesseurs du fief du *Bosc* qui s'étendait sur le Houlbec,
Saint-Denis du Bosguérard, et même sur Saint-Ursin de
la Haye du Theil. Parfois ils se faisaient remplacer.

En 1608 nous constatons que la paroisse possède un
curé résidant à la cure et même aussi un vicaire.

Voici les noms des principaux curés ou desservants
depuis 1608 jusqu'en 1900 :

1° Messire Pierre le Cat ; 2° Mre Georges Quesney ;
3° Mre François Mutrel ; 4° Mre Pierre de Postis ; 5° Mre Mar-

tin Collet ; 6° en 1734 Mre Jacques de Postis, prêtre, qui mourut au Houlbec le 21 août 1742 ; 7° Mre Augustin Fisset ; 8° Mre Georges Laurent Freulard ; 9° Mre Lecomte curé de Bosguérard a desservi la paroisse ; l'abbé Teutry, l'abbé Leguay[1] ; 10° Mre Mainet ; 11° Mre Rosse curé de Bosguérard a desservi la paroisse ; 12° Mre Lhommet ; 13° Mre Boutry curé de la Haye du Theil a desservi la paroisse ; 14° MM^res Bobin et Heullant ont desservi la paroisse.

Les seigneurs du Houlbec ne se contentèrent pas de donner à la paroisse une église pourvue d'un cimetière, ils fournirent un presbytère qu'ils enrichirent successivement d'un important bénéfice. On va le comprendre par les actes qui suivent et que nous puisons aux riches archives de la famille du Houlbec qui a donné deux de ses membres comme curés de la paroisse.

15 décembre, 1693. — « Extrait des registres du greffe des insinuations ecclésiastiques du diocèse de Rouen.

Du quinzième jour de décembre mil six cent quatre-vingt-treize a été registré et insinué l'acte qui suit :

A Monseigneur, Monseigneur l'Archevêque de Rouen, primat de Normandie, et à MM. les vicaires généraux, la cure ou esglize paroissiale du Houllebec doyenné de Bourgtheroulde de nostre diocèse, dont la nomination et présentation appartient au seigneur du lieu, à cause de sa terre et seigneurie, et à vous, Monseigneur, la collation et provision, institution et autre disposition à cause de votre dignité archiépiscopale, estant à présent vacante, par le décez, de Mre François Mutterel, prestre, dernier paisible possesseur de la ditte cure, nous Charlotte des Essarts veuve de Louis de Postis, escuyer, seigneur et

____

[1] C'est l'abbé Leguay qui monta lui-même et plaça sur la croix du clocher le coq actuel.

escuyer, tant en héritier du dit Louis de Postis sous notre
nom que comme tutrice de Louis Adrien de Postis, escuyer nostre fils, patron du Houllebec, exerçant nos
droits sur la ditte terre et seigneurie, nous avons nommé
et présenté la personne de Mre Pierre de Postis, clerc
de nostre dit diocèse comme capable de posséder le
dit bénéfice, vous suppliant de luy en accorder lettres
de provision en vertu desquelles il en puisse prendre
possession réelle et actuelle. Ce fut fait et passé par
devant Guillaume Auger notaire et garde notte royal juré
au bailliage de Pont-Audemer pour le siège de Pont-
Autou, le deuxième jour de décembre mil six cent quatre
vingt-treize, présence de Me Nicolas de Limeyne, prestre
curé de Thierville et de Me Hiérosme Dupont curé du
Bosguérard, témoins qui ont signé, lecture faite suivant
l'ordonnance :

Signé : CHARLOTTE DES ESSARTS, ADRIEN DE POSTIS
DE LIMEYNE, ET DUPONT, avec paraphe.

La supplique de Charlotte des Essarts fut agréée par
M^r l'Archevêque de Rouen, et Pierre de Postis nommé à
la cure fondée par ses aïeux reçut le sacerdoce l'année
suivante.

La pièce qui suit va nous montrer que loin d'avoir diminué à son profit le dit bénéfice, il l'augmenta considérablement de ses propres deniers, en 1700.

3 may 1719. — « Acte sous seing fait par Messire Adrien
de Postis écuyer, seigneur et patron de Houllebec, en sa
qualité d'héritier de feu Pierre de Postis, escuyer, prestre
curé du Houllebec, par lequel il cède à Mre Martin Collet
prestre curé du Houllebec les héritages fieffés par Jeanne
Parent, veuve du sieur Romain La Vigne, par contrat

passé devant Pierre Bertin, notaire, au Pont-de-l'Arche le 13 janvier 1700, à condition de payer la rente annuelle de trente livres à la veuve La Vigne et les rentes seigneuriales dont relèvent les fonds.

Messire Pierre de Postis, escuyer, prestre curé du Houllebec, avait par testament donné à la cure, à condition que le sieur curé son successer veuille bien l'accepter, toutes les parties d'héritage mentionnées en un contrat de fieffe qu'il avait fait à la dame veuve La Vigne, consistant en masure, avec les bâtiments, arbres et hayes, contigues aux dépendances du presbytère, terres labourables et praieries, sises tant sur la paroisse du Houlbec, Gros-Theil que Saint-Denis du Bosguérard, à condition par le dit sieur curé de payer chacun an, à la dite Dame La Vigne, au terme de Saint-Michel, la somme de 30 livres. » (Pièces authentiques, archives de la famille de Postis).

Les curés se gardèrent bien de refuser pareille donation, qui, malgré les rentes à payer, faisaient de la petite cure du Houllebec un bénéfice très important.

1780. — Le titre suivant, à la date de 1789, achèvera de nous convaincre de l'importance de ce bénéfice fondé et enrichi par les seigneurs du dit lieu du Houlbec.

Aveu de Mre Adrien Fisset, prestre curé du Houlbec.

« De messire Louis Nicolas de Postis, escuyer, ancien garde du corps de Sa Majesté, seigneur et patron du Houllebec et du noble fief des Brières, etc.

Nous Mre Augustin Adrien Fisset, prestre curé de la paroisse de Notre-Dame du Houllebec, y demeurant, à cause de notre bénéfice-cure de la paroisse tenons et avouons tenir, par foy, hommage, nuement et sans moyen, de notre dit seigneur, sous la mouvance de son noble fief, terre et seigneurie du Houllebec les héritages ci-après bor-

nés et désignés, assis et situés sur ladite paroisse du
Houllebec ou environs, lesquels sont, sçavoir :

Une pièce de terre en nature de prey, close de hayes
ainsi qu'elle est, triège du hameau de l'église, qui fut
anciennement à notre dit seigneur, bornée d'un côsté vers
l'Orient, Etienne, fils de Martin, d'austre côté nous même,
à cause de notre dit bénéfice-cure, par la pièce suivante,
d'un bout vers le midy, faisant hache, Nicolas Hesbert,
par fieffe de Claude-Trocques, pour la masure nommée
la masure de la Vigne, et d'autre bout notre dit seigneur
pour une pièce de terre en nature d'herbage.

Item une pièce de terre en masure logée de deux corps
de bâtiments à usage de four et de pressoir, close en partie de murs en bauge et de hayes, et plantée d'arbres
fruitiers ainsy qu'elle est au même lieu et triège qui fut
anciennement à notre dit seigneur, bornée d'un côté vers
l'orient nous-même à cause de notre dit bénéfice-cure par
la pièce précédente et le dit Nicolas Hesbert fils pour la
masure nommée la masure de La Vigne, chacun en partie,
d'autre côté nous même au même droit que dessus par la
pièce suivante et notre dit seigneur pour une pièce de terre
en friche, nommée le froc de l'église aussi chacune en partie, d'un bout vers le midy la rue des Maingottières, abou-
tante sur ledit froc et par enhachement le dit Nicolas Hesbert, et d'autre bout encore notre dit Seigneur pour une
pièce de terre en herbage et par plusieurs enhachements,
nous même au dit nom par la dite pièce suivant, pour
raison desquelles deux pièces de terre cy-devant bornées
désignées qui étaient autrefois le chef sujet à faire l'assemblement des rentes et faisances seigneuriales de l'ainesse Thomas Duhamel réduite en nuement et qui nous
appartiennent à cause de notre dit bénéfice-cure, pour fieffe
anciennement faite par Messire Louis de Postis, escuyer,

seigneur dudit lieu du Houllebec à Mr François Mutrel, prestre, pour lors curé du Houlbec, ainsi qu'il appert par plusieurs anciens gages pleiges et accord fait entre les auteurs de notre dit seigneur et nos prédécesseurs : il est dù à notre dit Seigneur huit boisseaux d'avoine, mesure de Bourgtheroulde, de rentes seigneuriales payables par chacun an, en la recette de ladite seigneurie au terme Saint-Michel.

Item une pièce de terre en nature de cour et jardin sur laquelle est construit notre manoir presbytéral et plusieurs autres corps de bàtiments à différents usages, close de murs de bauge ainsi qu'elle est au même lieu et triège du hameau de l'église qui fut anciennement au bénéfice-cure bornée d'un costé vers l'orient et d'un bout vers le midy par plusieurs enhachements, nous-même au dit nom par la pièce précédente, d'autre côté notre dit seigneur pour une pièce de terre en friche nommée le froc de l'église, et d'autre bout aussy une pièce de terre en nature d'herbage et pour la mare nommée la mare de la Ville, chacun en partie.

Item une pièce de terre en masure close de hayes et plantée d'arbres fruitiers ainsi qu'elle est au même lieu et triège qui fut anciennement au dit bénéfice-cure bornée d'un côté vers l'orient Louis Leduc, fils Louis par acquisition de Jacques Eustache Assire, d'autre côté Thomas Marais fils Nicolas, Jean Pierre Dehors fils Michel, au nom de Marie Madeleine De la Croix, sa femme, fille de Louis et Mr Armand de Postis du Genétey, et d'autre bout la rue des Maingottières tendante à Elbeuf.

Item une pièce de terre en labour au même lieu et triège qui fut anciennement au dit bénéfice-cure, bornée d'un côté vers l'orient le trésor et fabrique de la dite paroisse, d'autre côté le dit Mre Armand de Postis Sr du Gennetey

(Genétey), d'autre bout vers le midy Jean Le Cat fils de Jean et d'autre bout nous-même par la pièce précédente dernière bornée. Pour raison des quelles trois dernières pièces cy devant bornées et désignées qui nous appartiennent à cause de notre dit bénéfice-cure, il est dû nuement à notre dit seigneur pour toutes rentes seigneuriales et charges foy et hommage seulement.

A cause et pour raison de tous lesquels héritages cy devant bornés et désignés qui nous appartiennent comme devant est dit, il est dû à notre dit seigneur en outre les rentes et faisances seigneuriales cy devant énoncées foy hommages reliefs treizièmes comparance aux plaids et gages pleiges et tous autres droits et devoirs seigneuriaux, le cas échéant, le tout suivant et conformément aux anciens titres et accords cy devant énoncés y recours ce que nous avons signé.

Adrien Augustin Fisset Curé du Houllebec.

Ainsi baillé reconnu et avoué véritable par le dit Messire Adrien Augustin Fisset prestre cy devant nommé et qualifié devant nous Michel François Duclos avocat et sénéchal de la dite seigneurie, assisté du sieur Charles Martin feudiste près et établi greffier en cette partie lequel aveu a été receu sauf à y coucher blasmes par mon dit sieur, avec assignations au dit Me Fisset prestre à comparoir aux prochains plaids de la dite seigneurie dont acte exécutoire du présent accordé à Monsieur son receveur pour les rentes et faisances y énoncées sauf et sans préjudice des frais de réunion prise de fiefs et amandes si aucunes sont dûes. Ce jourd'huy dix neuf janvier mil sept cent quatre vingt neuf.

Signatures : Adrien Fisset curé du Houllebec, Duclos et Martin.

Le bénéfice-cure possédait encore, outre le fief la Vigne,

sur le Houllebec, Gros-Theil et Saint-Denis-du-Bosguérard,
donné par Messire Pierre de Postis prestre (acte du 3
May 1719 précité) l'aisnesse Robert Leclerc.

« En 1789, (articles 74, 75, 76, 77, 78, Aisnesse Robert
le Clerc) le bénéfice-cure de la paroisse de Notre-Dame du
Houllebec en tient puisnement 28 perches en labour,
sises triège de la campagne du puis qui furent anciennement au dit bénéfice, bornées d'un côté vers l'orient le
trésor et fabrique de la dite paroisse par la pièce suivante,
d'autre côté Pierre Louis Langlois fils de Charles par la
pièce du présent, d'un bout vers le midy le dit Jean Halbout fils Jean pour une sommière et d'autre bout la sente
des fosses tendante du Bourgtheroulde au Neubourg, ce
qui a été signé par Messire Adrien Augustin Fisset prestre
curé de la dite paroisse pour et au nom du dit bénéfice-
cure pour valoir de revalidation et reconnu devoir au
prix et ap^on de rentes et faisances seigneuriales, de la dite
aisnesse »

(Pièces authentiques, archives de la famille du Houllebec.)

Notre devoir, comme notre travail, serait incomplet, si
nous passions sous silence les difficultés, les luttes, voire
même les procès qui à diverses époques surgirent entre
l'abbaye du Bec et différents châtelains du Houlbec relativement au desservice de la cure. Nous avons même eu le
courage de lire jusqu'à la dernière ligne une liasse de
98 feuillets doubles concernant un procès que nous résu-
merons et qui définitivement, après avoir passé par les
tribunaux de Pont-Audemer, Rouen et Paris, fut gagné par
les châtelains du Houlbec.

De l'examen des archives de la famille de Postis du
Houlbec, en parfaite conformité avec celles de l'Archevêché

de Rouen, touchant la nomination à la susdite cure, il appert :

Que dès les premières années de sa fondation, l'abbaye du Bec desservit la paroisse du Houlbec, puis qu'ayant acquis le fief du Bosc situé en grande partie sur le Houlbec, elle jouit alternativement, avec le seigneur du dit lieu, du droit de présentation à la cure ; elle exerce ce droit dès 1261.

En 1288, Robert d'Harcourt reconnaît ce droit aux religieux, par contrat signé ;

En 1329, Dame Alix de Bréban, confirme et reconnaît ce même droit.

C'est à la réclamation de cette Dame de Bréban, Dame de Malères, née d'Harcourt et habitant Thiberville, que commença à Thiberville ce fameux procès que nous allons résumer.

Du dépouillement du volumineux dossier de ce procès, il résulte :

I

Que l'Abbé du Bec-Hellouin établissait de la manière suivante le droit qu'il prétendait avoir à la nomination du dit bénéfice-cure du Houlbec, *alternativement* avec le seigneur du dit lieu :

1º En 1288, Robert d'Harcourt seigneur du Houlbec, par, contrat, reconnaît que le droit de patronage appartient à l'abbé du Bec ;

2º En 1329, Noble Dame Alix de Bréban, dame de Malères dans un procès pendant entre elle et les dits religieux du Bec, devant les chevalliers aux assises de Thiberville, reconnaît aussi que les dits religieux avaient le droit de nommer à la cure du Houlbec alternativement avec le seigneur du dit lieu et que c'était pour lors à leur tour à y nommer ; et de fait, le dit abbé du Bec y a plusieurs fois présenté depuis ces assises ;

3° En 1463, il y eut un autre procès entre le sieur Rieux d'Harcourt, alors seigneur du Houlbec et les dits religieux, devant le lieutenant général du Pont-Audemer, et sentence intervint entre eux ordonnant que M⁽ʳᵉ⁾ Massot prêtre nommé par l'abbé du Bec serait préféré pour le dit bénéfice de la cure du Houlbec au préjudice du prêtre nommé par le sieur de Rieux et que c'était le tour des dits religieux du Bec de nommer à la cure ;

4° Que si, après la vente du fief du Bosc situé au Houlbec, vente faite par les religieux du Bec au dit seigneur du dit lieu, le père abbé du Bec n'a plus usé de son droit de nommer à la susdite cure, ce droit de patronage conformément à l'article 521 de la coutume ne tombe point en prescription, et que l'absence de glèbe ne le détruit point.

II

A ces arguments la partie adverse répondit :

1° Le successeur des d'Harcourt et des Rieux, Jean Mazeline, seigneur et patron du Houlebec, nomma à la susdite cure vacante par la mort de Guillaume Ligaut, Antoine Desfontaines, en 1524, et en 1531, M⁽ʳᵉ⁾ Pierre le Maréchal à la mort du susdit Desfontaines.

2° En 1546, le dit sieur Mazeline présenta Gilles Duval, à la mort du dit Pierre le Maréchal.

3° En 1572, le Roy, au nom et comme ayant la garde noble des enfants mineurs du dit seigneur du Houlebec, présenta Pierre Lecat, à la démission du dit sieur Duval.

4° En 1604, Suzanne du Val, petite fille du dit sieur

Mazeline, présenta Nicolas Pinel, par la démission du dit
Lecat.

5° En 1614, Georges Guissier a été pourvu au dit bénéfice immédiatement après le dit Michel ; mais on ne sait
de quelle part.

6° En 1651, Richard Boulard est nommé au dit bénéfice
par Louis de Postis, petit fils de Suzanne du Val, à la mort
du dit Guissier,

7° En 1658, François Mutrel ou Muterel, est pourvu au
dit bénéfice par le dit sieur de Postis, par permutation
avec le dit Boulard, du consentement du dit seigneur.

8° En 1693, Pierre de Postis est pourvu au dit bénéfice
par Adrian de Postis, fils du dit Louis, à la mort du dit
Mutrel.

9° En 1716, Louis Lhôte est pourvu par le dit Adrian
de Postis, tandis que le sieur Collet est nommé au même
bénéfice par l'abbé du Bec.

Ce fut le sujet du procès.

De telle sorte que depuis 1524, neuf curés ont été présentés à la susdite cure par les seigneurs du Houlbec, sans
que les abbés du Bec en aient nommé un seul ni réclamé,
ce qui fait 193 années de possession de la part du seigneur
du Houlbec, sauf peut-être pour l'abbé Guissier.

10° En 1716, au tribunal de Pont-Audemer, le seigneur
du Houlbec fait aussi ressortir que ses aïeux ont toujours
pris et porté le titre de *Patron* du Houlbec, sans aucune
protestation de qui que ce soit ;

11° Que les religieux du Bec depuis l'an 1522 n'ont ni
dîme, ni fief, ni aucun bien dans la paroisse, et qu'ils ne
peuvent en aucune façon posséder un droit alternatif de
présenter à la cure du dit Houlbec, parce qu'il fallait qu'un
droit de patronage eût une glèbe, et que ne possédant rien
dans la dite paroisse, ils ne devaient point avoir ce droit

alternatif, et que ce droit annexé au fief du Bosc avait
disparu avec la vente de ce fief.

Les religieux répondirent que leur droit n'était point
inhérent à ce fief du Bosc.

Mais les adversaires prétendirent prouver le contraire
en citant une pièce du 13 mars 1521, dans laquelle Jean
d'Orléans, archevêque de Toulouse, évêque d'Orléans et
abbé du Bec, donne en dénombrement au Roy le revenu
de l'Abbaye où le fief du Bosc sur Houlbec est cité avec
tous ses droits et notamment avec le droit de présenter au
bénéfice du Houlebec.

Enfin après de très longs débats où les religieux du Bec
se faisaient toujours représenter, il y a lieu de présumer
que la sentence (nous ne la possédons pas) fut défavorable
à l'Abbaye puisque désormais nous voyons les seigneurs
du Houlbec présenter à la cure, sans la plus petite réclamation de la part des religieux du Bec.

L'examen des dernières pièces du procès nous fait comprendre que si les religieux du Bec ont réclamé le droit
de présentation après un silence de 193 années, c'est uniquement parce que le seigneur du Houlbec avait refusé
de nommer à la susdite cure un de leurs protégés, le fils
d'un des fermiers de l'Abbaye. Pure chicane qui dégénéra
en un procès long et dispendieux.

TRÉSOR DU HOULBEC

17 *mars* 1782. — Le lecteur ne sera nullement étonné,
étant donnée la générosité notoire des seigneurs du
Houlbec, de constater la richesse du trésor de la petite
église de cette paroisse qui pouvait entretenir à ses frais
un maître d'école chargé d'enseigner aux enfants de la

paroisse la lecture, l'écriture, le calcul, le catéchisme, l'histoire sainte, le plain-chant, etc.

Les pièces qui suivent nous donneront une idée de l'importance de ce trésor : « Bail devant Mᵉ Tragin, notaire à Briosne, des biens appartenant au trésor et fabrique de Notre-Dame de Houlbec, à plusieurs particuliers y nommés ainsi qu'il en suit pour huit années consécutives qui prendront cours du jour de Saint-Michel prochain aux charges par les adjudicataires de bien cultiver, etc., etc., de comparaître aux plaids et gages pleiges des seigneurs dont les fonds peuvent dépendre et y payer les rentes seigneuriales qu'ils y sont obligés pour chacun leur fait et regards, desquels héritages assis et scitués sur différentes paroisses, la teneur en suit :

Saint-Denis-du-Bosguérard. — La 1ʳᵉ pièce sise en la paroisse de Saint-Denis-du-Bosguérard contient 3 vergées environ au triège des Brières, bornée d'un bout : M. Béliard et Pierre Jacques Costé, et d'autre bout la sente de Boissey.

Le Gros-Theil. — La 2ᵉ contient en labour 1 vergée, sise à Saint-Georges-du-Gros-Theil, triège du champ d'Argences.

Le Houlbec. — La 3ᵉ contient 2 vergées, bornée de plusieurs d'un côté, d'autre côté Jean Lecat, d'un bout Jacques Assire, et d'autre bout en pointe.

Le Gros-Theil. — La 4ᵉ contient 2 vergées paroisse de Saint-Georges-du-Gros-Theil, triège de la my-voie.

La 5ᵉ 2 vergées sise même paroisse, triège de la Porte-aux-Martin.

Le Houlbec. — La 6ᵉ en labour contient une vergée, triège de la rangée, bornée d'un côté Mᵐᵉ Daubin, d'autre côté Pierre-Jacques Harivel, d'un bout Pierre Fleury, et d'autre bout le chemin.

Le Gros-Theil. — La 7ᵉ en labour contient une vergée sise à Saint-Georges-du-Theil, triège de la campagne du Puis.

La 8ᵉ en labour contient 20 perches, même paroisse, même triège.

Le Houlbec. — La 9ᵉ en labour, contient 2 vergées, triège du Genétey, bornée d'un côté François Costé, d'autre côté Philippe Assire, d'un bout plusieurs et d'autre bout le chemin.

La 10ᵉ en labour, contient 1 vergée 8 perches, bornée d'un côté Mʳᵉ du Génetey, d'autre côté les représentants du sieur Questard, d'un bout Jean-Pierre Lebourg et d'autre bout le chemin.

Le Gros-Theil. — La 11ᵉ en labour contient 50 perches paroisse de Saint-Georges-du-Gros-Theil, triège de l'Ente-de-Chiens.

Le Houlbec. — La 12ᵉ et dernière en labour contient 50 perches, triège de la Campagne-du-Puis, bornée d'un côté la terre de la cure, d'autre côté Jacques Duval, d'un bout Jean Halbout et d'autre bout le chemin. »

« Outre ces douze pièces de terre, le trésor de ladite paroisse tient puisnement de quatre pièces de terre en labour de l'aisnesse Robert Le Clerc.

La 1ʳᵉ contient 1 vergée 5 perches, sise triège de la Campagne-du-Puis, anciennement au sieur Guestard, bornée d'un côté vers l'orient, Pierre-Jacques Duval fils Jacques, d'autre côté le bénéfice cure, vers le midy par Jean Halbout, d'autre bout la sente des fossés tendant du Bourgtheroulde au Neubourg.

La 2ᵉ contient 2 vergées, sise même triège, bornée par

Mre Jacques Armand de Postis, escuyer, sieur du Genétey, par Magdeleine-Claire et Marie-Anne Baillache, sœurs.

La 3e contient 1 vergée 32 perches, triège de la fosse Boufferey, traversée par le chemin des marais du Houlbec à la Neuville du Bosc, vers le midy plusieurs aboutants, et la seigneurie du Gros-Theil, Jean-Pierre Costé, et plusieurs.

La 4e et dernière contient 50 perches sise au même triège, bornée d'un côté M^ro Jacques Armand de Postis, d'un bout vers l'orient la sente du Neubourg à Bourgtheroulde et Routot, et d'autre côté Louis Hareng et Louis Caritté, fils François maître d'écolle demeurant en la dite paroisse de Notre-Dame-du-Houlbec, homme vivant, mourant et confiscant du dit trésor et fabrique élu par délibération du dimanche 21 décembre 1788 duement figurée et contrôllée à Briosne le 19 janvier 1789 demeurée annexée à l'original d'un aveu nuement rendu à la seigneurie du Houllebec, pour valoir de revalidation et reconnu devoir au prix et p^on des rentes et faisances seigneuriales de la dite aisnesse. »

1789. — Le dit trésor, suivant un aveu rendu par François Caritté, homme vivant, mourant et confiscant du dit trésor, possède aussi :

Une pièce de terre en labour contient 2 vergées sise en la dite paroisse du Houlbec, au triège du hameau de l'église, vers la rue Béthune, bornée d'un côté vers l'orient Marie-Madeleine Duchemin, fille de Pierre-François et autres, d'autre côté le bénéfice cure de la dite paroisse et Jean Lecat d'un bout en pointe vers le midy Jean Lecat et d'autre bout Louis Le Duc, fils Louis.

Pour raison de laquelle pièce il est dû nuement 2 sols 6 deniers tournois au terme de la Saint-Michel, cy par an 2 sols 6 deniers.

Outre ces pièces de terre, le trésor possédait de multiples ressources en rentes foncières, entre autres celles procurées par la fondation de Chesnard qu'une inscription lapidaire encastrée dans la muraille du chœur, côté gauche, perpétuera. Elle porte la partie essentielle de la fondation, avec les écussons des familles de Postis et de Chesnard. Nous l'avons déjà citée tout au long.

Il serait banal de dire que tous ces biens n'appartiennent plus au *trésor* qui, en fait de finances, ne possède que le vide absolu dans sa caisse.

Avec les titres de noblesse disparus, les ressources et la prospérité de la cure et du trésor ont disparu également. Et cette petite paroisse qui pouvait payer et entretenir un maître d'école chez elle, est réunie pour l'instruction au Gros-Theil depuis la Révolution. Notons que les quelques enfants fréquentent les écoles de Bosguérard-de-Marcouville ou de Saint-Denis plutôt que celles du Gros-Theil.

Une note de la fabrique, en notre possession, déclare que le 21 décembre 1788, le curé du Houlbec et les fabriciens ont choisi François Carité comme maître d'école payé par le trésor.

La modeste paroisse du Houlbec, comme beaucoup d'autres, épousa certaines idées révolutionnaires qui aboutirent à la dénonciation et à la persécution. En ce qui concerne la cure, voici deux délibérations qui sont consignées à la mairie du Houlbec :

6 novembre 1791. « L'an mil sept cent quatre-vingt-onze, le dimanche sixième de novembre se sont assemblés les maire, officiers de la municipalité de Houlbec, procureur et nottables de la commune et citoyens actifs de la ditte paroisse à la chambre commune des séances ordinaires assistés de notre secrétaire ordinaire pour délibérer et

verbaliser contre M⁰ Georges Laurent Freulard prestre
desservant l'église de la ditte paroisse au lieu et place de
M⁰ Adrien Auguste Fisset notre curé interdit de droit par
son grand âge. Lequel dit Freulard prestre contre le
désir des lois prohibées aurait publié au prône de la
grande messe paroissiale une lettre pastorale de M. de la
Rochefoucault cy-devant archevêque de Rouen : en faisant
beaucoup d'observations aux assistants, méprisant Robert
Thomas Lindet de tout son pouvoir disant qu'il n'était
qu'un usurpateur et qu'il ne luy appartenait pas d'être
évêque ; disant en outre qu'il avait fait lecture le dimanche des Rameaux d'un mandement de Thomas Robert
Lindet, mais que c'était à sa confusion, qu'il s'en repen-
tait et qu'il en demandait pardon, disant aux assistants
qu'ils avaient dû remarquer qu'il avait toujours recom-
mandé au prône Mˢʳ l'archevêque de Rouen et qu'il ne connaissait pas l'évêque du département et qu'il ne le connai-
trait jamais. Il marquait des regrets jusqu'au point d'en
verser des larmes, et à chaque discours s'est arrêté pour
faire des exhortations aux assistants, leur méprisant
l'évêque constitutionnelle, leur faisant observer que la
religion était corrompue. Pourquoi nous dits maire, officiers, procureurs et notables citoyens actifs de la commune avons verbalisé de la manière que dessus et député
d'entre nous Louis Lambert Auber, pour déposer le présent procès verbal au Directoire du département de
l'Eure, afin que MM. les administrateurs en juge tel que
leur prudence leur suggéra. Fait et arrêté comme
dessus ce dit jour et an que dessus et signé après lecture
faite.

« Boismare, maire ; Fleury officier, Auber officier, Auber
secrétaire, P. J. Harivel, J. Hays, Augustin Lecat frère,
L. Le Duc, P. J. Marais. »

Le pauvre curé n'avait pourtant obéi qu'à sa conscience !

Autre dénonciation

4 Mars 1792. — « L'an mil sept cent quatre-vingt douze le dimanche quatrième jour de mars, nous maire et officiers municipaux de la commune du Houlbec assemblés au son de la cloche sur les cinq heures d'après midy sonnée l'espace d'une heure, en la sacristie du dit lieu certifions que le sieur Freulard prestre desservant habituellement l'église du dit lieu depuis six à sept mois que ce jourd'hui sur les dix heures du matin après le son de la messe pour les première et seconde fois, qu'au moment où se disposait à sonner la troisième et dernière fois, le dit sieur Freulard a déclaré à François Carité, clerc de l'église et procureur de la commune qu'il ne dirait point sa messe aujourd'huy, qu'il se retirait dans l'instant ; et comme de fait il s'est retiré. Il ni a eu ni messe ni vespres de célébrées. Beaucoup de monde étant assemblées pour assister à la messe ont été obligées de se retirer, mécontents de n'avoir pus assister à la messe n'étant pas l'heure pour se pourvoir ailleurs. » (Extrait des registres municipaux.)

Empressons-nous de faire remarquer :

1° Que l'abbé Freulard n'était au Houlbec que comme vicaire administrateur de l'abbé Fisset très âgé ;

2° Qu'une longue suite de tracasseries et dénonciations de la part des habitants du Houlbec avaient découragé ce pauvre prêtre très estimé des honnêtes gens ;

3° Que ce jour-là même, il avait dû célébrer sa messe de bonne heure pour prendre vers une heure de relevée le chemin de l'Angleterre d'où il ne revint qu'après la chute de Robespierre.

A partir du 4 mars 1792, le Houlbec fut privé des cérémonies religieuses. Il n'eut point de curé constitutionnel.

Si l'on étudie bien les deux délibérations qui précèdent et qui sont consignées aux registres de la mairie, il est aisé de comprendre la marche ascendante des idées révolutionnaires même dans cette modeste commune, de même qu'il est facile de reconnaître que les affirmations de ceux qui déclarent qu'avant la Révolution l'instruction n'existait pas pour le peuple sont erronées.

En effet voilà des habitants de la campagne arrivés à l'âge d'homme, au moment de la déclaratian des « droits de l'homme ». Et non seulement ils savent lire et écrire, mais la rédaction de leurs délibérations laisse peut-être moins à désirer au point de vue grammatical que certaines élucubrations de prétendus savants qui se targuent de leur science, dédaignent le passé comme si la Création ne datait que de 89 et qui sont arrivés à se convaincre que c'est à la Révolution que l'on doit le bienfait de l'instruction.

CHAPITRE III

CHATEAU

Le château dont nous allons parler est un monument historique oublié qui va nous permettre d'ajouter non pas une perle, mais un grain de sable, à l'histoire archéologique de notre beau pays normand, si fécond en merveilles.

Il y a tout lieu de croire qu'un premier château fort existait au Houlbec, du temps des Gaulois, et qu'il fut détruit par les incursions des Normands.

A peine à la distance d'un kilomètre, sur le territoire de Saint-Georges-du-Gros-Theil, existe un triège appelé la *pierre tournante* où bien des siècles ont contemplé un très beau dolmen qui est actuellement dans la cour du château de M. Henri de Sars-le-Comte, à Marcouville. Dans les bois du Houlbec et dans ceux de Bosguérard-de-Marcouville qui sont contigus ont été trouvées d'autres pierres druidiques dont la présence implique nécessairement l'existence dans les environs d'une caste sacerdotale de druides au milieu d'une population gauloise importante.

Quoi qu'il en soit, l'histoire de ce manoir féodal est celle de tous ses congénères à quelques variantes près.

A la vue des restes grandioses qui subsistent, on ne

peut s'empêcher de regretter la destruction des trois **quarts de** ce beau château presque princièrement bâti et la transformation moderne de la façade *Est* dont la vue ne permettrait à personne de se douter que l'on est en présence d'un manoir féodal des plus authentiques qui mérite d'attirer l'attention des historiens et des archéologues.

C'était un vaste quadrilatère, flanqué à chaque angle d'une tour élégante, ayant à l'*Est* un donjon avec tour du veilleur et pont-levis, et entouré de plusieurs enceintes de fossés pleins d'eau, avec une cour centrale intérieure, au milieu de pelouses, d'ombrages et de fouillis de verdure, près desquels de riches moissons, des herbes fleuries, et des pommiers toujours féconds forment un paysage des plus gracieux ; et vraiment plus d'une fois nous avons été tenté de prendre le chemin des écoliers et de nous retourner à chaque pas pour le contempler plus longtemps.

Bien que ce manoir, en vertu de ses riches souvenirs, ait pour nous un intérêt local et patriotique, il a un autre caractère qui prime celui-là, un caractère que lui ont donné les nobles familles qui l'ont élevé, restauré, habité, familles qui ont été la providence du pays pendant de longs siècles. Combien de générations ont grandi à l'ombre de ce vieux castel !

A la destruction des trois quarts du manoir ont survécu de précieuses archives qui ont trouvé un refuge entre les mains de la famille du Houlbec ; et nous ne pouvons que regretter que de nombreuses pièces aient séjourné trop longtemps, lors de la Révolution, dans un endroit humide qui les a détériorées.

Les traces bien visibles de barreaux en fer enlevés violemment à plusieurs fenêtres du midi, donnent à penser que ces barreaux ont été arrachés lors de quelque siège.

Mais ce n'est là qu'une présomption qu'aucun document positif ne confirme. La grosse tour qui se dresse près de ces mêmes fenêtres, daterait, selon certains savants, du règne de Philippe-Auguste, c'est-à-dire du commencement du xiiie siècle. Nous ne partageons pas cet avis et pensons qu'elle est du xve siècle.

Dans la partie de ce château demeurée debout, il reste beaucoup à glaner, surtout du côté *ouest* qui offre l'aspect sombre et imposant des vieilles demeures seigneuriales.

Nous ferons remarquer que tous les châteaux forts du voisinage, la Mésangère située à trois kilomètres, Harcourt, à 3 lieues, Boissey-le-Châtel, à 4 kilomètres, ayant été pris successivement par les Anglais en 1418, par les Ligueurs en 1588, il serait invraisemblable de supposer que le manoir féodal du Houlbec, presque aussi important que Harcourt, n'eût pas été visité par nos ennemis, d'autant mieux que, en 1418, ce château appartenait à la famille d'Harcourt qui eut à lutter contre le duc de Clarence, et qu'en 1588 Louis de Grimouville, ancien gouverneur d'Evreux et second mari de Suzanne du Val, n'aura pas ouvert son castel sans coup férir. Ce manoir avait trop d'importance et était trop fortifié pour n'avoir pas attiré l'attention et excité les convoitises de l'ennemi :

CAVES ACTUELLES ET ANCIENS SOUTERRAINS DU CHATEAU
(fig. 5).

Légende :

A. Souterrain-cave en parfait état de conservation, tout en pierre, appareil moyen, plein cintre légèrement ogival.

Épaisseur de la muraille nord-ouest, 1^m,35.

B. Second souterrain-cave également en parfait état, en pierre, moyen appareil, légèrement ogival.

Épaisseur de la muraille extérieure : 1^m,30.

C. Tour Nord : figure 8.

Diamètre intérieur : 4^m,20 ; trois chambres superposées ;
la plus basse a 2^m,68 de haut.

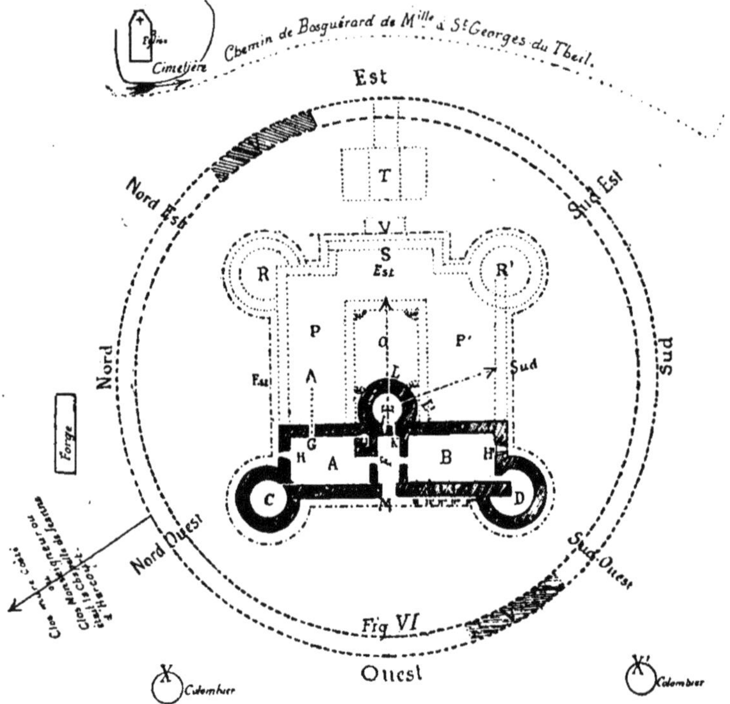

Fig. 5. — Plan des caves actuelles et anciens souterrains
du château.

La tour est cylindrique, bâtie en pierre, brique et silex,
avec des briques noires vernissées formant des losanges
dans la partie supérieure de la maçonnerie. Plusieurs
meurtrières et lucarnes. La toiture jadis en tuile est actuellement en ardoise, et forme poivrière. Elle est surmontée d'un épi en terre cuite vernissée.

La hauteur totale de cette tour, à partir du sol actuel, dépasse 20 mètres. Toutes les chambres sont voûtées en pierre, petit appareil, d'un travail admirable, qui fait honneur aux ouvriers de l'époque. Inutile de faire remarquer que tout le château baignant dans une première enceinte de fossés actuellement comblés, paraissait jadis plus haut de plusieurs mètres.

D. Tour Ouest :

Diamètre : $5^m,71$.

Hauteur totale de cette tour : 21 mètres.

Elle contient trois chambres, dont la première admirablement voûtée en pierre, petit appareil, a $3^m,20$ de haut. La seconde chambre est voûtée en brique, travail très solide autant que hardi. La troisième chambre est à la hauteur des machicoulis.

Cette tour qui est la plus grosse est bâtie en pierre très solide et est surmontée, comme la précédente, d'un toit en ardoise, en forme de poivrière, avec un très joli épi, fin xve siècle, en terre cuite vernissée et veinée.

La muraille qui surmonte les corbeaux en pierre est en brique et percée de meurtrières et de baies oblongues ou lucarnes en pierre. Plusieurs baies au bas et au milieu de la tour sont munies de barres de fer croisées et annelées. Celles qui sont à la base indiquent bien qu'elles dominaient des fossés qui ont été comblés.

E. Troisième tour dont il ne reste que la base, actuellement, ainsi que les dimensions de la première chambre. La voûte de la première chambre, démolie en 1786. Diamètre : $3^m,48$; hauteur primitive de la première chambre : $2^m,59$.

Alors que les tours C, D, ainsi que les souterrains A, B, ne paraissent pas avoir été pavés, la tour E est pavée de briques, au-dessous desquelles se trouve un mètre d'épaisseur de silex.

Il y a tout lieu de croire qu'au-dessous de ce pavage très dur formant béton, se trouve un puits dont on n'a pas pu trouver l'ouverture. Par une fissure qui s'est produite dans le centre de ce pavage, il a été aisé de constater que de plusieurs seaux d'eau versés en cet endroit, il n'est pas resté une goutte de liquide après quelques secondes, et qu'en tombant, le bruit de cette eau indiquait qu'elle était recueillie dans un puits profond. En quoi consiste cette cavité?... Toutes les tentatives à ce sujet sont demeurées sans résultat, attendu que ce pavage est d'une dureté telle que seule la poudre de mine pourrait en avoir raison. Aussi un mystère plane-t-il en cet endroit et les habitants en profitent-ils pour ressusciter l'inévitable légende des oubliettes.

Nous pouvons certifier la parfaite exactitude de ce fait constaté d'ailleurs par plusieurs ouvriers maçons qui en 1898 ont travaillé à la réparation de la tour E.

La voûte de cette tour démolie en 1786, fut refaite sous une forme différente de la primitive, en 1898.

F. Couloir communiquant avec les souterrains A, B et les trois tours C, D, E.

Ce couloir a $5^m,33$ de longueur sur $2^m,65$ de largeur et une hauteur de $2^m,90$, le tout en belle pierre.

G. Ouverture pratiquée dans la muraille et communiquant avec les souterrains de l'aile N.-E., du château. La feuillure existant encore dans la pierre indique que la porte ouvrait en dedans du souterrain A.

HH''. Baies pratiquées à la base du château, avec barres de fer croisées et annelées :

I. Meurtrière de la tour E donnant sur le couloir F. Cette meurtrière est grillée.

Le pointillé de la tour E indique qu'elle était séparée au milieu par deux grosses barres de fer, de forme carrée ;

J Escalier tournant en pierre communiquant avec la cuisine des soldats ou gens d'armes, au premier étage du château ;

K Porte de communication allant du couloir F à la tour E.

LL″. Ouvertures de petits souterrains traversant la cour intérieure du manoir et conduisant L au donjon Sud-Est, et L″ à l'aile Sud du château.

M. Large porte donnant accès de la première enceinte des fossés au couloir F, aux souterrains A, B, et à la première chambre des trois tours C, D, E. La vieille porte en chêne bardée de fer subsiste encore et ouvre à l'intérieur du couloir F, comme l'indiquent les feuillures.

Les petits traits n, n', n'', n''', n'''', indiquent des meurtrières pratiquées dans la muraille du souterrain B et correspondant à des anneaux en fer scellés dans la pierre, à l'intérieur du souterrain B, et à une hauteur de $2^m,33$. Selon toute apparence ces cinq anneaux étaient destinés à servir de point d'appui pour les armes des gens cachés dans les souterrains.

Nous ferons remarquer qu'aucun escalier n'existe dans les tours et que l'on ne pouvait accéder à la seconde et à la troisième chambre de ces tours que par les divers étages du manoir.

Les feuillures qui subsistent encore à l'entrée des tours ne laissent aucun doute sur la présence d'anciennes portes qui séparaient chaque tour des souterrains.

Sur les cinq anneaux dont nous avons parlé et qui étaient scellés dans la muraille du souterrain B, un seul subsiste encore. Quant aux quatre autres on voit encore la place de leur scellement ainsi que la rouille qui l'environne.

Tous les traits pointillés indiquent les deux ailes du château ainsi que le donjon qui ont été abattus, mais dont les fondations subsistent encore sous une épaisse couche de terres rapportées et nivelées en un plan incliné qui permet d'accéder au premier étage du château, étage qui est devenu le rez-de-chaussée.

O. Cour intérieure pavée.

PP'. Deux ailes abattues sous lesquelles passaient les souterrains G et L'.

RR'. Deux tours en avant protégeant le donjon qui formait corps. L'une d'elles était surmontée de la tour du veilleur.

S. Donjon qui à en juger par les pierres immenses qui en sortent, ainsi que par les sculptures sur pierre qui en proviennent, devait avoir de vastes proportions et constituait la façade du manoir, le château proprement dit.

T. Premier pont-levis sur les fossés formant la première enceinte.

u, u', u'', u'''. Quatre petites tourelles à chaque angle de la cour intérieure, avec escalier tournant en pierre, permettant d'accéder aux divers étages des différentes ailes du château.

Le tracé autour du château indique les fossés dans lesquels baignaient les murailles du château, fossés actuellement comblés. Le tracé double indique la seconde enceinte de fossés en grande partie comblés. Deux tronçons considérables subsistent encore et servent actuellement de viviers. Leur largeur est de 12 mètres ; ils ne paraissent pas avoir été maçonnés.

VV'. Les deux tronçons des fossés qui subsistent encore. Quant à la partie comblée, elle se suit très bien de l'œil, par la raison que les terres rapportées ont fléchi par le tassement. Aussi nous a-t-il été facile d'en parcourir le périmètre qui s'élève à plus de 400 mètres, sur une largeur de 12 mètres.

Y Second pont-levis. XX' Colombiers.

Des fouilles très importantes exécutées en 1898 nous ont permis de reconstituer le plan primitif du vieux manoir élevé en grande partie par les d'Harcourt. A l'heure actuelle plusieurs de ces fouilles n'ont pas encore été comblées et laissent voir les fondations de l'aile Sud, P'. Il est aisé de constater que, vu l'immense quantité de matériaux fournis par cette démolition, et le nombre considérable de mètres cubes de terre qu'il fallut apporter pour combler les fossés et arriver jusqu'au premier étage du château actuel, on ne se donna pas la peine de démolir les fondations anciennes. Aussi ne peut-on creuser nulle part sans trouver des pierres, du silex et de la brique. Aussi bien rencontre-t-on dans plusieurs propriétés de la commune du Houlbec des pierres provenant de l'ancien castel et admirablement conservées. Dans les différentes cours du domaine actuel du Houlbec, on trouve fréquemment des monceaux de pierres dont la forme et les dimensions indiquent à ne pas s'y méprendre qu'elles sont des débris du vieux château fort. Ici ce sont des pierres crénelées du donjon ; là ce sont quatre très beaux soupiraux monolithes ; ailleurs on rencontre des rinceaux fort bien sculptés, des rosaces, des fleurs de lis, des frises, beaucoup de marches d'escalier tournant en pierre. Un très beau débris en pierre sculptée représentant une couronne de duc et trouvé par M. Adrien du Houlbec, laisse supposer qu'il était à la façade du donjon et surmontait les armoiries des ducs d'Harcourt ou bien celle des de Guise, attendu que Mazeline s'intitulait toujours « *le défenseur des Guise* ».

Un monolithe considérable, portant de fort belles moulures, des gorges, des doucines, provient également d'un encorbellement du donjon et fait nécessairement rêver aux proportions colossales qui devaient être celles de cette forteresse. Ajoutons encore de très jolies pierres avec des chanfreins, des échines droites, des scoties, des talons renversés, des cavets admirablement ouvragés et qui prouvent qu'on n'en était pas à l'enfance de l'art.

Nous estimons pouvoir faire remonter toutes ces pierres au xive siècle, mais nous avouerons n'avoir pas réussi à découvrir la provenance de cette pierre admirablement conservée et dont le grain est demi-fin.

Nous pouvons affirmer la parfaite exactitude du plan du vieux castel du Houlbec, reproduit page 60 (fig. 5).

Dans la famille de Postis, on se transmettait avec soin d'âge en âge le plan primitif du château-fort habité plusieurs siècles et illustré par une longue suite d'ancêtres. N'avait-on pas le droit d'en être fier ?

La tradition locale et les affirmations de vieillards de la paroisse qui ont « *joué dans les fossés, les souterrains et au milieu des nombreux débris du château* » et qui ont grandi à l'ombre des grands arbres qui l'environnent, étaient on ne peut plus affirmatives et concordaient admirablement [1].

Sans doute si l'on n'eût eu que de semblables autorités pour reconstituer le plan primitif, il eût été sage de se défier et de suspendre son jugement, quoique des témoignages de contemporains puissent n'être pas sans valeur dès l'instant que l'on n'a aucune raison sérieuse de mettre en doute leur véracité, et que ces preuves externes ne soient pas toujours quantité négligeable.

<hr>

Tous les bâtiments de la cour de ferme du château ont été construits avec des débris du vieux castel.

Mais nous avons des preuves internes qui viennent corroborer les arguments externes. Ce sont des fouilles considérables qui, à diverses époques, notamment en 1898, ont mis à découvert les fondations des constructions primitives et qui établissent péremptoirement que le château actuel n'est que la quatrième partie du vieux manoir féodal, partie dont on a eu le tort, à notre humble avis, de moderniser la façade orientale. De sorte que l'hypothèse qui ne reposait que sur des probabilités et des témoignages que nous ne pouvions suspecter, est maintenant une réalité et une certitude.

Si haut que l'on étudie les restes du vieux castel, si avant que l'on creuse autour de lui, partout on retrouve des traces non équivoques (car les pierres elles-mêmes parlent et nous forcent à évoquer des siècles de gloire) qui ne font que confirmer la tradition, au milieu de ces grands arbres, vrais géants du règne végétal qui cadrent admirablement avec le vieux manoir, l'ornent d'une imposante ceinture et donnent à ce modeste petit coin un caractère spécial de mélancolique grandeur capable de faire rêver des moines et de leur inspirer le désir de venir s'y établir. Que de souvenirs respectables attachés aux vieilles murailles de ce monument superbe qui mérite d'être étudié !

Notre siècle si assoiffé d'histoire locale et qui paraît avoir ignoré les pages de gloire que nous offre le vieux manoir du Houlbec, nous saura gré, nous l'espérons, d'avoir recueilli et de lui avoir transmis ces documents nouveaux, ainsi que d'avoir signalé et mis en relief des débris ignorés.

Et puisque nous avons parlé de traditions locales, nous permettra-t-on, pour être complet, de rappeler, ne fût-ce que pour mémoire, que les vieillards affirment avoir

entendu parler d'un souterrain mettant en communication le manoir du Houlbec avec le château du Champ-de-
Bataille, près le Neubourg ?

Ce souterrain aurait eu son entrée dans le vaste jardin
situé au sud du château du Houlbec, et se serait dirigé
par les Vals (Vâs) à travers la campagne de Saint-Gorges-
du-Gros-Theil vers le Champ-de-Bataille.

Aucun vestige, aucun document ne subsiste concernant ce prétendu souterrain, et nous n'attachons pas à
cette tradition locale d'autre importance que celle qu'elle
comporte. Peut-être ne repose-t-elle que sur l'existence de
quelque souterrain se dirigeant du château vers le jardin et les *Vals*, pour ménager une sortie en cas de siège.

La figure 6 ci-après, page 69, nous offre un groupe
composé de plusieurs meules et débris de meules romaines
trouvées dans le domaine du Houlbec. A droite nous
remarquons une splendide urne romaine, intacte et de
conservation parfaite, sauf l'émail en grande partie disparu, que beaucoup de grands musées auraient le droit
d'envier. Elle mesure environ 0^m,78 de haut, avec 1^m,58
de circonférence à la panse.

Le morceau de pierre sculptée (la plus blanche) provient d'une couronne ducale que nous supposons avoir
existé au donjon et appartenir aux ducs d'Harcourt.

En arrière, près de la muraille et à gauche de l'urne
romaine, se trouve un monolithe provenant également du
donjon et mesurant plus d'un mètre de haut sur 0^m,80 de
large.

Faisons remarquer également qu'on accède à la porte
du fond par un escalier dissimulé derrière un massif de
maçonnerie, escalier en pierre dont plusieurs marches
supérieures sont ornées de rosaces sur deux faces et
proviennent également du donjon, comme aussi les deux

premières pierres demi-rondes du groupe ci-dessous:
Les fouilles dont nous avons parlé ont également mis à
découvert sous un peuplier une armure entière de chevalier [1] et plusieurs débris d'autres armures, une très belle

Fig. 6. — Pierres et urne romaines. Pierres et sculptures provenant
du donjon.

rapière d'officier portant une fleur de lis sur les deux
faces, avec la date en chiffres, 1441, un biscaïen ou petit
boulet en fer pesant 500 grammes et mesurant 0^m,175 mil-
limètres de circonférence et différentes antiquités qui

[1] Casque, heaume, salade, gorgerin, visière, hausse-col, cimier,
cuirasse, corps de cuirasse, brassard, cubitières, gantelet, cotte de
mailles, cuissards, genouillères, jambières, solerets, baudrier,
dague, etc., etc., le tout datant du xv° siècle.

sont la propriété de M. le comte Adrien du Houlbec.

Ces pierres prises au hasard et ces diverses antiquités nous font entrevoir les merveilles accumulées ici durant des siècles, de même qu'elles nous font regretter que ces merveilles d'un château presque bâti royalement ne soient plus actuellement que des ruines. A quelle époque remonte la construction de ce château fort?

Nous ne pouvons nous prononcer pour le donjon et les deux ailes détruites qui avaient chacune environ 32 mètres de longueur sur 9 mètres de largeur. L'aile, côté sud, fut démolie vers 1825, ainsi que le pont-levis ; en même temps l'on combla une partie des fossés. L'autre partie fut comblée en 1869. (Notes de famille.)

Le château actuel avec ses deux tours dont celle du côté nord a beaucoup de similitude, au point de vue de la construction, avec le château d'Harcourt, nous paraît être partie du xve, et partie du xvie siècle (voy. plus loin fig. 8).

Il est de toute évidence que ce château fort baignait dans l'eau primitivement, car il est aisé de voir au-dessus du sol actuel la naissance du talus destiné non seulement à augmenter la solidité des murailles, mais aussi à faire faire ricochet aux projectiles lancés par les assiégés.

Cette construction féodale qui longtemps a appartenu aux d'Harcourt a dû apparemment partager le sort du château principal de cette famille guerrière, et être plusieurs fois assiégé, notamment pendant l'occupation anglaise de 1418 à 1449, et par les ligueurs, de 1589 à 1590. Le château de la Mésangère, beaucoup moins important que celui du Houlbec, ayant reçu la visite de nos ennemis, il y a tout lieu de supposer que celui du Houlbec ne fut pas indemne. Néanmoins les documents ne nous permettant pas d'être affirmatif nous demeurons sur le terrain des probabilités. Nous n'affirmons qu'à bon escient.

Sans doute la critique pourra formuler des réserves sur notre travail ; néanmoins elle ne saura que s'incliner devant nos très louables intentions et nos recherches consciencieuses. Si nous nous trompons, c'est à notre insu.

Nous sera-t-il permis de terminer en exprimant nos regrets de ne posséder que le plan de cet ancien château fort ? Nous aimons l'antiquité, nous nous y complaisons et même nous y flânons volontiers, mais nous pleurons sur les ruines.

Nous estimons que les xviie et xviiie siècles furent les ennemis de ce castel, qui, à en juger par ce qui reste, était indestructible. Nous eussions préféré être en présence de l'œuvre du temps.

CHATEAU ACTUEL

Un examen attentif des appartements du château actuel ainsi que de leur distribution présente nous oblige à conclure que l'intérieur a subi des modifications importantes.

Au premier étage, rez-de-chaussée actuel, on remarque, aux deux extrémités, de vastes cuisines, l'une, moins grande, sans doute pour les officiers, et l'autre pour les simples soldats.

La première est ornée d'un très beau lambris en chêne, avec boudins et moulures antiques. Dans la vaste cheminée se trouvaient une crémaillère à potence et une très belle plaque, en fonte, carrée, sans armoiries ni couronne, représentant les Noces de Cana. Cette plaque a été transportée naguère dans la très vaste cheminée de l'autre cuisine[1].

[1] Voici l'inscription en caractères romains que nous n'avons pu que très difficilement déchiffrer :

    « *Historia von der*...
    In Cana Galilew an... »

Elle nous paraît du xvie siècle.

La cuisine des hommes d'armes pouvait aisément con-
tenir plus de cent personnes. La petite salle à manger qui
lui est contiguë a été prise sur la cuisine, et l'on y voit
encore, dans les lambris et le parquet, le passage de
l'escalier tournant, en pierre, communiquant avec les souterrains ou caves J (fig. 5).

Dans cette même cuisine dallée, nous admirons le
chambranle de la cheminée monumentale en pierre très
dure, avec moulures très saillantes et gorges profondes.

> Hauteur, 1^m,96.
> Largeur, 2^m,77.
> Profondeur, 0,68.

La large corniche en pierre de cette cheminée, artistement ouvragée, est également en pierre et donne un déve-
loppement de plus d'un mètre.

Il est hors de doute que pendant des siècles cette partie
du château fort était exclusivement réservée aux gens de
guerre, les châtelains habitant vraisemblablement le donjon qui constituait la belle façade du manoir, comme au
château de Pierrefonds, dans l'Oise.

La figure ci-après (fig. 7) nous permet d'apercevoir, à
gauche de la tour, une partie de la façade occidentale,
bâtie en pierre et silex et dont les solides murailles ont
1^m,30 d'épaisseur. Cette façade offre un caractère indéniable d'antiquité.

On ne peut que déplorer le remplacement des jolies
baies, avec meneaux et croisillons en pierre, par des
fenêtres style de menuisier moderne. Oserons-nous dire
que c'est plus qu'une faute, lorsqu'on a le rare avantage
d'habiter dans un manoir que plus de six cents ans con-
templent et devant lequel les esprits respectueux d'un

passé glorieux et fécond en enseignements se découvrent
avec admiration.

Fig. 7. — Tour et façade ouest.

La façade orientale modernisée et badigeonnée en blanc
n'offre rien de remarquable ni digne d'attirer l'attention.
Elle ne peut qu'induire en erreur le voyageur qui en pas-

sant lui jette un regard indifférent. Mais s'il a la bonne
fortune d'apercevoir la façade occidentale, avec son caractère majestueux qui en impose, flanquée de ses deux
belles tours et accompagnée de ses souterrains où se
marient plusieurs styles : le plein cintre, l'ogive, voire
même la renaissance, il s'arrête émerveillé, saisi, songeur,
en présence de ces restes non équivoques de la féodalité,
près desquels il a passé cent fois peut-être sans même
soupçonner leur existence, et il comprend que ces vieilles
murailles ont vu pendant des siècles les preux chevaliers
bardés de fer, ont entendu le cliquetis des armes ainsi
que la détonation des premiers canons (pas encore le
Long Tomm, ni le Maxim, il est vrai) et ont été témoins de
la vaillance des défenseurs de la Normandie et de la
France. Mille souvenirs se pressent dans sa pensée,
et il se croit dans une atmosphère de luttes et de ba-
tailles.

Nous nous faisons un devoir de signaler la cloche qui
surmonte le château et qui date de trois cents ans. Elle
fut fondue et installée en souvenir de la visite que le roi
de France Henri IV fit au château du Houlbec. Aussi porte-
t-elle l'effigie du bon roi avec cette inscription : « Hen-
ricus rex Franciæ et Navar. »

A signaler également *le chemin du Roi, alias « Kemin
du rey »*, dans la paroisse du Houlbec, dénomination qui
date de cette même visite royale et qui fut donnée au chemin conduisant du château du Genétey au château du
Houlbec et suivi par le Roi.

Dans la cuisine des officiers qui se trouve à l'autre
extrémité du château actuel, les parties montantes du
chambranle étaient des pilastres en pierre dure approchant
du marbre blanc. Leur mauvais état exigeant une réparation dispendieuse, on les supprima en 1820, et l'ancienne

cuisine des officiers devint le salon du château. (*Notes de famille.*)

Fig. 8. — Tour et côté nord du château du Houlbec.

Signalons, au perron non terminé du château, un soupirail provenant des parties démolies de l'ancien manoir. C'est un monolithe de 1^m,10 de large, avec 0^m,60 d'ouverture, ce qui permet de deviner les proportions grandioses du vieux château. Aussi bien en voyons-nous encore trois autres de même provenance dans la cour de la ferme dont les bâtiments n'ont été édifiés qu'à l'aide des débris du vieux castel.

La photographie ci-dessus nous montre le côté nord du château actuel qui dans sa partie inférieure est construit en pierre et silex, comme la façade *ouest*. Elle nous laisse voir également le commencement du talus de la tour nord avec ses meurtrières à la naissance du sol, ce qui nous permet de deviner la présence du fossé qui a été comblé. — La fenêtre au ras du sol, à la pointe nord du château, à gauche de l'arbre, est munie de barres de fer croisées et annelées.

Les archives de la famille du Houlbec contiennent la pièce suivante :

2 avril 1787. — « Marché passé entre Mᵉ Louis Nicolas de Postis, écuyer, seigneur et patron du Houlbec, et Étienne Delarue, charpentier, demeurant à Epreville en Roumois, à l'effet d'exécuter d'importants travaux de charpente et menuiserie dans l'intérieur du château ; charpente du château pour recevoir la couverture en ardoise des tours, planchers, etc., moyennant la somme de 900 livres, deux pots de petit cidre par jour à chaque ouvrier, sans nourriture, sauf pour l'entrepreneur. »

La figure 8, page 75, donne au lecteur une idée de la physionomie du château actuel, côté ouest. Les deux tours sont visibles, principalement celle de gauche, et distantes l'une de l'autre de 23ᵐ,60. Chacune d'elles offre un diamètre de 4ᵐ,70, à l'intérieur.

Le château, non compris les deux tours qui l'allongent de 12 mètres, offre 23ᵐ,60 de longueur, et une large porte avec moulure en accolade pour pénétrer dans les caves.

La construction très solide est pierre et silex depuis la base jusqu'au rez-de-chaussée actuel, et pierres et briques dans la partie supérieure, avec losanges en briques émaillées. D'où nous pensons pouvoir émettre l'idée que la partie inférieure date du xve siècle et la partie supérieure du xvie.

La grosse tour, côté *ouest*, ne paraît pas avoir été retouchée et se maintient en parfait état de conservation tandis que la tour *nord* a subi bien des réparations nécessitées soit par suite des dégradations du temps, soit par suite de quelque siège.

Le château actuel et les deux tours ont vu disparaître leur toiture de tuiles qui a fait place à l'ardoise moderne, en 1787.

Que n'a-t-on conservé, au moins du côté ouest, le fossé qui baignait de ses eaux le talus de ce magnifique castel ! Il eût été splendide de grandeur et de majesté ! Nous éprouvons toujours tant de charme à le revoir que pour faire partager notre bonheur aux esprits d'élite qui étudient les gloires du passé, nous nous permettons de leur conseiller de ne jamais passer près du Houlbec, sans diriger leurs pas vers le château. Nous sommes sûr à l'avance d'un cordial merci de leur part[1].

Après avoir décrit l'église et le château du Houlbec, après

---

[1] A la fin du xviiie siècle une riche bibliothèque existait au château du Houlbec. Malheureusement de nombreux volumes ayant été prêtés et non rendus, ou enlevés, une foule d'ouvrages n'existent plus. Chaque volume portait frappé en or, au plat du recto, les mots : « Bibliothèque du Houlbec », témoin un livre imprimé à Londres en 1769 et dont parlait en août dernier « l'Intermédiaire des chercheurs et curieux », étant actuellement la propriété de J-C. Wigg, et portant l'inscription susdite. — Le château de Houlbec-Cocherel n'a pas de bibliothèque.

avoir essayé de peindre ces *deux inconnus* que bien des savants seraient heureux de visiter, le lecteur nous permettra de lui faire faire connaissance avec les principaux châtelains de la paroisse qui, à plus d'un titre, sont dignes de notre admiration.

CHAPITRE IV

GÉNÉALOGIE DES DE POSTIS. — DE POSTIS DU VIEIL-EVREUX.
— DE POSTIS DU HOULBEC. — DE POSTIS DU GENÉTEY. —
DE LA BOISSIÈRE. — DE LA CAMBE. — DE MARSEILLE.

De Postis du Vieil-Evreux, 1280, à 1650.

1280. — I. Hugues de Postis, forestier d'Évreux, marié
à Idette de Hurceng, dont un fils qui suit :

1311. — II. Guy de Postis, forestier héréditaire d'Évreux
marié, en 1311, à noble dame Huguenette Dampierre, dont
un fils qui suit :

1345. — III. Henri de Postis, escuier veneur de la forêt
d'Évreux, marié en 1345 à Guyonne de Caquerey, dont le
fils qui suit :

1379. — IV. Charles de Postis, forestier d'Évreux, marié
en 1379 à Marguerite de Courcy, dont trois fils qui suivent :

1° Armand de Postis, escuier veneur de la Comté d'Évreux,
marié en 1413 à Gilette de l'Isle.

2° Estienne de Postis, religieux de l'abaye de Saint-Taurin d'Évreux.

3° Aymar de Postis, seigneur d'Argences, forestier
d'Évreux, marié le 18 septembre 1413 à noble damoiselle
de Rudemare-de-la-Londe, fille de Jacques Rudemare,
châtelain de la Londe, et de Damoiselle de Flavigny, dame
d'Abancourt.

1413. — V. Armand de Postis, de son mariage avec Gilette de l'Isle, eut un fils qui suit :

1453. — VI. Robert de Postis, escuier, marié en 1453 à noble Damoiselle Anne Bailliol, eut un fils qui suit :

1481. VII. Gérard de Postis, marié en 1481 à noble dame Gilette Spencer, nièce du Bailli d'Évreux. De ce mariage les deux fils qui suivent :

1° Philippe de Postis marié à Charlotte de Grand-Oüet, dont un fils Jehan, décédé sans postérité.

2° Jehan Nicolle Pierre Geffroy de Postis, advocat pour le comté d'Évreux et seigneur du fief Goubert, sur les hautes Menilles.

1500. — VIII. Ce dernier marié en 1500 à Marguerite Jabbin dont les quatres fils qui suivent :

1° Maistre Jehan de Postis, prestre, curé de Minière Cocherel et Houlbec, dans l'Evrecin ;

1516. — IX. 2° Jacques Second de Postis, seigneur du Vieulx-Evreux et esleu d'Evreux, marié à damoyselle Jehanne Aubert, fille de noble homme maistre Mathieu Aubert, vicomte d'Evreux ;

3° Richard Tiers de Postis, vicomte [1] de Beaumont-le-Roger, marié à damoyselle Cécile Lespringuet dont une fille et cinq fils :

A. Katherine de Postis.

B. Jehan de Postis advocat pour le Roy, en la cour ecclésiastique d'Evreux, marié à damoyselle Hélaine Alespée.

1548. — C. Mathieu de Postis, seigneur d'Argences, lieutenant général de noble homme Maistre Mathieu Aubert, vicomte d'Evreux, marié à damoyselle Magdeleine Le Mancel, dont trois filles : Magdeleine, Jehanne, Cécile.

1559. — D. Nicolle de Postis, advocat en la Cour Laye, marié à damoyselle Katherine de Quincarnon ;

[1] Charge et non titre de noblesse.

E. Jacques de Postis, marié à damoyselle Katherine de Langloys.

F. Pierre de Postis, fils puisné de Richard de Postis.

4° Jehan de Postis, escuier, seigneur du Bois-Bercher et de Nestreville.

Jehan de Postis, fils de Jehan Nicolle Pierre Geffroy de Postis et de Marguerite Jabbin, eut deux fils et une fille :

a) Guillaume de Postis ;

b) Gieuffroy de Postis, seigneur du Bois-Bercher et de Nestreville ;

c) Marie de Postis, mariée à Richard Le Mancel, advocat pour le Roy au bailliage d'Evreux et conseiller en la Cour du Parlement à Rouen.

1537 (date du mariage). — Jacques Second de Postis, deuxième fils de Jehan Nicolle Pierre Geffroy et de Marguerite Jabbin, marié à Jehanne Aubert eut deux fils et trois filles :

1° Jehan de Postis ;

2° Hélaine de Postis, mariée à noble homme maistre Jacques Patry ;

3° Marie de Postis, mariée à Pierre le Hure, seigneur du Vaudrouet ;

4° Marguerite de Postis, mariée à noble homme Maistre Nicolas Langloys, seigneur et lieutenant de la vicomté de Loviers et Acquigny.

1549 (mariage). — X. 5° Mathieu de Postis, seigneur du Vieulx-Evreux, époux de noble damoyselle Patry, eut une fille et deux fils qui suivent :

1° Marguerite de Postis ;

2° Mathieu de Postis.

1569 (mariage). — XI. 3° Simon de Postis, escuier, seigneur du Vieil-Evreux, marié à noble damoyselle Suzanne Du Val, fille de noble homme Jacques Du Val

seigneur du Houlbec, Bordigny, Hectomare, du Genétey
du fief au Bailly, du fief à la Picarde.

(Archiv. des de Postis du Houlbec, pièces authent.)

De Postis du Houlbec de 1569 jusqu'à nos jours.

1569 (date du mariage). — I. Simon de Postis, fils de
Mathieu de Postis, seigneur du Vieil-Evreux et de damoyselle Patry, marié à noble damoyselle Suzanne Du Val,
fille unique de noble homme Jacques Du Val, seigneur du
Houlbec, Bordigny, Hectomare, du Genétey, du fief au
Bailly, et du fief à la Picarde, et de damoyselle Françoise de
la Haye-Chantelou [1].

De cette union sont issus une fille et un fils qui suivent :

1° Marie de Postis qui épousa messire le baron de
Houetteville (alias d'Oinville de la Ferté-Fresnel), dont est
sorti le baron de Crestot (dernier mort) ;

II. 2° Jehan de Postis, escuier, seigneur du Vieil-Evreux
et du Houlbec, marié à noble damoyselle de Grimonville.

De ce mariage, un fils :

1632 (mariage). — III. Charles de Postis, escuier seigneur
du Vieil-Evreux et du Houlbec qui épouse noble damoyselle de Courselles (alias Courseulles), fille de François de
Courselles, seigneur de Gonneville.

De ce mariage, deux fils qui suivent :

1635. — IV. 1° Louis-René de Postis, né en 1635 ;

2° Charles de Postis, escuier, seigneur du Vieil-Evreux.
Louis-René, escuier, seigneur *spirituel* (sic) *et temporel*
du Houlbec, épouse, en 1662, Charlotte des Essarts, dont
trois fils qui suivent :

[1] Françoise de la Haye Chantelou était la petite-fille de Suzanne de
Roncherolles (Archives du Houlbec).

1663. — 1° Adrian de Postis ;

2° Pierre de Postis, 1664, escuier prêtre curé du Houlbec, décédé en 1714, au mois d'octobre, et inhumé dans le chœur de l'église du Houlbec ;

3° Eméric de Postis, né en 1665, escuier, seigneur de la Boissière, époux de noble damoyselle Magdeleine Le Carpentier.

1663. — V. Adrian de Postis, escuier, seigneur du Houlbec, épouse, le 13 août 1691, noble damoyselle Marguerite de Chesnard[1] par contrat passé à Pont-Audemer chez M⁰ Lecourt, notaire.

De ce mariage sept fils et deux filles qui suivent :

1° Louis-Adrien de Postis, né en 1692 ;

2° Angélique de Postis, née le 29 juin 1694, morte le 5 octobre 1719 ;

3° François-Emeric de Postis, né le 11 septembre 1695, décédé le 27 août 1703 ;

4° Pierre de Postis, né en juillet 1697, sieur des Mallis chevalier du Houlbec, garde du corps du Roy, en 1730, capitaine d'infanterie en 1739, demeurant à la Cambe, paroisse de Saint-Eloi-de-Fourques[2] ;

5° Marguerite de Postis née en octobre 1698, mariée le 22 septembre 1728 à Le Grand, écuyer, sieur du Mesnil ;

6° Martin-Hiérôme de Postis, né en novembre 1699, décédé au Houlbec le 31 décembre 1699 ;

7° Armand de Postis, escuier, sieur du Genétay, né au Houlbec le 25 septembre 1701 ;

[1] Fille de Jacques de Chesnard escuier seigneur et patron de Boussey, de Beauregard, des Gats et de la Préberbe, et de Marguerite le Fort de Bonnebos.

[2] Marié à Damoiselle de Thumery de la Cambe. Plus tard nous voyons ce même château de la Cambe occupé par noble Damoiselle de Billé qui, décédée au Houlbec, est inhumée dans le chœur de l'église de Saint-Eloi de Fourques. Elle était l'épouse d'un autre Pierre de Postis né en 1733.

8° Jacques de Postis, escuier, garde du corps du Roy en 1730, puis prêtre et curé du Houlbec, le 13 novembre 1734, décédé à Houlbec le 21 août 1742 et inhumé dans le chœur du Houlbec. Il était né le 19 février 1704.

9° Jean-Baptiste de Postis, garde du corps du Roy en 1730, décédé sans postérité avant 1739 ;

1692. — VI. Messire Louis-Adrien de Postis, chevalier seigneur et patron du Houlbec, garde du corps du Roy, marié à noble damoyselle Gabrielle-Éléonore-Victoire de Bourbel de Montpinçon. De ce mariage sont issus six fils et sept filles qui suivent :

1° Marguerite-Victoire de Postis, née en septembre 1732 ;

2° Pierre de Postis né en novembre 1733, marié à noble damoysèlle Isabelle de Billé ;

3° Magdeleine-Victoire de Postis, née en juillet 1735, mariée le 7 octobre 1755, à Messire Alexandre-François de Grôlé, légitimé de Lorraine ;

4° Louis-Adrian de Postis, né en juin 1736 ;

5° Louis de Postis, né en juin 1737, décédé le 26 janvier 1738, au Houlbec ;

6° Louis-Marie de Postis, né en août 1738, décédé le 22 août 1740 ;

7° Louise-Éléonore-Marguerite de Postis, née en octobre 1739 ;

8° Marie-Anne-Élisabeth de Postis, née en octobre 1740 ;

9° Marie-Gabrielle-Victoire de Postis, née en janvier 1742, mariée à Pierre-Joseph de Turgis, officier de la Monnaie à Rouen, décédée en décembre 1812 ;

10° Louis-Adrien de Postis, né en juillet 1743, décédé le 30 août 1750 ;

11° Marie-Catherine de Postis, née en novembre 1745, décédée le 21 mars 1758 ;

12° Louis-Nicolas de Postis, né le 3 juin 1747 ;

13° Bonne de Postis, née en mai 1749, décédée en octobre suivant.

1747. — VII. Messire Louis-Nicolas de Postis, chevalier garde du corps du Roy, seigneur et patron du Houlbec, marié en 1784 à noble dame Julie-Thérèse Le Prévost. De ce mariage deux fils :

1° Aymé-Louis-Alphonse de Postis du Houlbec, né le 16 septembre 1784, marié à noble damoyselle Marie-Louise le Bienvenu du Busc, de Saint-Denis des Monts;

2° Alexandre-Ferdinand de Postis, né le 10 mai 1788, chevalier de la Légion d'honneur, capitaine au 1er régiment de ligne, marié en 1829 à Annette Gassier, de Marseille.

1784. — VIII. Aymé-Louis-Alphonse de Postis du Houlbec, engagé volontaire au 5e régiment de cuirassiers le 4 mars 1804, marié le 11 novembre 1811 à noble Damoyselle Marie-Louise le Bienvenu-du-Busc [1]. De ce mariage sont nés :

1812. — 1° Louis-Jules de Postis du Houlbec, né le 16 octobre 1812, marié à Brest en 1850 à noble damoyselle Laure de Castelnau, fille du comte de Castelnau. Décédé sans postérité à Nahuque, près Mont-de-Marsan (Landes);

2° Zaïde de Postis du Houlbec, née le 27 janvier 1814, mariée le 22 novembre 1846, à Alphonse-Adrien-Léopold, vicomte de la Porte, ancien élève de Saint-Cyr, officier de cavalerie démissionnaire lors des événements de Vendée, dont deux enfants :

A. Hubert de la Porte marié à Vathaire de Guerchy;

B. Clotilde de la Porte, épouse du baron de la Taille des Essarts.

1815. — IX. 3° Ludovic-Fernand du Houlbec, né le

[1] Fille de Charles-Auguste le Bienvenu du Busc et de Marie Magdeleine Febvrier.

13 juin 1815, marié à damoyselle Julie-Alexandrine de la Porte, fille aînée du comte Alexandre de la Porte, frère aîné de Alphonse-Adrien de la Porte, le 7 août 1854. De ce mariage sont issus deux enfants qui suivent :

1856. — X. 1º Adrien de Postis du Houlbec, né à Pontivy (Morbihan), le 9 mars 1856, marié le 23 juillet 1888, à Adrienne-Marie-Marguerite-Loyzeau de Grandmaison, fille de Marie-Hubert Loyseau de Grandmaison et de Pauline-Alexandrine de Pons de Loliverie. — Contrat de mariage passé devant Mᵉ Alfred Henry Chausserouge, notaire à Confolens (Charente).

De ce mariage sont issus :

A. Ludovic-Hubert-Hippolyte de Postis du Houlbec, né à Mauprevoir (Vienne) le 26 juin 1890 ;

B. Henri-Alexandre-Emile de Postis du Houlbec né à Mauprevoir (Vienne) le 23 mars 1892 ;

2º Charlotte de Postis du Houlbec, née à Lisieux (Calvados) le 16 décembre 1867, mariée le 14 mai 1887 à Charles-Marie-Joseph de Planterose de Berville.

De ce mariage sont issus les trois enfants suivants :

A. Charlotte de Planterose.

B. Charles de Planterose.

C. Suzanne de Planterose.

Les Archives pourtant si riches de la famille Postis du Houlbec, nous apprennent bien, il est vrai, que plusieurs de Postis furent au service du roi et de la France, mais sans nous fournir des détails que nous eussions eu plaisir à connaître. Pourtant il en est deux sur lesquels d'amples données nous sont fournies et nous nous empressons de les communiquer au lecteur qui les lira avec d'autant plus d'intérêt qu'il s'agit de choses inédites accomplies au siècle qui vient de se clore.

1º Aymé-Louis-Alphonse de Postis du Houlbec né le

16 septembre 1784, fils de Mre Louis-Nicolas de Postis et de Julie-Thérèse Le Prévost, s'engagea volontairement au 5e régiment de cuirassiers, le 4 mars 1804, dans sa vingtième année. Brigadier le 21 décembre 1805, maréchal de logis le 20 février 1807, il fut réformé pour cause de blessures le 6 décembre 1810. Après son mariage avec Marie-Louise le Bienvenu-du-Busc, il reprit du service le 26 juillet 1814 et fut nommé garde du corps du roi, compagnie de Luxembourg, puis licencié le 1er novembre 1815.

Une ordonnance du 31 janvier 1816 le nomma lieutenant de gendarmerie royale, compagnie d'Eure-et-Loir, puis une autre ordonnance en date du 31 janvier 1818 lui fixa pour résidence les Andelys, compagnie de l'Eure. Il avait fait les campagnes de l'an XIV, 1806, 1807, 1808, 1809 à l'armée d'Allemagne, 1815 à Béthune. Blessé plusieurs fois entre autres par un coup de feu à la partie externe du genou gauche, bataille d'Eckmülh, et par un coup de pointe de sabre qui avait traversé le côté gauche et perforé le poumon, il reçut, le 12 juin 1814, la décoration de la fleur de lys, d'après les ordres de Son Altesse royale Monseigneur le duc de Berry, et le 29 novembre 1814, il fut fait chevalier de la Légion d'honneur. (Arch. de la famille du Houlbec.)

2° Son fils aîné, Louis-Jules de Postis du Houlbec, né le 16 octobre 1812, marié à Brest en 1850, à noble Demoiselle Laure de Castelnau, fille du comte de Castelnau, entra au 1er régiment de ligne. Il décéda à Nahuque près Mont-de-Marsan (Landes), où il avait fixé sa résidence, général de brigade d'infanterie de ligne, grand-officier de la Légion d'honneur, décoré de l'ordre de Pie IX et de plusieurs ordres.

Elève de l'école préparatoire de la Flèche en 1823, de Saint-Cyr du 1er novembre 1829 au 1er octobre 1831, il fut nommé sous-lieutenant au 1er régiment d'infanterie de ligne et rejoignit son régiment à Paris. Le 20 février 1837, il fut embarqué pour l'Afrique et resta dans la province d'Oran jusqu'au 1er août 1842.

Lieutenant le 5 juillet 1840, il se distinguait le même jour dans un combat contre les Arabes et était cité à l'ordre de l'armée. — Deux années plus tard, il passait capitaine au choix. — Le 13 mai 1845, il prenait les fonctions d'adjudant-major au 1er régiment d'infanterie de ligne. — Le 22 avril 1847 il reçut la croix de la Légion d'honneur. — Le 30 décembre 1852, il fut promu chef de bataillon au 25e de ligne alors à la division d'occupation de Rome où il resta commandant de place jusqu'au 10 janvier 1855. — Pendant son séjour à Rome, n'oubliant pas sa petite église de Notre-Dame du Houlbec, il obtint du Souverain Pontife de riches indulgences pour sa paroisse natale. Elles sont affichées dans la sacristie du Houlbec.

Il revint en France et fut appelé au 2e régiment de grenadiers de la garde impériale et fit la campagne de Crimée.

Lieutenant-colonel au 58e de ligne le 25 août 1856 il fut envoyé en Corse, et peu après une seconde fois en Algérie, du 9 avril 1859 au 15 juin 1860, à Bône, province de Constantine. — Colonel du 55e de ligne le 12 mai 1860, il prit le commandement de ce régiment, à Marseille, qu'il mena en Algérie en mai 1863, à Tlemcen, dans la province d'Oran où il revenait pour la seconde fois.

Officier de la Légion d'honneur le 30 décembre 1862, il quitta l'Algérie le 1er avril 1866 et vint tenir garnison à Besançon. Le 7 juin 1867, après quelques expéditions heureuses, il avait reçu la croix de commandeur.

Le 15 juillet 1870, le jour même de la déclaration de la guerre à la Prusse, le colonel du Houlbec, alors au camp de Saint-Avold, promu général de brigade, prit à l'armée du Rhin (Strasbourg) le commandement de la deuxième brigade de la 1re division d'infanterie (Ducrot) du 1er corps d'armée (Mac-Mahon).

Le 29 juillet il quitte Strasbourg pour se diriger vers Reischoffen. Le 20 août 1870, après la bataille de Frœscheviller, pour avoir mené à bien la retraite du corps d'armée de Mac-Mahon, il fut élevé à la dignité de grand-officier de la Légion d'honneur.

Le maréchal de Mac-Mahon lui avait donné carte blanche, et quand le général de Postis eût rejoint le corps d'armée, après être resté seul avec ses zouaves jusqu'à 9 heures du soir, le maréchal, assis sur un fossé, la tunique ouverte, et s'épongeant le front couvert de sueur, lui serra la main et le remercia, lui disant : « de Postis, encore un peu et vous serez général de division ; en attendant vous avez bien mérité la croix de grand-officier. »

Le 2 septembre on le revoit encore dans les environs de Sedan, à la tête des troupes qu'il ralliait, prendre deux fois le village de Gironne.

En non-activité par suppression d'emploi le 4 septembre 1870, mis en disponibilité le 20 février 1871 il reçoit le 6 juillet le commandement de la 1re brigade de la 3e division d'infanterie du 6e corps à Lyon. Là il remplit par intérim pendant un mois les fonctions de gouverneur de cette place alors en état de siège, et fit procéder au désarmement de la garde nationale.

Le 11 juillet 1873 il fut envoyé dans le Lot-et-Garonne à Agen, mis le 7 octobre 1874 dans le premier cadre de réserve et retraité sur sa demande le 1er janvier 1879.

Les notes de la famille de Postis nous apprennent que le général avait si bien réussi à couvrir la retraite de Mac-Mahon, en face de 40 000 Allemands, malgré le petit nombre de soldats qu'il possédait que l'ennemi trompé par une fusillade perpétuelle et se croyant aux prises avec une armée dont il ignorait la présence, n'osa avancer.

Plus tard ayant eu connaissance de la réalité, les chefs allemands essayèrent, à diverses reprises, de surprendre le secret de de Postis qui refusa net de leur répondre. Voici son plan tel qu'il l'a raconté à sa famille :

« En fait de munitions, mes soldats n'avaient chacun que trois cartouches. Je disposai mes hommes en trois lignes espacées, l'une derrière l'autre, et soutenues par le canon brûlant, lui aussi, ses dernières gargousses, avec ordre de se replier en formant de nouveau la troisième ligne, aussitôt la première cartouche tirée, de façon à faire un feu roulant qui réussit à tromper l'ennemi et à arrêter sa marche.

« Du Houlbec, lui dit Mac-Mahon, c'est parfait. Je ne comptais pas vous revoir ! »

(Archives de la famille de Postis du Houlbec.)

POSTIS D'ARGENCES

1518. — I. Richard Postis, escuier, sieur d'Argences, troisième fils de Jehan, Nicolle, Pierre, Geffroy Postis advocat pour le comté d'Evreux et seigneur du fief Goubert sur les Hautes-Menilles, et de Marguerite Jabbin, épousa vers 1522 Cécile Lespringuet, alias L'Espringuet, héritière d'Argences[1] dont il eut, d'après l'information de 1540, cinq fils et cinq filles :

1° Mathieu, qui suit ;

[1] Sur la famille Lespringuet, voir Vicomte de Burey, *Archives héraldiques d'Evreux*, p. 125. et Archives nationales, aveux pour Argences.

2° Jean, avocat pour le Roi en la cour ecclésiastique d'Evreux. Il est porté pour 100 sous tournois, à lui payés pour demi-année, échue à l'Ascension 1545, de son office d'avocat pour le roi en la cour ecclésiastique d'Evreux, dans *le compte de la recette et dépense d'Evreux pour le terme de la chandeleur* 1545 (nouveau style) *et de l'Ascension* 1545. (Bibli. nat. franc. 4497, fol. 31.)

Il épousa Marie Alespée; il était mort ainsi que sa femme en 1559, car à cette date Marguerite le Hérier était tutrice de ses enfants. (Bibli. nat. pièces originales, dossier 52868, fol. 7.)

3° Nicolle Postis, avocat en cour laïe, marié à Catherine de Quincarnon; il vivait en 1540.

4° Jacques Postis, marié à Catherine Langlois, et décédé avant 1540, laissant une fille Catherine;

5° Pierre Postis, qui, semble-t-il, n'était pas marié en 1540. C'est probablement à lui que se rapportent les pièces suivantes : *a.* Provisions d'un office d'Elu en l'élection d'Evreux en faveur de Pierre de Postis, licencié ès lois, sur la résignation faite à son profit par Gilles de Lieurey; Fontainebleau, 1er février 1544 (Catalogue des actes de François 1er, nᵒ 22957, d'après les Archives de la Seine-Inférieure, Mémoriaux 2ᵉ volume, folio 500 Vᵒ; *b.* Quittance donnée le 2 janvier 1549 (nouveau style) par Pierre Postis, écuyer, élu par le roi de l'élection d'Evreux, de 120 livres tournois pour une année de ses gages, allant du 1er janvier 1548 (nouveau style) au 31 décembre (Bibl. nat., t. 2349, dossier 52868. *Postis*, n° 5, original sur parchemin avec signature autographe).

Nous pensons qu'il épousa damoiselle François Le Fèbre qu'on trouve en 1559, veuve de Messire Pierre Postis, écuyer, élu d'Evreux (Bibl. nat. Pièces originales, t. 2349, dos. 52868, fol. 7).

6° Cinq filles dont les noms sont inconnus.

Un mandement de François Ier, au Bailli d'Evreux (Paris, 9 juillet 1515), porte que son bien-aimé Richard de Postis écuyer, lui a fait foi et hommage à cause de sa femme, en raison d'un demi-fief de Haubert, nommé le fief d'Argences (Original en parchemin, archives nationales, p. 270 2, n° 4232).

Dans une recherche de la noblesse faite en 1523, on trouve parmi les nobles d'Evreux, Richard Postis, de la paroisse Saint-Pierre d'Evreux, sieur d'Argences. (Lebeurier. Recherches de la noblesse de l'élection d'Evreux en 1523, p. 32, n° 29, 10 juin 1523.)

Mathieu Postis, fils aîné de Richard Postis et de Cécile Lespringuet, écuyer, sieur d'Argences, lieutenant-général de Mathieu Aubert, vicomte d'Evreux. Le 29 mai 1548, il rend aveu au roi pour le fief noble d'Argences, qui lui venait de sa mère Cécile Lespringuet décédée récemment.

Ce fief situé dans les faubourgs d'Evreux s'étendait sur les paroisses de Saint-Léger d'Evreux et Notre-Dame de la Ronde ; il avait cour, usage, juridiction, hommages, etc., comme il appartient à un fief noble, et comprenait, entre autres choses, maison, grange, étables, colombier et deux moulins à eau. Dans l'enclos se trouvait une chapelle dédiée à saint Éloy et fondée par les prédécesseurs du dit Richard à laquelle il avait le droit de nommer et de présenter.

Richard était tenu à cause de ce fief de garder au temps de guerre, pendant huit jours, à ses dépens, une des portes d'Evreux, dite la « porte painte ». (Original en parchemin, avec la signature de Mathieu de Postis, Archiv. nat., p. 296 *bis* 2, n° 256).

L'hommage de Mathieu Postis, pour Argences, rendu par procureur est notifié au bailli d'Evreux, par un mandement du roi, en date du 29 mai 1548. (Original en parchemin. Arch. nat., p. 270, 2, n° 4403.)

Il épousa Madeleine le Mancel dont [1]:

1° Madeleine.
2° Cécile.
3° Jehanne.
4° N... fille.

Toutes quatre vivant lors de l'information de 1540.

5° Et probablement Mathieu Postis qui suit, né après 1540. Son père était mort avant 1559, comme il résulte d'une pièce où Madeleine Le Mancel sa veuve, paraît avec divers membres de la famille Postis (Bibl. nation., pièces origin., t. 2349, dossier 52868, fol. 7.)

Les enfants mineurs sont taxés 12 livres 8 sous, à cause du fief d'Argences, dans le rôle des taxes de l'arrière ban d'Évreux en 1562, publié par Lebeurier en 1861, cf. le n° 489.

Mathieu de Postis écuyer, seigneur d'Argences et du Boulay, rendait aveu le 7 juin 1581 pour le fief du Boulay, sis à Canappeville, et plaidait en 1611, avec Georges de Beaumets (Charpillon, t. II, p. 96). Cet auteur, trop souvent inexact dit ailleurs que le fief du Boulay appartenait en 1581 à Mathieu de *Portes* qui plaidait en 1611 contre Pierre de Baumets ; cf. t. I, p. 658. Il est de toute évidence qu'il s'agit bien de Mathieu de Postis.

Mathieu de Postis vendit le fief d'Argences vers 1600 à Charles de Giverville (Charpillon, t. II, p. 96, vicomte de Burey. *Arch. hérald. d'Evreux*, p. 6 et 283).

C'est très probablement lui qui épousa Jeanne Le Gendre fille de noble homme Jean Le Gendre et d'Elisa-

---

[1] Le Mansel ou Mancel, seigneur de Nétreville, près Evreux et du Long-Buisson, à Evreux. — Charte de Guillaume le Mancel, écuyer, fils de Guillaume Le Mancel, chevalier, jadis seigneur de Baillol, pour Notre-Dame de l'Estrée, 1248, avec dessin du sceau. (Bibliothèque nationale. Clairambault, t. 995, f° 131.)

beth de Postis. Le Gendre était seigneur de Fougainville, du Boulay, de la Bretesque, de Canappeville, vicomte de Fougainville, baron des Ventes (Normandie et Martinique).

Ce mariage n'eut pas d'enfants, et la terre du Boulay échut par succession à Jacques Legendre écuyer, seigneur de Fougainville, frère de Jeanne, qui rendait aveu pour cette terre, le 7 juin 1623 (Courcelles, histoire généal. et héral. des pairs de France, t. VI [1826], généalogie Le Gendre, p. 8).

On trouve un sieur d'Argences, lieutenant civil et criminel en 1692 de la ville de Pont-Audemer ; il n'appartenait pas à la famille qui nous occupe, et s'appelait : Tanneguy Joseph Cauvin, sieur d'Argences.

Sur le territoire de la paroisse de Saint-Georges-du-Theil, canton d'Amfreville-la-Campagne, est assis un fief du nom d'*Argences* qui nous paraît avoir appartenu aux d'Argences d'Evreux qui l'ont vendu aux de Quintanadoine seigneurs de Saint-Denis-du-Bosguérard. (Voy. *Monog. de Saint-Georges-du-Theil*, par l'abbé C. Heullant, p. 110 et suivantes.) Il y est question de Richard d'Argences, et les seigneurs du Houlbec eurent des droits sur ce fief dont ils possédaient une partie.

DE POSTIS DE BOIS-BERCHER ET DE NÉTREVILLE

Jean Postis, quatrième fils de Jehan, Nicolle, Pierre Geffroy Postis et de Marguerite Jabbin, était seigneur de Bois-Bercher et de Nétreville. Il était décédé avant 1540.

De son mariage avec damoyselle N...   , il eut les trois enfants qui suivent et qui figurent lors de l'enquête de 1540.

1° Guillaume, décédé avant 1540.

2° Geoffroy Postis, écuyer, seigneur du Long-Buisson à

Evreux, du Bois-Bercher et de Nétreville (il s'agit probablement d'un seul et même personnage, vivant en 1540).
Ses héritiers sont taxés pour la somme de 20 livres, au
rôle des taxes de l'arrière-ban du bailliage d'Evreux en
1562 (n° 470 de l'édition Lebeurier) et de nouveau pour
la même somme au rôle de 1567 (Bibl. nation., ms. français 1352, fol. 19). C'est assurément à tort que ce manuscrit porte Geoffroy Postier, au lieu de Postis.

3° Marie Postis, mariée avant 1540 à Richard Le Mancel,
conseiller au Parlement de Rouen. Richard Le Mancel,
qui était avocat du Roi à Evreux, fut reçu sans examen
conseiller au Parlement de Rouen le 1er avril 1540, à la
place du sieur de Corneilles (Bibl. nat., série dite des
volumes reliés du cabinet des titres, 316, p. 25).

Pour permettre au lecteur la compréhension des diverses
dénominations de :

Postis du Houlbec,

Postis du Genétey.

Postis de la Boissière.

Postis de la Cambe, etc.

nous estimons utile de donner quelques explications.

Les enfants étaient nombreux dans la famille de Postis ;
l'aîné se réservait pour lui seul le titre de la seigneurie
familiale.

Ainsi nous voyons Louis de Postis, chevalier seigneur et patron du Houlbec, après la mort de son père
Mre Adrien de Postis, prendre la terre du Houlbec par pré-
ciput et abandonner à ses cadets les terres du Genétey, de
la Boissière, etc.

Ce droit lui était d'ailleurs conféré par l'article 337 de
la coutume de Normandie. De là la distinction des branches

cadettes de Genétey, de la Boissière, etc., nom personnifié dans l'aîné qui représente chacune d'elles et qui est passé à l'état de nom de famille comme cela se pratiquait généralement et a continué de subsister dans les anciennes familles nobles.

Le fief du *Genétey* assis en la paroisse de Saint-Georges-du-Gros-Theil était attenant à la seigneurie du Houlbec. Les deux manoirs seigneuriaux sont distants, en ligne droite, d'un peu plus d'un kilomètre.

Le fief de la Boissière, assis en la paroisse de Saint-Denis-de-Bosguérard, est distant du manoir seigneurial du Houlbec d'environ deux kilomètres. Il faisait partie du fief du Bosc, jadis à l'abbaye du Bec, puis vendu aux seigneurs du Houlbec. La Boissière confine à la Mésangère sur Marcourville, à Saint-Pierre-de-Bosguérard et aux bois de Saint-Ursin-de-la-Haye.

Tous ces fiefs appartenaient à la famille de Postis du Houlbec.

Le fief de la *Cambe* situé sur la paroisse de Saint-Éloy-de-Fourques, a été lui aussi possédé par plusieurs de Postis ; mais il était la dot de Damoiselle de Thumery épouse d'un de Postis de Houlbec et n'a jamais fait partie de la seigneurie du Houlbec.

DE POSTIS DU GENÉTEY

Paroisse de Saint-Georges-du-Gros-Theil.

Armand de Postis, 7e des neuf enfants d'Adrian de Postis, seigneur du Houlbec et époux de Marguerite de Chesnard, naquit au château du Houlbec, le 27 septembre 1701, écuyer, seigneur du Genétey.

Marié à Charlotte des Essarts (famille origin. près Pacy).

De ce mariage un fils et trois filles :

1° Jacques Armand de Postis, sieur du Genétey, sans postérité ;

2° Marie Geneviève de Postis, mariée à J. Baptiste de la Rue, sieur des Clavelets, écuyer, capitaine de cavalerie, chevalier de l'ordre royal et militaire de Saint-Louis ;

3° Winande Isabelle de Postis du Genétey, sans postérité ;

4° Madeleine Victoire de Postis du Genétey des Essarts, décédée, sans postérité au couvent de Saint-Louis, place de la Rougemare, paroisse Saint-Godard, Rouen.

Marie Geneviève de Postis, épouse de J. B. de la Rue, garde du corps, eut deux enfants :

1° Un fils mort en émigration, sans postérité ;

2° Aimée de la Rue, épouse de Louis Guéroult fils de Jacques Guéroult et de Thérèse de la Haye.

De ce mariage :

1° Amand Guéroult, marié à Pélagie Douvre, dont un fils Amand Guéroult, né vers 1820.

2° Agathe Winande Guéroult, née en 1796, mariée en premières noces à Alexandre Combes et, en deuxièmes noces, à Louis Guillaume Chollet, ancien notaire, décédée en 1885, inhumée au Gros-Theil.

De ces deux mariages sont issus :

1° Louise Alexandrine Combes, née vers 1820, mariée à Hector de Coularé de la Fontaine, docteur médecin au Neubourg.

D'où Marie Jenny de Coularé de la Fontaine, née au Neubourg, février 1845, mariée à Théoph. Barrabé, notaire à Bourg-Achard, y décédé le 27 octobre 1874, dont un fils :

Hector Etienne René Barabbé, notaire à Amfreville-la-Campagne.

7

2° Léon Hyacinthe Combes, né au Genétey en 1824, sans postérité ;

3° Louis Ernest Chollet, né en 1828, sans postérité, inhumé au Gros-Theil.

DE POSTIS DE LA BOISSIÈRE [1]

Emeric de Postis, né vers 1665, écuyer, sieur de la Boissière, troisième fils de Louis René de Postis seigneur spirituel et temporel du Houlbec, et de Damoiselle Charlotte des Essarts, épousa noble dame Madeleine Le Carpentier.

De ce mariage, une fille et un fils :

1° Charlotte Madeleine de Postis, née le 16 mars 1675, décédée la même année ;

2° Messire Adrien de Postis, écuyer, seigneur de la Boissière, né en 1679, marié à Marguerite du Pont.

De ce mariage deux fils :

1° Jean Baptiste de Postis, né en 1729, décédé à Houlbec le 4 août 1808, sans postérité ;

2° Messire Adrien de Postis, écuyer, seigneur de la Boissière, décédé le 28 août 1749, sans postérité.

Si ce travail ne nous avait déjà entraîné dans de trop longs développements, nous aurions pu citer d'autres branches de la famille de Postis, du Vieil-Evreux.

Disons seulement qu'il y eut des de Postis près de Vire, dans le Calvados ; des de Postis près de Bordeaux et jusqu'à la cour d'Espagne ; un de Postis curé d'Alvimare, dans la Seine-Inférieure.

---

[1] Le fief de la Boissière, assis en la paroisse de Saint-Denis-du-Bosguérard, actuellement Bosguérard-de-Marcouville, confinait au fief des Brières, et au bois de la Caboche. Le manoir seigneurial était situé dans la cour dite : des Fontaines, et appartenant actuellement à M. Mattard.

BRANCHE CADETTE DE POSTIS DE MARSEILLE [1]

Alexandre Ferdinand de Postis du Houlbec, né le 11 mai 1788, du mariage de Messire Louis Nicolas de Postis et de noble dame Thérèse Le Prévost, chevalier de la Légion d'honneur, garde du corps du Roi, sous Louis XVIII, capitaine au 1er régiment de ligne, épousa en 1829, le 28 avril, à Ajaccio, Annette Gassier de Marseille.

Il mourut le 1er janvier 1847, et son épouse née le 22 juillet 1810, mourut à Marseille le 15 novembre 1892.

De ce mariage un fils et une fille :

1° Jules Edouard de Postis du Houlbec, né à Ajaccio le 13 octobre 1830, marié le 28 octobre 1858, à Marseille, avec Coralie Barras, fille de Louis Barras et de Gassier de Marseille, décédé sans postérité le 23 janvier 1886.

2° Adèle Théodora de Postis du Houlbec, née à Aubagne (B.-du-R.) le 27 janvier 1834, mariée le 7 août 1861, à Marseille, avec Léon Gustave Ernest d'Amalric, né à Toulon le 20 avril 1820, décédé à Marseille le 15 octobre 1894.

De ce mariage 3 enfants :

1° Jules Charles d'Amalric, né à Marseille le 20 novembre 1873.

2° Juliette Eudoxie d'Amalric née à Marseille le 9 janvier 1864, mariée le 9 mars 1885, à Louis Vimar né à Marseille le 26 août 1856. D'où 3 enfants :

A. Anne Marie Thérèse Vimar, née à Marseille le 9 janvier 1887 ;

B. Marcelle Marie Adèle Vimar, née à Marseille le 28 juin 1890 ;

---

[1] Le lecteur remarquera que ces diverses branches ou sont éteintes ou sont tombées en quenouille. Seule la branche aînée — de Postis du Houlbec — possède des descendants.

C. Marie Thérèse Madeleine Vimar, née à Marseille le 12 juin 1894 ;

3° Marie Louise d'Amalric, née à Marseille le 11 novembre 1867, mariée le 28 octobre 1890, à Ernest Lalubie, né à Aix (Provence), 1862. D'où quatre enfants :

a) Jean Lalubie, né à Marseille le 26 juillet 1891.

b) Raymond Lalubie, né à Marseille le 18 octobre 1892.

c) René Lalubie, né à Marseille le 14 juin 1894.

d) Yvonne Lalubie, née à Marseille le 31 août 1897.

La famille Amalric originaire de Sigues (Var) est alliée au Baron Pilet, ministre sous l'Empire, aux d'Avoust (grand-chancelier de la Légion d'honneur), à l'amiral Duperré, membre supérieur du conseil de la marine, aux de Sabran de Pontevès et à tous les de Sabran, du côté maternel. (Archives de la famille.)

FAMILLE POSTIS

Le nom seul de *Postis* suffit pour laisser soupçonner que la famille qui le porte depuis plus de six siècles est étrangère à la Normandie, au point de vue de l'origine primitive.

Aussi bien cette famille conserve-t-elle la tradition que la Sicile serait le berceau de ses ancêtres venus en Normandie avec nos aïeux, après l'invasion de cette île par Robert le Normand qui en 1058 devint *grand comte de Sicile.*

D'ailleurs cette île possède encore au moins une famille Postis qui y occupe un rang très important et qui, ayant appris par les feuilles publiques la nomination de général de Louis Jules de Postis du Houlbec, en 1870, lui écrivit pour connaître sa généalogie. Malheureusement le général de Postis, occupé à l'armée du Rhin, en l'année terrible, avait des préoccupations plus sérieuses, ne répondit point, et perdit la lettre.

Quoi qu'il en soit, il nous est aisé *d'établir* que dès 1417, les Postis occupaient à Evreux et aux environs un rang très distingué, que plusieurs membres de cette famille furent esleux de leur ville ou *advocats* et qu'ils possédaient les fiefs du *Vieulx Evreux, Goubert aux Hautes-Menilles, d'Argences, Nestreville, et Bois-Bercher,* etc.

La bibliothèque nationale nous fournit plusieurs parchemins, pièces originales, concernant les Postis d'Evreux, et qui nous ont été procurés par M. l'Archiviste de la ville de Tours, parent de M. Adrien du Houlbec, et à qui nous adressons notre plus sincère gratitude.

1° « Cy ensuit par déclaration lez voiages, mises, frais et despens qui ont esté faiz pour cause du prest fait par les bourgeois et habitans de la ville d'Evreux à mons. le dalphin de Viennoys en moys de mars mil IIIIᵉ et XVIᵉ [1417 n. st...].

Primo pour un voiage faict d'Evreux à Rouen par maistre Henry de Chaumont, archidiacre et chanoine de l'église du dict lieu d'Evreux, Roullant le Heru et Jehan Postis, bourgeois de la dicte ville, pour estre allez du dict lieu d'Evreux au dit lieu de Rouen devers maistre Guillaume de Luce et Jehan Hervieu, conseillés et sécrétaires de mon dit si. le dalphin, affin d'aver rabat et diminucion du dict prest... en quel voiage les dessusdités vaquèrent tant allans, séjournans que retournans au dit lieu par IIII jours à chascun XX s. par jours. »

(Bibl. nat., ms. lat, 9214, pièce 10.)

2° « L'an de grâce mil IIIᵉ LXII, le XXᵉ jour d'avril après Pasques par devant moy Durand de Barrery, tabellion à Beaumont-le-Rogier pour le Roy nostre sire, fus

présent Regnaud de la Fontaine lequel confessa avoir eu
et receu de honnorable homme et saige Richard Postis,
vicomte[1] de Baumont la somme de cinq soulz. »

3° « Je frère Nicolle du Moullin, humble prieur de
l'église et prieuré de Nostre-Dame de Grammont[2] prez le
Chastel de la Lune, pour moy et les autres relligieux du
couvent du dit prieuré confesse avoir receu du Roy nostre
Sire par les mains de honorable homme et saige Richard
Postis, vicomte de Beaumont-le-Rogier, la somme de neuf
livres tournois qui deue estait au dit prieuré sur la recepte
du dit Beaumont au terme de Pasque mil IIII LXI dernier
passé pour moiclié d'an entre fiefs et ômosnes de la ditte
vicomté, de laquelle somme de IX l. t. je me tien a content
et bien payé et en quicte le Roy nostre dit seigneur icelui
vicomte et tous autres. Tesmoing mon saing manuel cy
mis le XII jour d'Ottobre l'an mil CCCC soixante et ung.

FRÈRE NICOLLE DU MOULLIN. »

(Original en parchemin. Bibl. nat. Cabinet des titres, pièces
originales, t. 2349, dossier 52868, Postis, n° 3.)

4° « Je Jacques Postis, escuier, esleu d'Evreux et sci-
gneur du vieu Evreux, confesse avoir eu et receu de Guillaume Dufour, grenetier du grenier à sel pour le Roy
nostre Sire au dit Evreux le nombre et quantité de ung
sextier de sel pour ceste année présente commençant le
premier jour d'octobre derrain passé. Et, au cas ou le droit
de gabelle de ce appartenant au Roy, nostre dit Sire, ne
luy sera alloué à ses comptes luy en promectz faire le
paiement toutesfoys qu'il plaira au dit grenetier. Et pour
tesmoing de ce j'ay signé ces présentes de mon saing, cy

[1] Charge et non titre de noblesse.

[2] Les restes de cet ancien prieuré subsistent encore sur la paroisse
du Noyer-en-Ouche, Doyenné de Beaumesnil (Eure).

mis le sixième jour de septembre l'an mil cinq cens et
saize.

J. Postis. »

(Original en parch. Bibl. nat. Cabinet des titres, pièces originales, t. 2349, dossier 52868, n° 4.)

5° « Je pierre Postis, es. esleu pour le Roy nostre Sire
en l'ellection d'Evreux, confesse avoir eu et receu comptant
de M. Nicolas Basauver (?), receveur des aides et tailles
en la dicte ellection la somme de six vingtz livres tournois[1]
pour une année de mes gaiges à cause de mon dit office
d'esleu commençant le premier jour de janvier mil V^e
XL VIIe[2] et faisant le dern jour de décembre ensuyvant
mil V^e quarante-huit. De laquelle somme de six vingtz
livres t. je me tiens comptent et bien payé et en ay quicté
et quicte le dit Basauver (?) receveur et autres, tesmoing
mon saing cy mis le second jour de janvyer mil V^e quarante-huict[3].

P. Postis. »

(Original en parch. Bibl. nat. Cabinet des titres, pièces originales,
t. 2349, dossier 52868. Postis, n° 5.)

6° « Je Mathieu Postis, escuier, licentié en loix, esleu en
l'ellection d'Evreux, confesse avoir receu comptant de
noble homme M. Nicollas Basauver (?) receveur des aides
et tailles en la ditte ellection d'Evreux, la somme de six
vingtz livres tournois pour mes gaiges d'office d'esleu pour
l'année commençant en janvier cinq cens quarante sept[4]
et finissant en décembre ensuyvant cinq cens quarante

---

[1] 120 livres tournois.

[2] 1er janv. 1548, n. s.

[3] 2 janv. 1549, n. s.

[4] 1548, n. s. L'année commençait alors à Pâques.

huict. De laquelle somme de six vingts livres tournois je
me tiens comptent et bien payé et en ay quicté et quicte
le dit recepveur envers le Roy nostre dit Seigneur et tous
autres tesmoing mon saing cy mis le XXVe jour de janvyer
mil V^e quarante huict [1].

M. POSTIS. »

(Original en parch. Cabinet des titres, pièces originales. t. 2349,
dossier 52868, Postis, n° 6.)

7° « Amendes et exploitz faictes et ploiez tant ès assises
d'Evreux, juridiction ordinaire qu'extraordinaire du dit
Evreux, taxez pour le terme de Toussaintz mil cinq centz
cinquante neuf, par nous Pierre le Fumel, escuier, conseiller du Roy, Matthieu Patey, aussy conseiller du Roy et
Pierre Cosse, conseiller du dict seigneur, lieutenantz
général civil, criminel et particullier au balliage et siège
présidial du dict Evreux...

Pierre Consendieu, de la paroisse de.... (*sic*) appelant
du vicomte d'Evreux ou son lieutenant vers Pierre Cossart
bourgeois d'Evreux, inthimè sur la dite appellation, maistre
Nicolle Postiz, escuier advocat en ce siège présidial,
damoiselle Magdelene Le Mancel, veufve de feu maistre
Mathieu Postis, en son vivant escuier, s^r d'Argences,
damoiselle Françoise Le Febvre (ou Le Febure) veufve de
feu maistre Pierre Postis, en son vivant escuier. esleu
d'Evreux, et damoiselle Marguerite Hérier, tutrice des
enffans Soubz, de deffunt maistre Jehan Postis, en son
vivant, escuier, advocat pour le Roy, en la cour ecclésiastique de ce lieu. »

. . . .

(Original en parch. Bibl. nat. Cabinet des titres. pièces origi-
ginales, t. 2349, dossier 52868. Postis, fol. 7. Le reste de la pièce ne
concerne pas la famille Postis.)

[1] 1549, n. s.

8° « A monseigneur de Sauzay, coulönel des arrerebans de France.

Supplye humblement Mathieu Postis, escuyer, s^r du Vieil Evreux, trésorier et recpteur des deniers de l'arrière ban du bailliage d'Evreux, pour l'année présente comme suyvant notre mandement il soit party luy sixième à cheval de la ville du dict Evreux, le vendredy premier jour de juillet derr. portant les deniers qu'il convenait payer aux gentilz hommes retenus pour faire le service du dit arrière ban à leur monstre qui debvait estre faicte à Lisieux et pour certaines occasions différée au bourg d'Argences, et la paye en la ville de Caen, ou le dit trésorier suppliant avoit vacqué luy et ses gens, tant à aller séjourner que retourner au dit Evreux par quinze jours entiers faisant despenses chacun jour de dix livres qui serait pour les dits quinze jours VIIXX X l. t.

Ce considéré il vous plaise luy en ordonner taxe deuement expédié pour luy servir en la rendicion de ses comptes et vous ferez raison au dit suppliant.

M. POSTIS. »

« Nous avons ordonné et ordonnons que le dit sieur du Vieil Evreux aura et prendra pour la taxe de ses frais et vaca continuz de l'autre part la somme de soixante et dix l. tournois que nous luy avons ordonnée en considération des frais extraordinaires qu'il luy a convenu faire à cause de la nécessité du temps et pour au désordre y eust peu advenir, si prions Messieurs de compter et auditeurs d'iceulx vouloir, allouer la dite somme en la descharge de ses comptes.

LOUIS (?) DE SANZAY. »

(Bibl. nat. Cabinet des titres, pièces originales, t. 2349, dossier 52868, Postis, f° 9-2° et v°.)

« Traicté de mariage de noble homme Mathieu de Postis
et noble Damoyselle de Garencières.

Au traité de mariage qui est entre noble homme Mathieu
Postis, s^r du Vieil Evreux, d'une part, et noble Damoyselle
Magdelaine de Garencières, veufve de deffunct noble homme
Gilles de Courteuvre [1], s^r de Champignolles, conseillée par
noble homme Mathurin de Garencières s^r du Bois-Bercher,
Jacques de Garencières, s^r de Courselles, ses cousins....
s^r d'Origny, son frère en loy..., d'autre part.

C'est que de la part du dit s^r du Vieil Evreux et en considération des choses que dessus, il a promis à la dite
Damoyselle Magdelaine de Garencières, dame de la Bigottière, etc... pour douaire préfix... la somme de cent cinquante livres pour la vie durant de la dite Damoyselle, etc...
a prendre par chacun an sur tout son bien, etc... avec la
moitié de tous et chacun de ses meubles, etc...

En tesmoing de quoy ils ont signé cette présente le pénul-
tième jour de janvyer mil cinq cens soixante et ung.

M. Postis. »

Magdaleyne de Garancières.

« L'an de grâce mil cinq cens soixante et ung, le huitième

---

[1] 1° De Courteuvre, seigneur du Boscrenoult en-Ouche et du Bosc-
André à Thévray. Le dernier de Courteuvre mort jésuite en Amé-
rique en odeur de sainteté, vers 1865. Sa sœur, Mme de Mauduit
de Sémerville, morte à Thévray vers 1885. Son mari était capitaine
de port à Rouen.

2° Champignolles, canton de Rugles, près Lyre.

3° Boys-Bercher, paroisse de Martainville-du-Cormier.

4° Il y avait un fief du nom d'Origny à Corneville-la-Fouque-
tière.

5° La Bigottière, paroisse de Bosrenoult en-Ouche près le Bosc-
André où habitaient les de Courteuvre.

(Archives de la famille de Postis du Houbec,
notes de l'auteur.)

jour de febvrier devant Thomas Duvallet et Jehan Duvalley
tabellion pour le Roy nostre sire fut présent n. h. Mathieu
de Postis, s^r du Vieil Evreux et noble Damoyselle Magdalaine de Garencières, etc... présens noble homme Mathurin
de Garencières, s^r du Boysbercher et Denis Brunel (?)
tesmoings.

E. DUVALLET.   J. DE VALLOYS. »

« L'an de grâce mil cinq cens soixante et troys, le samedi
huitième jour de janvier, à Evreux, devant Jehan Moteau,
tabellion royal au dit Evreux et Mauxe R.... présens noble
h. Mathieu Postis et noble Damoyselle Magdeleyne de
Garencières et....

Présens Christophe le Conte et Mathias Mart[in] du dit
Evreux...

J. MATEAU. »

9° D'un mss. petit in-fol. étant dans le trésor des titres
de Flandres, f. 449.

« Aveu rendu le 15 nov. 1580 à la Seigneurie de Hanches[1] par n. h. Adrien de Posthis, éc. sgn. de la Garanne[2],
en son nom à cause de Louise sa femme, fille et héritière
pour la 3e portion de feu n. h. Charles du Val, vivant
écu. sgn. des Pifaudières[3] et du fief de Raizeux[4] et Crécy[5]
à cause de la 3e partie de la dite seigneurie de Raizeux

---

[1] Hanches, Eure-et-Loir, arrondissement de Chartres, commune de
Maintenon.

[2] La Garenne, Eure-et-Loir, commune de Châteaudun.

[3] Les Piffaudières, commune de Raizeux.

[4] Raizeux, Seine-et-Oise, arrondissement de Rambouillet.

[5] Crécy-Couvé, Eure-et-Loir, arrondissement de Dreux.

et fief de Crécy, et luy est accordé souffrance pour Catherine et Claude du Val, fille du dit feu s. du Val et ses
héritières en partie. »

(Note inform. sur papier. Bibl. nat. Cabinet des titres, pièces
originales, t. 2349. dossier 52868, Postis, n° 11.)

Nous devons déclarer que ce neuvième titre concernant
la famille Postis nous déconcerte quelque peu, ne possédant aucun document qui puisse nous l'expliquer, alors
que les huit premiers se rapportent clairement à la famille
Postis d'Evreux et qu'à cette époque nous ne pouvons nous
expliquer la présence d'un Postis époux d'une Louise
du Val.

Par suite d'une lettre du Roy datée du *Bec-Hellouyn*
21 avril 1540 et adressée à Mre Guillaume Prudhomme,
Sieur de Fontenay en Brie, touchant la perception des
deniers, ce seigneur écrivit aux *esleuz* d'Evreux dont
Postis faisait partie, la lettre suivante :

« Guillaume Prudhomme seigneur de Fontenay en Brie,
conseiller du Roy nostre Sire et général de ses finances,
aux esleuz sur le fait des aides et tailles en l'élection
d'Evreux ou à leurs lieutenans, salut. Comme le Roy notre
dit seigneur par ses lettres patentes données au Bec
Hellouyn le XXIe jour d'avril dernier passé desquelles le
vydymus deuement collacionné à l'original est cy attaché
soubz nostre signet ait été adverty que par ses ordonnances faictes sur le fait des aides et tailles, vous esleuz
soyez tenus par chacun an de visiter et chevaucher vos
charges, informer des faultes et abbuz qui se commectent
au fait des baulx des fermes de la cueillette et assiecte des
tailles, et obvyer à la foulle de son poure peuple perte et
diminution de ses dites finances, et que par négligence de
ce faire, esgualité n'est gardée à la dicte assiecte qui doit

être faicte, le fort portant le faible et si n'est procédé aux
baulx des dites fermes ainsy que le contiennent ses dites
ordonnances, à ceste cause le Roy nostre dit seigneur
disirant ad ce pourvoir et à ses ditz ordonnances éditz
et statutz estre observez entrenuz nous ait mandé vous
contraindre par suspencion et pryvation de vos estatz et
exercice d'iceulx si besoin est à faire les ditez visitacions
et chevauchées par les paroisses et estendues du ressort
et lymyttes de votre ditte ellection vous enquérir dilli-
genment si es villes closes estant de votre dit ressort à
présent closes et fermées icelluy seigneur n'a pas accoustumé de prendre et lever les dites tailles aides et impositions de toutes denrées et marchandises vendues et reven-
dues changées et retorquées excepté les menues denrées
appelées quinquailleries et au plat pays la dite taille l'imposition de vins citres ou aultres brevaiges vendus en
gros et détail et si les magnans et habitans d'icelles
villes ou dit plat pays de l'estendue de votre dite éllection
prétendent exemption des dittes tailles ou aides vous
esleuz informés des causes pour le quelles ilz entendent
jouir d'icelles exemptions et si aucun previllèges ont a
ceste fin voyez les et s'ilz ont esté confirmez et deument
vérifficz et d'iceulx prenez la coppie deuement collacionnée
à l'original le procureur du Roy nostre sire en votre dite
ellection ad ce appellé en contraignantz les ditz préten-
danz prévilleges a exiber iceulx prévilleges dedans le
temps raisonnable qui leur sera par nous prefix et ils ne
l'auraient faict dedans le dit temps le Roy nostre dit Seigneur veult que dès a present comme pour lors ils soient
suspenduz de l'effaict de leurs ditz prévilleges jusques ad
ce qu'ilz ayent faict la dicte exebition et generallement
vous informez de ceulx qui se disent estre exemptz des
ditez tailles et aides soient communeaultez de villes

bourgs ou parroisses particullières ensemble de toutes les
aultres faultes abbuz et malversacions qui se commectent
au faict des dites tailles et aides et de ce qui en despend
oultre la forme et teneur des dites ordonnances soient par
personnes nobles faisans actes desrogeans à noblesse ou
de ceulx qui abbusent du dit privillège gens d'eglise faisans
train de marchandise et pareillement des gens de ses
ordonnances prenans baulx afferme et autres contreve-
nanz à icelles ordonnances des aides et tailles et de ce
que en despend et trouverrez faictes procès-verbaulx lesquelz avec les doubles deuement signez des rolles de la
dite taille par chacune paroisse de votre dite ellection
inserez au boult d'iceulx les ditz gens d'église nobles et
aultres pretendans previlleges et exemptions des dites
tailles et aides et les causes pour lesquelles ilz s'en disent
exemptz et le tout renvoyez devers nous general dedans
le dernier jour de Décembre prochainement venant pour
en estre par nous faict ainsi que par le Roy notre dit seigneur nous est enjoinct par les dictes lectres patentes.
Mandons en oultre a tous les justiciers officiers et subjectz du Roy notre dit seigneur que a vous et chacun de
vous en ce faisant soit obay donné soubz nostre dit
signet le XVIII⁰ jour de may l'an mil cinq cens quarante
ainsi signé : Prudhomme ung paraphe. »

(Pièce originale. Archives des de Postis du Houlbec.)

NOBLESSE DES POSTIS

Nous allons maintenant exposer les preuves de la
noblesse de la famille Postis d'Evreux, preuves d'autant
mieux établies que cette noblesse a été contestée,

1° Par les habitants de la paroisse de Saint-Pierre

d'Evreux qui ont été déboutés et condamnés aux dépens.

2° Par Thierry, Rouen, 24 juillet 1527.

3° Par Paléologo qui a été contraint de se rendre à l'évidence [1].

(Inutile de faire observer au lecteur que c'est à partir des trois derniers siècles que la noblesse a attaché de l'importance à la particule, et qu'auparavant les familles de la plus haute noblesse signaient simplement leur nom, comme les *Harcourt*, les *Montmorency* .)

[Plusieurs des documents qui suivent ont été recueillis par l'abbé Lebeurrier, ancien archiviste du département de l'Eure, qui les a puisés comme nous dans les riches archives de la famille de Postis du Houlbec.]

« Pour enseigner et justiffier de la descente et extraction de noblesse de laquelle nobles hommes maistres Mathieu premier Jehan Nicolle Pierre Gieuffroy et autre Mathieu ditz Postis sont extraicts et provenuz il vous est remonstré à vous Messieurs les esleuz d'Evreux commissaire du Roy par noble homme Maistre Mathieu Postis seigneur du Vieulx Evreux votre collegue pour luy et les desnommez ses cousins germains ce qui en suyt.

C'est asscavoir que noble homme Gieuffroy Postis de son vivant advocat pour le conte d'Evreux et seigneur du fief Goubert sur les haultes Menilles et damoyselle Marguerite Jabbin estoient regnans lors devant et depuis le temps des francz fiefz et nouveaulx acquestz qui estait en l'an mil IIIIᵉ et LXX et lequel Gieuffroy avoit esté anobly.

Item que du dit Gieuffroy et de la dite Marguerite seroient sortiz quatre filz et cinq filles c'est asscavoir maistre Jehan [2]

---

[1] Le 2 janvier 1669, le seigneur du Houlbec, Louis de Postis, descendant des de Postis d'Evreux voit confirmer sa noblesse en cour de Rouen. (Archives des de Postis du Houlbec, titre sur parchemin.

[2] Jehan Postis a été curé de Houlbec-Cocherel-Mynière.

prestre, Jacques second décédé de son vivant seigneur du vieulx Evreux et esleu d'Evreux, Richard tiers deceddé de son vivant seigneur d'Argences, Jehan puisné de son vivant seigneur de Nestreville.

Item du dit Jacques second vivant seigneur du vieulx Evreux et esleu d'Evreux et de damoyselle Jehanne Aubert seroient descenduz noble homme Mathieu Postis seigneur du Vieulx Evreux Jehan a present deceddé Helaine Marguerite et Marie la dite Helaine mariée à noble homme maistre Jacques Patry la dite Marguerite à maistre noble homme Nicolle Langloys seigneur du Mesnil et lieutenant du viconte de Loviers et Acquigny la dite Marie Mariée à noble homme maistre Pierre Le Hure seigneur du Vaudrouet.

Item du dit Mathieu seigneur du Vieulx Evreux et de damoyselle Charlotte Patry sa femme serait sorty une fille nommée Marguerite à présent vivante et Mathieu et Simon de Postis.

Du dit Richard seigneur d'Argences et de damoyselle Cécille Lespringuel seraient sortis et issus cinq fils et cinq filles c'est asscavoir : nobles hommes maistres Mathieu Postis seigneur d'Argences lieutenant général de noble homme maistre Mathieu Aubert viconte d'Evreux, et duquel Mathieu et de damoyselle Magdelaine le Maucel seroient descenduz quatre filles Magdalaine Cécille Jehanne et...

Jehan advocat pour le Roy en la court eclesiastique d'Evreux marié à damoyselle Hélaine Alespée; Nicolle advocat en la court laye marié avecques damoyselle Kathemice de Quincarnon.

Jacques a présent deceddé de son vivant marié à Damoyselle Katherine Langloys et delaisse une fille nommée Katherine.

Pierre puisné.

Les dessusditz Mathieu, Nicolle, Jacques et Pierres filz du dit Richard Postis, seigneur d'Argences et de damoyselle Cécille Lespringuet.

Item du dit Jehan Postis escuyer seigneur du Boys-Bercher et de Nestreville a présent deceddé filz puisné de Gieuffroy seroient sortis et issus deux fils et une fille c'est asscavoir Guillaume deceddé noble homme maistre Gieuffroy Postis, seigneur du Boys-Bercher et Nestreville a present regnant damoyselle Marie Postis a present mariée à honorable homme maistre Richard le Mancel par cy devant advocat pour le Roy au bailliage d'Evreux et a présent son conseiller à la court de parlement a Rouen et portent les ditz Postis pour leurs armoiries un champ d'azur a troys chefz de cerf d'or.

Et premièrement pour monstrer que le dit Gieuffroy Postis fut anobly comme tenant et jouissant propriétairement du fief noble a court et usaige nommé le fief Goubert assis a Menilles et que icelluy Gieuffroy estoit advocat pour le conte d'Evreux et aussi qu'il estoit né et procréé en loyal mariaige et que de luy et de la dite Marguerite seroient descenduz en loyal mariaige les ditz Jacques Richard et Jehan pères des ditz Mathieu premier, Mathieu Jehan Nicolle Pierres et Gieuffroy ditz Postis et tous lesquels ont tousjours vescu noblement sans jamaiz avoir faict desrogeance et faict le service au Roy pour raison de leurs ditz fiefz font production de ce qui ensuit.

Et premièrement :

De la lettre de tonsure du dit Gieuffroy Postis leur ayeul de laquelle la coppie est cy après en date du xxvie jour de Mars l'an mil quatre cens sept avant Pasques.

Item d'une commysion par laquelle il appert que le dit Gieuffroy Postis estoit de son vivant advocat pour Monsieur Loys de Belleville comte d'Evreux et de Saintes seigneur de Cosnac et de la Chesze-le-Viconte son advocat en la conté d'Evreux en date du dernier jour de novembre mil quatre cens traize.

Item d'unes lectres passées au tabellionnaige d'Evreux le xxviii° jour de septembre mil iiii cens lxiii comme Symonnet le Royer procureur de Jacques Lesbay escuier héritier de feu Jehan le Vavasseur vendy et transporta en vertu de sa dité procuration au dit Gieuffroy Postis le fief noble terre et seigneurie appelé le fief Goubert assis a Menilles a court et usaige justice et juridiction par le prix et ainsy qu'il est contenu es dites lectres produisant même l'original de la dite procuration du dit an quatre cens soixante et sept.

Item produict un roolle ou coppye d'icelluy comme Gieuffroy Postis fut cotizé à la somme de quarante livres par les commyssaires du Roy dabté du premier second et tiers jour de May mil iiii cens soixante et unze.

Item d'une quictance en parchemyn comme il appert que deffunct Gieuffroy Postis payia a Jehan de Tourneton receveur ad ce commys quarante livres tournoys pourquoy il avoit esté impozé, icelle en dabte du xi° jour d'avril mil iiii° lxxii après Pasques.

Item d'une sentence donnée devant Jehan Roussel lieutenant général des esleuz d'Evreux par laquelle appert comme les paroissiens de Sainct Pierre du dit Evreux auroient mys en procez maistres Jehan Jacques Richard et Jehan ditz Postis et lesquelz furent déclarez veu leurs titres lectres et enseignemens personnes nobles et les ditz parroissiens condempnez en amende et despens envers les ditz Postis icelle en dabte du vingtiesme jour de febvrier mil quatre cens quatre vingtz dix huict.

Item d'un arrest donné en la court de Messieurs les

généraulx en Normandie allencontre de Richard Thierry
fermier du vin d'Evreux au prouffit, de noble homme
Richard Postis seigneur d'Argences et par icelle le dit
Postis déclaré personne noble comme extraict et issu de
noble ligne et lequel Postis de son vivant estoit oncle des
ditz maistres Mathieu et Gieuffroy Postis, escuiers, lesquels Mathieu et Gieuffroy s'entendent aider du dit arrest
comme donné à leur advantaige icelluy en dabte du
xxIIII^e jour de juillet mil cinq cens vingt sept.

Item de deux adveulx baillez a deffunct Jacques Postis
seigneur du vieulx-Evreux, de sa dite terre du vieulx-
Evreux, le premier en dabte du xxVIII^e jour de novembre
mil cinq cens quatre et l'autre du dixième de septembre
cinq cens seize.

Item de deux aultres adveulx baillez a noble homme
maistre Mathieu Postis seigneur du vieulx-Evreux en dabte
le premier du xxIx^e jour de may cinq cens trente sept et
l'autre du vingt septième jour de juillet au dit an.

Item un extrait de registre du bailliage d'Evreux par
lequel appert comme le dit Mathieu Postis seroit sorty de
Jacques de Postis en son vivant esleu d'Evreux en dabte
du dixième jour de Juing mille cinq cens vingt.

Item produict le dit maistre Mathieu Postis filz Richard,
escuier, seigneur d'Argences, une commission du Roy
comme il avoit esté pourveu à l'office de lieutenant
général du viconte d'Evreux en dabte du dixiesme jour de
Juing mil v^exxxII.

Item le dit maistre Jehan Postis escuier filz Richard
seigneur d'Argences, sa commission de l'office d'advocat
pour le Roy en la court eclessiastique du dit Evreux.

Item produisent deux lectres en parchemyn par lesquelles
appert comme le dit Richard Postis escuier seigneur d'Argences tant en son nom que comme tucteur des enfans

soubzagez de deffunct Jacques Postis son nepveu lors
myneur d'ans avoit présenté hommes aux monstres pour
faire le service du Roy a cause de leurs ditz fiefz, les premiers en dacte du xmᵉ jour de mars mil cinq cens vingt
deux et les autres du xviiᶜ de Juing au dit an.

Item produisent le dit seigneur du vieulx-Evreux une
lectre de la declaracion du revenu de son dit fief bailli
devant Monseigneur le bailly d'Evreux ou son lieutenant
suyvant le voulloir du Roy en dabte du vingtiesme jour
de mars mil cinq cens trente neuf.

Item produit le dit maistre Geffroy Postis filz Jehan ung
acte donné en extraordinaire du bailliaige d'Evreux en
dabte du xmᵉ jour de may mil cinq cens vingt neuf par
lequel il appert comme il seroit descendu du dit Jehan.

Item produisent aussi les dits maistres Jehan et Nicolle
dictz Postis, filz de Richard aultre acte donné en extraordinaire du dit bailliaige d'Evreux en dabte du vingtroi-
siesme jour de décembre mil cinq cens trente deux par
lequel appert comme le dit maistre Mathieu Postis leur
frère auroit accordé estre procédé à l'ellection et nomyna-
tion de tucteurs de Katherines et Pierre ditz Postis soubzagez leur autre frère et sœur et si accordoit douaire et
partaige a damoyselle Cécile Lespringuet leur mere veufve
du dit deffunct.

Item produisent iceulx Postis, cousins germains deux
lectres en dabte la première du xxmᵉ jour d'avril l'an
mil mᵉ xlvii après Pasques et la seconde du xxiiᵉ jour
de décembre l'an de grâce mil mᵉ lxx.

Item la lectre de confirmation et de tonsure « Noverint
universi quod nos Guillermus miseratione divina ebroicensis episcopus die date (*sic*) præsentium dilecto nostro
Gauffrido Postis Sancti petri ebroicensis nostræ diœcesis
oriundo statisset litteraturæ sufficientis acthori legitimi

sacramentum confirmationis et tonsuram contulimus cle-
ricalem, datum ebroicis sub sigillo nostro die xxvie mense
Martii anno Domini millesimo iiii° sexto ante Pasqua.

Signatum Chignart cum parapho et sigillo super sim-
plici cauda de cerea rubea. »

« Arrest de la cour des Aydes de Normandie par lequel
Richard Postis seigneur d'Argences, Jehan Postis curé de
Mynière Cocherel et Houllebec, Jacques Postis en son vivant
madistère au dict lieu d'Evreux et Jehan Postis... sont
maintenus en la qualité d'escuiers conformément à l'anoblissement des francs fiefs obtenu par Gieuffroy Postis
leur père comme tenant propriétairement l'an mil quatre
centz soixante et dix un fief terre et seigneurie du Goubert assis en la vicomté de Pacy.

Le vingt deuxies... jour d'April après Pasques l'an de
grace mil cinq centz cinquante et cinq.

(Titre en parchemin, Archives de la famille de Postis du
Houlbec.)

Loys de Belleville seigneur du lieu conte d'Evreux et
de Saintes seigneur de Cosnac et de la Chesze le viconte,
chevallier, conseillier et chambellan du Roy nostre sire
à tous ceulx qui ces présentes lectres verront salut : scavoir faisons que nous deuement acerciorez des sens
loyaulté et bonne dilligence suffisance de la personne de
Gieuffroy Postis conseillier en court laye a icelluy pour ces
causes avons donné et donnons par ces présentes l'office
de nostre advocat en icelle nostre viconté d'Evreux et ses
appartenances pour icelluy avoir et exercer aux honneurs
et prouffitz ad ce appartenans aux gaiges de dix livres
tournois par chacun an que pour ce luy avons ordonné
prendre et avoir sur les deniers de nostre recepte du dit
Evreux par les mains de nostre recepveur auquel nous
mandons que iceulx gaiges il paie baille et délivre au dit

Postis nostre advocat et par rapportant ces présentes au vydymus d'icelles pour une foys avec quictance sur ce suffisante du dit Postis nous voullons les ditz gaiges estre allouez en ses comptes et rabatues sur la dite recepte sans aucune difficulté mandons et commandons a tous noz justiciers et officiers et tous aultres qu'il appartiendra au dit Postis en exerçant le dit office estre obay en tesmoing de ce nous avons faict mectre à ces présentes nostre scel d'armes et signez de nostre main le dernier jour de novembre mil quatre cens soixante et traize signée Loys de Belleville et scellé sur double queue d'un grant sceau d'armes en cire rouge.

Du registre du tabellionnage d'Evreux a été extrait ce qui suit :

Du lundi xxviii° jour de septembre mil quatre cens soixante sept devant Michel Mareschal et Alexandre Robilliard tabellions jurés au dit lieu d'Evreux pour le Roy nostre sire Symonnet Rouer procureur de Jacques Lesbay escuier demeurant à Bloys ayant povoir par ses lectres de procuration de vendre transporter et allieuer pour et en nom du dit constituant à quelque personne que ce soit pour tel prix qu'il verra bon estre ung fief ou portion de fief noble appellé le fief Goubert ses appartenances et appendances quelzconques et aultres rentes et héritaiges assis en la paroisse de Menilles et de recevoir les deniers de la vente ainsi qu'il apparois peult plus aplain par les dictes lectres de procuration desquelles, la teneur ensuict. A tous ceulx que ces présentes lectres verront le bailly de Blois salut scavoir faisons en la présence de Jacques de Masue clerc tabellion juré du sceel aux contractz de la chastellenie de Bloys vint et fut présent personnellement Jacques Lesbay maistre des eaues et forestz du Remourantin lequel cognut et confessa avoir faict constitué ordonné

et estably et encores par ces présentes faict constitue
ordonne et establis ses certains et bien aimez procureurs
generaulx et certains messagers espéciaulx c'est esscavoir
Symonnet Rouér Perrin Duquesnay Pierre Richomme ausquelz procureurs des susditz et chacun d'eulx le dit constituant a donné et donne plain povoir auctoricté mandement
espécial espéciallement de vendre transporter et alliéner
pour et en nous du dit constituant à quelque personne
ou personnes que ce soit et bon leur semblera et pour
tel prix ou somme d'or d'argent qu'ilz verront bon estre
affaire au prouffit du dit constituant ung fief ou porcion
de fief noble appelé le fief Goubert ses appartenances et
appendances quelzconques scitué et assis en la paroisse
de Menilles en Normandie avec toutes les rentes demaines
pocessions quelzconques qui au dit constituant et ses
cohéritiers sont succédez et escheuz au dit lieu et paroisse
de Menilles de la succession de deffunctz seigneur Jehan
Le Vavasseur en son vivant maistre de la chambre des
comptes à Paris tant par concquetz que autrement
ensemble les arreraiges qui en sont deulz sans aucune
chose en réserver ne retenir des ditz fiefz rentes et héritaiges du dit lieu de Menilles ausquelz procureurs et
a chacun d'eulx le dit constituant donna et donne pouoir
de l'en dessaisir baille et délaisser à telle personne qui
leur plaira tout le droilt tiltre et procession avecques les
lectres et enseignements qui luy en appartiennent de ce
faisans mencion et generallement leur donna et donne
pouoir et auctorité de faire quicter et transporter et autrement besonguer touchant les choses dessusdites et chacune d'icelles tout autant comme luy même seroit et faire
pourroit se present à sa personne ad ce faire y estoit en
recevoir les deniers yssans de la vente en donner et
passer lectres de vente une ou plusieurs telles et si bonnes

comme au cas appartiendra et ad ce obliger et ypothèquer
les biens meubles et héritaiges du dit constituant par
vertu de la dite procuration promectant le dit constituant
pour luy ses hoirs garantie deffendre vers toutes personnes
le dit transport et vendicion et icelle avoir ferme estable
et agreable a toujours maiz, ensemble tout ce que par ses
ditz procureurs ou l'une d'eulx sera faict traité accordé
promys passé et aultrement besougné touschant le dit fief
rentes et héritaiges dessus ditz leurs appartenences et
appendences et que jamaiz ne sera allé allencontre par
luy ne par aultre soubzl'obligacion de luy et de tous ses
biens meubles et immeubles presens et advenir lesquelz
quant ad ce il a soubmys a la juridiction de nostre court
de Bloys et toutes aultres ce fut faict et scellé en tesmoing
de ce du scel dessusdit à la rellacion du dit juré le dix
neufiesme jour de Juing l'an de grace mil quatre cens
soixante sept ainsi signé J. de Masue. Lequel Rouer en
vertu de sa dite procuracion ci dessus transcripte con-
gnut et confessa de sa bonne volonté au nom de son dit
maistre avoir vendu quicté transporté et délaissé ce tousjours afin d'héritaiges a tousjour a Gieuffroy Postis bourgeois d'Evreux et a ses hoirs ou ayant cause de luy ou
temps advenir le fief ou porcion de fief noble scitué et assis
en la dite paroisse de Menilles et illic environ appelé le
fief Goubert ainsi que es-dites lectres de procuracion est
faicte mencion avec toutes les rentes domaines appartenences et appendences quelzconques d'iceluy auquel a
hommes hommaiges basse justice reliefz treiziesme et
aultres choses appartenans a noble fief ensemble toutes les
rentes et héritaiges que pièca feu sires Jehan Le Vavasseur acquist en la dite paroisse de Menilles dont le
dit Lesbahy oult droict comme héritiers de deffunct
Damoyselle sa mère en son vivant fille du dit deffunct

Levavasseur avec les arréraiges deulz des dites rentes sans
aucune chose en excepter ne retenir. Desquelz fiefz rentes
et héritaiges assis au dit lieu de Menilles qui furent au dit
feu le Vavasseur ainsy venduz et transportez le dict procureur en dessaisit icelluy Lesbahy et en saisy a présent et
par ces présentes le dict Postis achapteur voulant qu'il
en jouisse ores et pour l'advenir luy ses hoirs comme de
son propre chose et bon droict acquis promectant en
bailler et délivrer au dit achapteur les lectres adveulx
rooles et escriptures que le dit Lesbahy en a es mains du
dit Postis toutefoys, que le dit Lesbahy ou son procureur
somme en sera ceste vente faicte par le prix et somme de
cinquante escus d'or que le dit procureur en confessa
avoir esté payez au dit Lesbahy par le dit achapteur en
bon or et de paix dont, etc. et promist le dit procureur par
vertu de sa dite procuracion le dit fief rentes et héritaiges
ainsy venduz comme dit est garantir délivrer et deffendre
au dit Postis etc. vers tous et contre tous de tous empes-
chementz, etc. par en faisant les foy et hommaiges a qui
deu est sur l'obligacion de tous les biens et héritaiges, etc.
de son maistre qu'il en obligea et oblige par vertu des
dites lectres de procuration en tout etc. présens Collin
Morisse et Perrette sa femme du dit mareschal. Collacion
faicte et au bas estoit escript ce qui ensuit nous approu-
vons en gloze la sixième septiesme ligne scituez et assis
en la paroisse du Menilles en Normandie avecques toutes
les rentes demaines et pocessions quelzconques icelle
gloze en la page cy-devant et au bas du dict extraict estoit
escript ce qui en suyet : Collacion faicte au dit registre par
moy Jehan Robillard ayant le droict d'icelluy. Signé
J. Robillard ung paragraphe.

Assiecte faicte par les commysaires ordonnez pour le
Roy nostre sire au bailliaige d'Evreux sur le faict des

francz fiefz et nouveaux acquestz de la somme de troys mil
cinq cens livres tournois pour principal et aussi de cer-
taine somme pour les frais particuliers et pour recueillir
et lever la dite somme pour la part et porcion en quoy ont
esté imposez et assis les gens seculliers du dit bailliaige et
autres subjectz et contribuables au paiement des deniers
promys et accordez au Roy nostre sire a cause et moyen·
nant la composition faicte avecques luy et ses commys et
depputez par les deleguez du pays et duché de Normandie
tout pour les admortissemens de ce que tiennent les gens
d'église consentement de tenir a ceulx qui ont franches
sergenteries, terres rentes et seigneuries et revenuz sans
courts et usaiges que pour les annoblissemens de ceulx qui
obtiennent et possèdent propriétairement fiefz nobles tenuz
a court et usaige jouxte et ainsy qu'il est contenu et déclaré
es lectres du Roy nostredit seigneur icelle assiecte faicte
a lire le dernier jour d'avril premier second et tiers jour
de May et aultres lieulx en moys subséquent l'an mil
quatre cens soixante unze.

Et premièrement la vicomté d'Evreux.

La ville et sergenterie du lieu.

En laquelle ville et sergenterie en la seconde page du
premier feuillet de la dite assiecte en la unziesme ligne
est assis comprins nommé et escript ce qui ensuyct
approuvé XI ung paragraphe.

Gieuffroy Postis quarante livres et en la fin du roole et
pappier de la dite assiecte est signé L. de Harcourt V. Fre-
ville et J. de Berville. Collacion faicte a l'original du dit
roolle en pappier pour nous Jehan le Bel et Pierre Souchey
tabellions jurez en la ville et vicomté d'Evreux pour le
Roy nostre sire le samedi huictiesme jour d'octobre mil
cinq cens dix neuf signé J. le Bel et Pierre Souchey et au
bas estoit escript ce qui ensuyct collacion faicte à la dite

coppie par nous Philippe d'Avrilly et Jehan Regnoult tabellions en la ville et viconté d'Evreux pour le Roy nostre sire le samedi xxiiiie jour de novembre l'an mil cinq cens et vingt signé P. d'Avrilly et J. Regnoult. Deux paragraphes.

Je Jehan de Tourneton commys a recevoir au bailliaige d'Evreux en tant que sont les vicontez du dit lieu d'Evreux Conches, Breteuil et Beaumont le Roger les deniers imposez et assis esdites vicontez pour porcion des deniers promys et accordez au Roy nostre sire à raison et moyennant la composition faicte avecques luy et ses commys et depputez par les delleguez du pays et duché de Normendie couchant les francz fiefz et nouveaulx acquesctz du dit pays et aussy pour les anoblissemens de ceulx qui tiennent et possedent fiefz nobles tenans a court et usaige confesse avoir eu et receu de Gieuffroy Postis escuier seigneur en partie de fief de Haut Menilles tenu a court et usaige la somme de quarante livres tournois a quoy il a esté imposé et assis par Messieurs les commyssaires ad ce commys et ordonnez par le Roy nostre dit seigneur faict soulz mon saing manuel cy mys le unziesme jour d'avril l'an mil quatre centz soixante et douze après Pasques signé J. de Tourneton ung paraphe.

Devant nous Jehan Roussel lieutenant général de noble homme Anthoine de Tilgnes l'un des esleuz de l'ellection d'Evreux pour le Roy nostre sire sur le faict de la justice des aidez ordonnez pour la guerre le mercredi vingtiesme jour de febvrier l'an de grace mil quatre cens quatre vingt dix huit sur ce que maistre Jehan Postis, prestre[1], Jacques, Richard et Jehan ditz Postis frères enffans et héritiers de deffunct Richard Postis avaient esté assis et imposez en roolle de la taille de la

---

[1] Il fut curé de Houlbec-Cocherel.

paroisse Saint Pierre d'Evreux pour ceste année présente
commencant le premier jour de janvier dernier passé par
Jacques Quincarnon, Charduiet, Chartain appoticcaire
Jehan Mussot et Michel le Druet asseeurs d'icelle taille et
contraintcz pour le paiement des deniers du premier quar-
tier et assis de leur dite taille par Thomassin le Blond collecteur d'icelle taille par la prinse de leurs biens allencontre de laquelle contraincte ou execution iceulx maistres
Jehan, Jacques, Richard, et Jehan ditz Postis frères avaient
mys opposition et assignation faicte aux parties à certain
jour passé pour sur ce procédez ainsi qu'il appartiendra
par raison auquel jour i celluy le Blond collecteur avoit
appelé asseeurs pour eux venir adjoindre au dit procez
pour deffendre la dite opposition mise par les ditz Postis
frères ce qui avoit esté faict par les dits asseeurs et la dite
matière, continue a certain jour ensuyvant affin que les
ditz collecteurs et asseeurs fissent venir les paroissiens
de la dite paroisse contribuable, a la dite taille pour eulx
venir adjoindre au dit procez prendre la deffense d'icelluy
ou faire qu'il appartiendra qui estoit le mercredy xiiie jour
de ce présent moys de febvrier auquel jour les dits paroissiens se sont comparuz en grand nombre. C'est asscavoir
Guillaume Delangle, Pierre Delapies, Jehan Durant, Alixan-
dre du Bois, Thomas Carbin, Pierre Brayer, Collin Le Monnyer, Jacques Marin, Jehan Ducloz, chappellier, Jehan
Gallaut, Pierres Hernault, Jehan Le Monnyer, Charles
Quincarnon, Noel, Le Saunyer, Guillaume de la Croix,
Ollivier, Ragorel, Jehan Quesnel, Jehan Durant, Cous-
turier, Jehan de Sainct, Pierre Richard, Chartain, Jehan
Rotrou, Toussainctz le Marchand, Robin frère, Coq, Pierres
de la Croix, Noel, Egasse, Robinet, Brayère, Jacquet le Bou-
cher, Guillaume Esnoyer dit Forget, Jehan Gosselin, Robinet, Duvivier, Regnoult, Leclerc, Jehan Cresté, Huillard,

Regnoult, Thomassin, Delangle, Michaud, Maillard, Symon
Thorel, Jehan Le Picard dit Mado, Collin, Louveray, Lorin
de la Prée Jehan Le Conte et Estienne du Tot vers lesquelz parroissiens présens, iceulx collecteur et asseeurs,
contendoient de adjonction lesquelz parroissiens se
adjongnèrent avec les ditz collecteurs et asseeurs par
condition que les ordonnances royaulx eussent esté gardez
par les ditz asseeurs en procèdant au faict de la dicte
assiecte en la présence desquelz adjoinz les ditz Postis
frères firent narration de leur cas disant que le dit deffunct
Gieuffroy Postis leur père avoit esté anobly par le
Roy Loys dernier tres passé que Dieu absoulle par la
composition des francs fiefz et nouveaulx acquestz paié
finance à cause du fief terre et seigneurie du Hault Menilles
a court et usaige dont le dit deffunct Gieuffroy Postis ; estoit
lors tenant propriectoirement par laquelle composition et
édit royal inrévocable icelluy Roy Loys avoit anobly tous
ceulx qui estoient lors tenans propriectairement des fiefz
nobles a court et usaige et qui avoient paié finance et qui
estoient desnommez et entenduz en roolle de la dite composition voullant le dit Roy Loys deffunct et discernant
par édict royal inrévocablement comme dit est que ceulx
et leurs postéatez nez et a naistre feussent pour le temps
advenir et a tousjours maiz dictz déclarez maintenuz et
soutenus nobles personnes francz quictes et exemptz de
toutes tailles et aultrez subsides mys et a mectre sus au
royaulme de France comme les aultres nobles du dit pays
et a ceste fin iceulx Postis frères monstrèrent et exibèrent
en jugement la carte lectre et édit royal ou la coppie d'icelluy en laquelle icelluy deffunct Gieuffroy Postis estoit
desnommée et avecques ce monstrèrent et exibèrent une
quictance de Jehan de Tourneton commys a recevoir les
deniers et finances d'icelles composition du francz fielz et

nouveaulx consquestz en bailliaige d'Evreux par laquelle
quictance apparoissoit comme le dit Gieuffroy Postis deffunct avoit paié la somme de quatre vingtz livres tournois
a cause de son dit fief du Hault de Menilles a court et
usaige et pour son dit anoblissement mesmes dirent et
remonstrerent les ditz frères que par les mandemens et
ordonnances royaulx faictes en convention des troys étatz
de ce pays et duché de Normendie dernierement tenyz a
Rouen sur la manière de la contribution aux dites tailles
pour ceste dite année présente aussy estoit contenu es
mandemens envoyer par nossieurs les esleuz que les enffans
de ceulx qui ont esté desnommez et entenduz à la dite
composition d'iceulx francz fielz et nouveaux conquestz
qui auroient paié finance et prins pied en ligne de noblesse
. soient tenuz francz quictes et exemptz des dites tailles
soustenans iceulx Postis frères que veu ces choses et qu'ilz
estoient du nombre d'iceulx anoblis prins pié en ligne
de noblesse que a tort et sans cause les dits asseeurs les
avoient assis et desnommez et imposez au roolle de la dite
taille mesmes a tort la dite contraincte ou exécution
actendu lesquelles remonstrances iceulx collecteur asseeurs
et paroissiens dessus nommez consentirent et accordè-
rent pour le temps advenir que les ditz Postis frères
demeurent quictes et exemptz de la dite taille pourvu
toutes foyes qu'ilz ne facent ne desrogent a leur estat de
noblesse et pour ce qu'il nous avoit semblé que les ditz
paroissiens n'estoient pas assez grand nombre pour fonder
communiété nous avyons delayé la dite matière jusques
au lundy ensuyvant xviiie jour de ce présent moys de febvrier pour par les dits collecteur et asseeurs faire venir
les aultres paroissiens de la dite paroisse ce qui avoit esté
fait c'est asscavoir Jacques Le Clerc, Henry Monnet, Philippot la Pie, Bertheran, Doucerain, Jehan Tremblier,

Perrin Loret, Jehan Noyer dit Dauville, Jehan Le Diacre
Guillaume Regneaume, Thomas de la Fontaine, Robert
Delangle, Jehan Leboucher tenneur, Symon Regnard, Jehan
Deshayes, Jehan Dupuis, Pierre Danvilliers, Anthoine la
Pie, Philippot Buffet, Perrin Lair, Guillaume de la Fontaine,
Guillaume Vincent, Hugues le Mectaier, Philippot le Conte,
Jehan Cossart, Pierres Carrouet, Guillaume Loyson, Jehan
de la Fontaine, Raoullin Dodon, Jehan Geffosse, Jehan le
Moyne, Jehan Nocques et Gervais Quesnel qui se sont pré-
sentez et comparuz en la présence desquels les dits frères
firent semblable remonstrance que dessus et lesquelz
paroissiens collecteur et asseeurs dessus nommez et la
dite matière de rechef par nous esté continue jusques
à ce jourdhuy pour par honorable homme et saige maistre
Nicolle Lamembrey procureur du Roy nostre dit seigneur
sur le faict des dits aides en la dite ellection veoir et visiter
la dite Chartre et édit royal de la dite composition des ditz
francz fiefz et nouveaux acquestz et la dite quictance du
dit Tourneton et aultres escriptures des ditz Postis frères
qui par eulx avoient esté mises devers la court a celle fin
veu lequel consentement des ditz paroissiens ainsi que
contenu est cy dessus nous avons dit déclaré et sentencié
nostre sentence délfinitive et adroict que les ditz Postis
frères jouyeront et useront comme personnes nobles nez
et procedez de noble ligne du previllege de noblesse et
qu'ils seront et demouront francz quictez et exemptz de
la dite taille et aultres pour le temps advenir eulx et leurs
hoirs pourveu qu'ils ne fassent aucune chose desrogante a leur dit estat de noblesse et qu'ilz feront les choses
a quoy ilz sont tenuz pour acquitter leur dite noblesse
envers le Roy nostre dit seigneur et autrement avecques
les despens des ditz Postis frères de ce present procez a
quoy nous avons condempné les ditz paroissiens lesquelz

despens nous avons taxez et moderez a la somme de
quatre livres tournois ces présentes comprinses que les
ditz frères ont obtenuz pour leur valloir qu'il appartiendra
et si avons ordonné que l'assiecte et somme a quoy les
ditz Postis ont esté assis en dit roolle de la dite taille sera
rassis sur la communiété de la dite paroisse avecques les
despens du dit collecteur. Et fut donné en mandement et
commyssion au premier sergent ou soussergent de la dite
ellection sur ce requis du ditz despens faire execution deue
sur les biens des ditz paroissiens collecteur et asseeurs
et chacun d'eulx ou l'un d'eulx. Donné comme dessus.

Signé : Le Cordier ung paraphe et scellé sur simple
queue de cire rouge.

Extraict des registres des aides en Normendie entre
le procureur général du Roy et d'aultres Richard Thierry
fermier du IIIIe du vin de la Ville d'Evreux inspec-
trant du mandement evocatoire de la court et demandeur d'une part et Richard Postis seigneur d'Argences
soy disant noble personne adjourné par vertu du dit
mandement et d'effendeur d'autre part veu par la court
le procez faict et agitté en première instance par
devant les esleuz d'Evreux ou leur lieutenant et depuis
par evocation en la dite court sur la dite poursuytte et
demande du dit fermier tendant affin que le dit Postis
feust contrainct a bailler déclaration des vins par luy
venduz à detail et *tarlevelle* (?) es mettes de la dite
ferme pour en avoir paiement du droict du IIIIe a
quoy par le dit Postis eust esté mys—contredit—soustenant
estre de ce exempt a raison du dit privillège de noblesse
pour ce qu'il disoit et soustenoit estre de la dite qualité
comme filz de deffunct Gieuffroy Postis son père anobly
par la chartre des francz fiefs et nouveaux aqueclz donnez
par le feu Roy Loys XIe que Dieu absolve en l'an mil quatre

cens soixande dix comme tenant propriectairement lors
du fief Goubert fief noble a court et usaige justice et juridiction et ad ce droit et tiltre disait le dit deffendeur avoir
jouy et usé des previllèges franchises et libertez dont ont
accoustumé jouir les nobles du pays veu aussy les lectres
et escriptures produictes en icelle court par le dit deffendeur a la fin de la dite deffense et soustien allencontre des
dits procureur général et Thierry apres lesquelles veues
par icelluy Thierry eust esté dit et déclaré qu'il n'entendoit
contredire la dite noblesse et se departoit du dit procez
et poursuytte par luy faicte soy rapportant au dit procureur général de y bailler et mectre tel contredit qu'il ver-
roit bien estre surquoy par ordonnance de la dicte court
le dit procureur general a mys et baillé par escript sa responce allencontre de la dicte production du dit deffendeur
et par les dites parties le tout mys et cloz devers la dite
court pour leur estre faict droict tant veu et considéré ce
qui faisait aveoir et considérer en la dite matière a bonne
et meure deliberation la dicte court par son arrest et jugement a dit et déclaré dit et déclare que le dit Postis a
deuement veriffié et enseigné par les dictes lectres et
escriptures par luy produictes de sa dite noblesse a cause
du dit deffunct Gieuffroy Postis son père anobly par la
dicte chartre des francz fiefz et nouveaux acquectz et que
le dit Postis deffendeur a raison de son dit privillège
de noblesse s'en ira deslyé et deffendu de la dicte pour-
suyte et action a quoy il avoit esté mys par le dit Thierry
fermier du dit iiiie ensemble jouyra luy sa postérité
et lignée née et a naistre en loyal mariage des pri-
villèges franchises et exemptions dont ont accoustumé
jouir et user les aultres nobles de ce pays de Normendie ores et pour le temps advenir en vivans noblement suyvans les armes et sans faire chose desrogante

au dit estat et privillège de noblesse prononcé en la dite
court des aides a Rouen le vingt quatriesme jour de juillet
mil cinq cens vingt sept. Signé : J. Dufour ung paraphe.

Loys par la grâce de Dieu roy de France a tous ceulx
qui ces presentes lectres verront salut scavoir faisons que
par la bonne confiance que nous avons de la personne de
nostre bien aimé Jacques Postis escuier et de ses sens
suffisance loyaulté preudhommye et bonne dilligence a
icelluy pour ces causes et aultres ad ce nous mouvans a
nous donné et octroyé donnons et octroyons par ces presentes l'office d'esleu sur le faict de noz aides ordonnez
pour la guerre en l'ellection d'Evreux que nagueres soul-
loit tenir et exercer nostre cher et bien aimé varlet de
chambre ordinaire Jehan de la Loue vaccant a present
par la pure et simple résignation qui ce jourd'huy en a
esté faicte en noz mains par le dit de la Loue en sa personne
au prouffit du dit Postis pour icelluy office désleu avoir tenir
et doresnavant exercer par le dit Postis aux honneurs
prerogatives préheminences, gaiges chevauchez taxations,
droictz prouffitz revenuz et esmolumens acoustumez et
qui y appartiennent tant qu'il nous plaira s'il est ad ce suffisant pourveu que le dit resignant soit saing et non malade
sy donnons en mandement par ces mesmes présentes a
noz amez et feaulx conseilliers les généraulx par nous
ordonnez sur le faict et gouvernement de noz finances
que prins et receu du dit Jacques Postis le serment en
tel cas requis et acoustume icelluy mectent et instituent
ou face mectre et instituer de par nous en pocession et
saisine du dit office d'esleu et d'icelluy ensemble des honneurs prerogatives préhéminences gaiges chevauchées
taxaxions droictz prouffits revenuz et esmolumens dessus
ditz le facent souffrant et laissent jouir et user plainement
et paisiblement et a luy obayr et entendre de tous ceulx

et ainsi qu'il appartiendra es choses touchans et regardans le dit office et avecques ce luy facent paier doresnavant par chacun an les ditz gaiges droictz chevauchées et taxations par nostre receveur ordinaire des tailles et aides en la dite eslection lesquelz gaiges droitz chevauchées taxacions et tout ce qui paié et baillé luy en aura esté en rapportant ces dites présentes ou vy dimus d'icelluy faicte sous scel royal pour une foys avec quictance du dit Postis sur ce suffisante nous voullons estre allouez es comptes et rabatuz de la recepte du dit receveur ou autre qui paiez les aura par nos. amez et feaulx gens de nos comptes ausquelz nous mandons ainsi le faire sans aucune difficulté en tesmoing de ce nous avons faict mectre nostre scel a ces dites présentes. Donné a Madon le dixiesme jour d'Aoust l'an de grâce mil cinq cens et quatre et de nostre règne le septiesme. Sur le reply desquelles lectres non scellees ains seullement a double queue estait escript : Par le Roy maistre Gabriel de Bunys medecin ordinaire present signé : de Saulcey ung paraphe et sur le dos estoit escript ce qui en suict : la lecture et publication du contenu de l'autre part a esté faicte en la cohue et auditoire de l'élection d'Evreux es présences de honorable homme maistre Jehan Fillon lieutenant général de Monseigneur le bailly d'Evreux, Pierres Lambert, Nicollas Lamembray, Pierres Grieu, Pierres Tauppin escuier, Jacques Mignard, Jehan Boullenc, Pierre Michel Jacques Morisse Regnoult Le Clerc Nicollas de Louvigny, Jehan le Boisselier, Jehan Robillard, Jehan Esnou, Jehan Nocques, Symon le Coq et aultres presens le vendredi xvi° jour d'Aoust écu de grâce mil cinq cens et quatre signé le Cordier ung paraphe.

De noble homme Jacques Postis escuier seigneur du fief terre et seigneurie du Vieulx Evreux Je Thomas Bois-

sière tient et advoue a tenir du dit seigneur au dit fief
les héritages qui ensuyvent c'est asscavoir : une masure
contenant une acre et demye d'un costé Guillaume Jouen
d'autre costé Jehan Jouen le jeune d'un boult la rue et
d'autre boult le chemin dos de lièvre. Item une masure
ainsi comme elle se comporte d'un costé et d'un boult
Pierres Denis d'autre costé Jehenuet Denis et d'autre
boult la rue. Item un jardin comme il se comporte d'un
costé le dit Denys d'autre costé Georges Boissière et d'un
boult la rue. Item une vergée de terre (voy. p. 94) au
tre le dit Georges Boissière et d'un boult le chemyn dos
de lièvre. Item une acre et demye de terre au triège de la
Haye d'un costé et d'autre les hoirs Guillot Boissière d'un
boult mon dit seigneur et d'autre boult le chemyn dos de
lièvre. Item une vergée de terre en ce dit triège d'un costé
et d'un boult Pierres Boissière d'autre costé les hoirs
Pierres Boissière et d'autre boult le dit chemyn dos de
lièvre. Item trois vergées de terre assises au triège du
Blossier d'un costé et d'un boult les Gauquelins et d'autre
costé Pierre Boissière le jeune. Item une vergée, etc., etc.,
etc., et suys tenu faire et payer à mon dit seigneur à la
Sainct Remy quatre solz tournoys et a la fête de Toussainctz ung boissel de ble en la descharge de Jehan Jouen
l'aisné avecques les reliefs xiii° aides feaulx coustumiers
quand le cas s'offre selon l'usaige du dit fief et au bas du
dit adveu estait escript ce qui ensuict : baillé et advoué
par le dit Thomas Boissière es plez de la dite seigneurie
du Vieulx Evreux tenuz par moy Pierre Michel seneschal
du lieu le jeudy vingt huitiesme jour de novembre mil
cinq cens et quatre receu par mon dit seigneur qui present estoit sauf a blasmer.

Signé : P. MICHEL, ung paraphe.

Autre aveu rendu à Jacques Postis seigneur du fief terre et seigneurie du « Vieulx Évreux et esleu d'Evreux », par Martin Harel qui se reconnaît obligé à payer au dit seigneur « chacun an ung bosseal de blé pour chacune acre avecques vingt solz d'argent tournois au terme Sainct-Remy et le blé au terme de la Toussainctz, etc. ».

Regnoult Leclerc seneschal, 10 septembre 1516.

Autre très long aveu rendu à « noble homme Mathieu Postis seigneur du Vieulx Évreux » par Jacques Jehan et Marguerin ditz Boissière, aveu reçu par Jacques Leclerc l'an 1530 le 29 mai.

Autre aveu très détaillé rendu à maistre Mathieu Postis par Jehan Boissière fils de Oudin Boissière, le 27 juillet 1537.

Extrait du registre de l'extraordinaire du bailliage d'Évreux ce qui ensuyct : du dixiesme jour de Juing mil cinq-cent à Évreux devant nous Jehan Louvel escuier, lieutenant général au bailliage d'Evreux par auctorité de justice advis et deslibération de maistre Nicolle Aubert, Jehan Postis escuyer[1], Richard Postis escuier, Jehan le Moyne, Pierre Cossart, Guillaume Tassat, Gieuffroy Corbin, Guillaume Corbin, Pierre Marchant, Michel Monnyer tous prouchains parens et amys des enffans soubzâgés de deffunct Jacques Postis en bon vivant escuier esleu d'Évreux, le dit maistre Nicolle Aubert a esté esleu tucteur d'iceulx soubzagez pour les consiellier en leurs affaires, le dit Richard Postis pour recevoir ce qui est deu et le dit Corbin pour en faire les dilligences et la veuve du dit deffunct la garde d'iceulx soubzagez et faict serment, etc. Et au dessoubz estoit escript : Collacion faicte au dit registre par moy soubz signé :

Signé : MORISSE, ung paraphe.

---

[1] Jadis en Normandie la qualification d'écuier équivalait à celle de noble et réciproquement (voir Delaroque, p. 328, édit. de 1710).

François par la grâce de Dieu Roy de France à tous
ceulx qui présentes lectres verront salut sçavoir faisons
que pour le bon et louable rapport qui faict nous a esté
de la personne de nostre cher et bien amé maistre Mathieu
Postis licencié es droictz, advocat en court laye et dès ses
sens suffisance littérature loyaulté, preudhommye expérience et bonne diligence à icelluy pour ses causes et
aultres ad se nous mouvans avons donné et octroyé, donnons et octroyons par ces présentes l'office de lieutenant
général du vicomte d'Évreux que naguères tenoit et exerçoit maistres Jacques de Beaumair dernier paisible possesseur du dit office à présent vaccant par la pure et
simple résignation qui cejourd'huy en a esté faicte es
mains de nostre très cher féal et grand amy le cardinal de
Sens, légat et chancellier de France, par le procureur du dit
de Beaumair suffisamment fondé de procuration quant
ad ce au prouffit du dit maistre Mathieu de Postis pour le
dit office de lieutenant général du dit vicomte d'Évreux
avoir tenir et doresnavant exercer par le dit maistre
Mathieu Postis aux honneurs préhéminences, franchises,
libertez, droictz, prouffitz, revenus et esmolumentz, accoustumez et au dit office appartenans tant qu'il nous plaira
pourveu que le résignant soit saing et non malade et
qu'il vint quarante jours après le dablé de ces présentes
au bailly d'Évreux que du dit maistre Mathieu Postis prins
et receu le serment pour ce requis et accoustumé icelluy
mecte et institue ou face mectre et instituer de par nous
en pocession et saisine du dit office et d'icelluy ensemble
des honneurs, préhémynences, franchises et libertés
droictz, revenus et esmolumens des susditz, le face seuffre
et laisse jouir et user pleinement et paisiblement et à luy
obayr et entendre de tous ceulx et ainsi qu'il appartiendra
es choses touchans et concernans le dit office. En tesmoing

de ce nous avons faict mectre nostre scel à ces dites présentes. Donné à Boysbriant le dixième jour de Juing l'an
de grâce mil cinq cens trente-deux et de nostre règne le
dixhuictième. Approbo bailly Barillon ung paraphe.

Et sur le reply des dictes lectres estoit escript : par le
Roy à vostre rellation, signé Barillon ung paraphe et
scellé sur double queue de cire jaulne. François par la
grâce de Dieu Roy de France, à tous ceulx qui ces présentes lectres verront salut, scavoir faisons que pour
le bon rapport qui faict nous a esté de la personne de
nostre bien amé maistre Jehan Postis licencié es loix et
de ses sens suffisance loyaulté littérature, preudhommye
et bonne dilligence à icelluy avons donné et octroyé,
donnons et octroyons de grâce espécial par ces présentes l'office de nostre advocat en la court éclésiastique
de l'évêché d'Évreux que a tenu et exercé par cy devant
maistre Jehan Lamembrey prestre vaccant à présent par
la pure et simple résignation qui en a esté faicte aujour-
d'huy es mains de nostre très cher féal et grant amy le
cardinal de Sens légat et chancellier de France par le procureur du dit maistre Jehan Lamembrey suffisamment
fondé de lectres de procuration quant ad ce prouffit du
dit maistre Jehan Postis pour le dit office de nostre advocat en la dite court de l'Évêché d'Evreux avoir tenir et
doresnavant exercer par le dit maistre Jehan Postis aux
droictz, honneurs, prouffitz, franchises, libertez, gaiges,
revenus et esmolumens accoustumez et au dit office appartenans tant qu'il nous playra pourveu que le dit résignant
soit saing et non malade et qu'il vive quarante jours après
le dabté de ces présentes. Sy donnons en mandement par
ces présentes au bailly d'Évreux ou a son lieutenant que
prins et receu le serment du dit maistre Jehan Postis en
tel cas requis et acoustumé. Icelluy mecte et institue ou

face mectre et instituer de par nous en pocession et saisine
du dit office et d'icelluy ensemble des droictz, honneurs prévillèges, gaiges, auctoritez, prouffitz, franchises, libertez
et esmoluments dessusditz le face seuffre et laisse jouir et
user pleinement et paisiblement et à lui obayr et entendre
de tous ceulx et ainsi qu'il appartiendra eschoses touchans
et regardans le dit office, mandons en oultre à nos amez
et feaulx les trésauriers de France que par nostre receveur ordinaire d'Évreux ou aultre qu'il appartiendra et
qui les gaiges, et droictz au dit office appartenans acoustumé paier, ilz facent iceulx au dit maistre Jehan Postis
paier, bailler et délivrer doresnavant par chacun an aux
termes et en la manière acoustumez et par rapportant ces
dites présentes ou vuydymus d'icelles faict soubz scel royal
pour une foys seulement avec quictance du dit maistre
Jehan Postis sur ce suffisante, nous voullons les dictz
gaiges estre allouez es comptes et rabatus de la récepte
de nostre dit recepveur ordinaire d'Évreux ou d'aultre qui
paiez les aura par noz amez et feaulx gens de nos comptes
à Paris ausquelz nous mandons ainsi le faire sans difficulté car ainsi nous plaist il estre faict. En tesmoing de ce
nous avons faict mectre nostre scel à ces dites présentes.
Donné à Paris le quatrième jour de janvier l'an de grâce
mil cinq cens trente-quatre et de nostre règne le vingt
ungiesme et sur le reply des dites lectres estoit escript :
par le Roy à vostre rellation, signé : Des Landes ung
paraphe et scellé sur double queue en cire jaulne.

A tous ceulx qui ces présentes lectres verront Jehan
Louvel escuier conseillier du Roy nostre sire lieutenant
général de noble et puissant seigneur monseigneur le
bailly d'Évreux salut : scavoir faisons que aujourd'huy
dabte de ces présentes au dit Évreux en faisant la monstre
des nobles et noblement tenans du Roy nostre dit

seigneur et fief et arrière fief subgectz a son baon et arrière baon pour la vicomté d'Évreux en la présence des advocat et procureur du Roy au dit bailliaige s'est présenté Richard Postis escuier, seigneur d'Argences, tant pour luy que comme tuteur de maistre Mathieu Postis, escuier, seigneur du Vieulx Évreux son nepveu myneur dans lequel le dit Richard Postis a dit estre en la garde du seigneur de Guichenville et néantmoins a présenté pour faire le service pour luy seigneur d'Argences le dit seigneur du Vieulx Évreux, Pierre Tourville escuier, lequel a esté ordonné servir pour eulx en habillement d'archier et soy tenir prest de partir toutes et quantes foys pour servir quant et ou il appartiendra. En tesmoing desquelles choses nous avons scellé ces présentes du petit scel aux causes du dit bailliaige le mercredi dix-septiesme jour de juing mil cinq cens vingt-deux.

Signé : J. GUÉRIBOULT, ung paraphe.

Les archives de la famille de Postis renferment une autre lettre dans laquelle le même J. Guériboult accepte Pierre de Tourville comme remplaçant Richard Postis et Mathieu Postis, en présence de Messire Guy d'Orbec chevallier.

La pièce suivante que nous ne citerons que en partie nous montrera l'importance du fief du Vieulx Évreux.

C'est la déclaration du fief, terre et seigneurie du Vieulx Évreux qui est un quart de fief que baille noble homme Mathieu Postis, seigneur du dit fief et esleu d'Evreux suyvant le bon vouloir du Roy nostre sire, lequel fief consiste en deux cens soixante-quinze acres de terre en domaine fieffé ou environ ad ce nom comprins les maisons et masures dessus estans appartenans aux hommes du dit seigneur chargez de deux cens soixante-quinze boesseaux de blé ou environ vingt-cinq boessaux d'advoyne ou environ douzaine et demye de verres ou environ trente-quatre livres de rentes en deniers ou environ lesquelles rentes sont tenuz paier chacun an les hommes d'icelle seigneurie, c'est asscavoir les dites rentes en argent à la Sainct-Remy, les dites rentes en blé à la Toussainct et l'advoyne et volaille à Noel les gandz et voirres le premier jour de may, et du domayne non fieffé le dit seigneur du Vieulx Évreux en tient et possède tant en maisons, masures, terres labourables, coulombier, moullin à vent le nombre de quarante acres de terre ou environ au droict de ses prédécesseurs, lesquelles maisons, masures et coulombier ont esté faictz bastir et construire par le dit seigneur et si y a au dit fief droict de justice et juridiction, amendes etc., etc... et la qualité du dit fief qui peuct valloir communs ans sept vingt livres tournois ou environ.

Signé : M. Postis, ung paraphe.

Suit la nomination de Mathieu Postis, par le Roy, comme esleu d'Évreux en place de Jehan du Sauchey décédé. « Donné à Chantilly le xxiiii° jour de novembre l'an de grâce mil cinq cens trente-huit et de nostre règne le vingt-quatrième. »

Et au bas sur le dit reply estoit escript ce qui ensuict : Prestitit juramentum consuetum et ordinatum dictus Postis in curia justicie juvaminum Rotomagi audito procuratore regio in eadem curia hac die xxvii° mense januarie anno Domini millesimo quingentesimo xxxviii°.

Signatum : J. Dufour, ung paraphe.

Le titre 23ᵉ contient une poursuite de la part de Richard le Mancel advocat du Roy au bailliage d'Évreux et tuteur de Gieuffroy Postis escuier, défendeur des droictz de Cécille Lepringuef veuve de Richard Postis et de ses enfants mineurs, contre Noel et Marin ditz de Beaumont et leurs frères, etc...

Le titre vingt-quatrième contient la réunion des parents et amis à l'effet de choisir un tuteur, en présence de Symon du Vaucel sergent, pour Pierre et Katherine dictz Postis soubzagez frère et sœur de maistre Mathieu Postis.

Signé : MORISSE, ung paraphe.

Les archives de la famille du Houlbec contiennent un titre remontant à 1425 concernant la réception de Jehan Jabin filz de Robert Jabin monnayer de bonne lignée, comme monnayer de la monnaye de Paris. Il fut présenté par Jehan Ratier, Jehan George et Collin George, en présence de Symon de Bussy prévôt du monnayer, André de Lury, Jehan du Vergier, etc.

En la date du 24 avril 1448, le dit Jehan Jabin est déclaré avoir faict son épreuve et devoir jouir de tous les prévillèges accordés par le Roy.

Signé : AQUART, ung paraphe.

(Le lecteur doit se souvenir que Pierre Nicolle Geffroy de Postis avait épousé l'an 1500 Marguerite Jabin alias Jabbin.)

Titre déclarant que Jehan Guichard natif de *Carentein* et habitant Menilles devait par chacun an pour manoir, jardin et lieu avec les terres ad ce appartenans assises en la dite paroisse de Menilles quarante-huict solz parisis de rente à Gieuffroy Postis ayant le droict des héritiers sire Jehan le Vavasseur.

Les droits des Postis étaient si incontestables que le
22 décembre 1470 le vicomte d'Évreux Jehan Chartier dict
Lymoges déclare que le porteur de ces titres Postis sera
creu par son simple serment sans aultre preuve faire et
fit jurer les hoirs de Jehan Guichard, sur les sainctz
évangilles de Dieu à jamais venir contre ces faict. En présence de Chardinet Chartain et Jehan Auber.

Signé : MARESCHAL et ROBILLARD.
Deux saingz ou paraphes.

Devant nous Gilles de Lieurray et Nicolle Boullenc
escuiers licenciés en loix esleus d'Evreux pour le Roy
nostre sire et commyssaires d'icelluy seigneur en ceste
partie le unzeiesme jour d'avril avant Pasques l'an de grâce
mil cinq cens quarante s'est comparu noble homme maistre
Mathieu Postis licentié en loix seigneur du Vieulx Évreux
et nostre confrère esleu en la dicte eslection lequel nous a
remonstré et dit présence de honorable homme maistre
Robert le Vicomte procureur du Roy en la dite ellection
et de Georges de Quincarnon escuier greffier en icelle
ellection que pour satisfaire au voulloir du Roy en la
compagnie de ses ditz cousins germains pour le faicte de
leur noblesse il luy avoit esconvenu retirer et recueillir
plusieurs pièces descriptures concernans l'estat et qualité
de luy et de ses ditz cousins jouxte et ainsi qu'il peult
apparoir par leur dite production, lesquelles pièces il
disoit appartenir la pluspart à iceulx ses cousins desquelles
ou coppie d'icelles il s'entend aider a l'advenir nous a ces
causes requerant le dit Postis que voulsissions recevoir
la collacion de la présente coppie sur les originaulx et
dont semblable coppie en pappier collacionné aux dits
originaux a esté retenue au greffe de la dite ellection pour

envoyer au Roy nostre dit seigneur suyvant ses lectres patentes dessus dabtées pour luy servir que accordé luy avons. En tesmoing desquelles choses nous esleuz avons signé et scellé de noz saingz manuelz ceste dicte coppie et nous le vicomte procureur pour le Roy et de Quincarnon greffier en la dicte eslection par semblable, signé la présente coppie instant et requerant le dit Postis les an et jour dessusdictz.

Signé : DE LIEURRAY, BOULLENC, DE QUINCARNON.
Le vicomte, avec paraphes.

Des 34 titres qui précèdent, titres des plus authentiques dont plusieurs recueillis déjà par l'abbé Lebeurier, il ressort :

1° Que les Postis habitaient Évreux en la paroisse Saint-Pierre dès le XIVe siècle ;

2° Qu'ils possédaient plusieurs fiefs nobles ;

3° Que leur noblesse est devenue incontestable précisément à cause des attaques dont elle a été l'objet à plusieurs reprises ;

4° Qu'ils ont su s'élever dans cette même ville d'Évreux à des postes et fonctions très importants et qu'ils ne croupissaient pas dans le désœuvrement.

En 1640-1641, on fit des recherches en Normandie, avec une exemption de toute indemnité pour les nobles de race, relative à la générale des francs-fiefs. On y comprit tous ceux qui possédaient des fiefs ou membres de fiefs (Houlbec était un demi-fief de Haubert) et l'on taxa ceux qui ne purent représenter quatre degrés de noblesse, accompagnés de services et de titres fondés sur des jugements donnés contradictoirement. La finance qu'on tira de cette recherche fut employée pour subvenir aux guerres d'Italie

et pour rembourser Jean-Baptiste Paléologue, italien,
munitionnaire des armées du Roi de là les Monts.

(Delarocque, chap. xxxii, *Traité de la noblesse.*)

Dans le nobiliaire de Normandie (bibliot. de Rouen)
exécuté par Chevillard fils, généalogiste, en conséquence
des recherches de la noblesse opérées par les commissaires de 1666-1669, nous trouvons les armoiries à trois
têtes de cerf sur fond d'azur attribuées à M^ro de Postis,
écuyer sieur du vieil [Evreux]. Ce dernier mot a été oublié
avec la mention que ce seigneur a été maintenu noble le
2 janvier 1669, ce qui s'applique évidemment à Mre Louis
de Postis.

Enfin M. de Saint-Alais, dans son nobiliaire universel
de France, tome VI, page 197, édition de 1815, est aussi
affirmatif, et désigne les mêmes armoiries de ce seigneur,
pour l'élection de Pont-Audemer, ce qui ne.peut s'appli-
quer qu'à Louis de Postis du Houlbec.

Dans le manuscrit de M. de la Galissonnière déposé à la
Bibliothèque de Rouen, on trouve les mêmes armes attribuées à la famille de Potier du Houlbec [avec descendance jusqu'à Louis (de Postis) inclusivement].

Il est de toute évidence que le copiste a mal lu le nom
Postis, puisque d'une part les armes, et de l'autre l'iden-
tité des prénoms de la famille de Postis pendant les six
premières générations et celle des alliances éloignent
toute possibilité de confusion, et que d'ailleurs jamais
aucun noble du nom de Potier n'a habité la paroisse du
Houlbec ni possédé la seigneurie de ce nom.

Aussi bien ce manuscrit indique Louis [de Postis] maintenu dans sa noblesse le 2 janvier 1669, ce qui concorde
exactement avec ce qui précède et ce qui suit, puisque
ce même manuscrit cite comme ascendants Simon [de
Postis] et Geuffroy et Mathieu et Jacques qui auraient

été dispensés de payer la taille en 1498 ce qui fut confirmé par arrêt de la cour des Aydes en 1527, et encore en 1557 contre les habitants d'Evreux.

Inutile d'insister, la noblesse des de Postis étant de première évidence.

Citons, pour mémoire seulement, les documents suivants que nous trouvons uniquement désignés dans les Archives du Houlbec, comme existant à la bibliothèque nationale à Paris, sans autre explication :

Belle charte relative à Richart Postis, vicomte de Beaumont-le-Roger.

Quittance de Richart Postis, vicomte de Beaumont-le-Roger.

Quittance de Jacques Postis, donnée à Caen.

Quittance de Mathieu Postis, esc.

Amendes et exploits de la juridiction ordinaire et extraordinaire de la vicomté d'Evreux ; taxés pour le terme de la Toussaint 1559. Nicole Postis, avocat au siège présidial, Madeleine, veuve de feu maître Mathieu Postis, sieur d'Argence.

Requête du sieur de Sauzay à Mathieu Postis esc, Sr du Viel Evreux, trésorier receveur des deniers et arrière ban du baillage d'Evreux.

Quittance de neuf livres tournois, donnée au sieur de Postis[1] vicomte de Grandmond, par Nicole Dumoulin, dess^t de l'église Notre-Dame de Grandmont.

Aveu rendu le 15 novembre 1580 à la seigneurie Hanchet par Adrien Postis, Sr de la Garanne, en son nom et à cause de Louise sa femme.

---

[1] Nous rappelons ici que le titre de vicomte dont il est parlé est simplement *une fonction* et non un titre honorifique. L'abbaye de Grandmont était située près de Beaumont-le-Roger, sur la paroisse actuelle du Noyer-en-Ouche.

Copie du jugement de maintenue rendue en Normandie à la demande de la famille du Houlbec.

Copie de l'enregistrement officiel des armoiries de la famille de Postis, à l'armorial du Roy.....

Si le lecteur a déjà pris connaissance des pièces que nous avons citées et qui sont aux archives de la famille de Postis du Houlbec, il a dû reconnaître que plusieurs pièces énumérées dans cette feuille ont été transcrites par nous, ainsi que beaucoup d'autres dont il n'est pas ici question et qui prouvent surabondamment ce que nous nous proposions d'établir.

Un cahier de vingt-quatre pages de papier marqué, en la date du 18 août 1843, nous apprend que le tribunal de Louviers, après avoir examiné les pièces produites par devant M. le Procureur du Roi, par Aimé Louis-Alphonse de Postis du Houlbec se plaignant que son nom et celui de ses enfants avait été dénaturé sur les registres de l'état-civil ; vu les dispositions des articles quatre-vingt-dix-neuf et suivants du code civil, vu les articles cinquante-cinq et suivants du code de procédure, le tribunal a déclaré que le nom *de Postis du Houlbec* devait être écrit en quatre mots et que rectification devait être portée en marge des registres de l'état civil, dans l'année courante. (Muriel avoué.)

Nous ne citons que la conclusion finale : « Mandons et ordonnons à tous huissiers sur ce requis de mettre le présent à exécution, à nos procureurs généraux, à nos procureurs près les tribunaux de première instance d'y tenir la main et à nos commandants et officiers de la force publique de prêter main forte lorsqu'ils en seront légalement requis.

En foi de quoy la présente a été scellée du sceau du tribunal et délivrée aux Sieurs et Demoiselle *de Pos-*

tis du Houlbec de la réquisition de maître Muriel
avoué ».

RECHERCHES ORTHOGRAPHIQUES SUR LE NOM

DE LA FAMILLE POSTIS

Je soussigné, après avoir pris connaissance des titres
qui m'ont été présentés par M^r et Mme *Postis du Houlbec*
pour rechercher l'ancienne et véritable orthographe du
nom de famille Postis, puis certifier.

1° Que le nom Postis a toujours été écrit tel de 1470 à
1540, comme il se voit dans un cahier de parchemin de
12 feuillets in-f° contenant une information faite vertu
d'une commission adressée aux Esleuz d'Evreux touchant
la qualité de Mathieu Postis où il est enseigné de sa descente et extraction de noblesse. On y lit les noms de
Mathieu Postis, Gieffroy, Gieuffroy et Geffroy Postis,
Jehan Postis, Richart Postis, Jacques, Richart et Jehan
ditz Postis, etc., etc.

2° Que les noms ci-dessus sont encore orthographiés de
même dans un autre titre en parchemin, portant la date
de 1498, sur le dos duquel est écrit : La coppie de la sentence donnée par les Esleuz d'Evreux au prouffit des
Postis, touchant leur noblesse « sur ce que, rapporte le
titre, Maistre Jehan Postis, prestre, Jacques, Richart et
Jehan ditz Postis frères, enffants et héritiers de deffunct
Gieffroy Postis avoient esté assis et imposez au Roole de
la Taille de la parroisse Saint-Pierre d'Evreux ».

3° Que le nom Postis a été précédé plus tard de la particule DE, et ainsi porté par les membres de la famille,
comme le prouve un traité de mariage de l'an 1662.

Dans ce titre se lisent les noms de Louis de Postis,
escuier, seigneur et patron de la paroisse de N.-D. du

10

Houlbec, fils aîné de Charles de Postis, escuier, Sr du Vieil Evreux.

Il ne faut pas lire Dépostis, mais bien *de Postis*, comme il est écrit en l'original.

Indépendamment des titres qui m'ont été fournis par M^r et Mme du Houlbec, il existe aux Archives de l'Eure une quittance en parchemin de 1456, par laquelle Robert de Floques, bailli d'Evreux, confessa avoir reçu de Richart Postis, vicomte de Beaumont-le-Roger, la somme de 25 livres tournois pour raison de ses gages de bailli. Ce qui précède suffit pour démontrer qu'originairement la famille de Postis s'appelait simplement Postis, et que plus tard, suivant l'esprit du temps, cette même famille ajouta à son nom la préposition DE, d'où elle s'est nommée de Postis et non Dépostis, comme on a pu l'écrire maladroitement dans q. q. actes, par suite d'une prononciation ou d'une ortographe vicieuse.

Evreux, le 20 juin 1842.

ALP. CHASSANT, J. de Biblioth

Signature légalisée par le Maire d'Evreux.

L'HOPITAL.

Le tout légalisé par la préfecture le 24 juin 1842.

(Pièce origin. Arch. de la famille de Postis).

CHAPITRE V

Nous ne pensons pas qu'il soit nécessaire de nous excuser de garder le silence sur les d'Harcourt, les de Rieux et les de Rohan de Guémenée dont l'histoire est connue de tous les esprits cultivés. Leurs races braves, guerrières et chevaleresques ont grandement honoré la seigneurie du Houlbec.

Après eux viennent : Jean Mazeline, Jacques du Val et les de Postis d'Evreux.

Jean Mazeline était lui aussi un guerrier brave comme son épée. Parlant peu, mais fort actif, il réalisait déjà la devise du général Hoche : « Res, non verba. » Tout d'une pièce comme les vieux chevaliers, toujours prêt à entrer en lice pour la veuve, l'orphelin, l'Eglise, la France, le Roi, il se glorifiait du titre du défenseur du duc de Guise. Homme à la figure un peu rébarbative, froid, à qui on ne se hasardait à faire une visite que dans la canicule. Tel fut Mazeline, seigneur et patron du Houlbec, et descendant, par les femmes, des d'Harcourt, de Rieux et de Rohan.

Jacques du Val, petit-fils du précédent, était digne lui aussi d'unir sa vie à celle de la petite-fille des de Roncherolles, et d'habiter le vieux castel du Houlbec illustré par les d'Harcourt et leurs successeurs.

De la part de ses ancêtres, un passé de plusieurs siècles dans les camps et sous les armes, avait jeté de profondes racines dans la famille du Val qui, elle aussi, ne rêvait que lutte et bataille et pour qui la carrière des armes était une tradition ancestrale.

Malheureusement, dans son manoir féodal qu'il aimait tant et qu'il appelait son paradis terrestre, Jacques du Val éprouvait un profond chagrin : il n'avait qu'un enfant, une fille ! Si encore sa bien-aimée Suzanne épousait un homme d'épée, le point noir qui le préoccupait si fort se fût dissipé. Mais voilà que sa chère enfant lui déclare un jour qu'elle n'épousera que Simon de Postis, grand veneur de la forêt d'Evreux.

Simon de Postis le beau cavalier, le grand chasseur, le merveilleux sonneur de trompe !

Jacques du Val faillit tomber foudroyé à cette nouvelle plus terrible qu'un coup de tonnerre. Quoi ! il verrait donc ses valeureux soldats remplacés pas une meute hurlante de chiens ! Au lieu de la détonation des armes, il n'entendrait plus que le son du cor ! A ses yeux c'était un déshonneur, une mésalliance, une déchéance. Il ne murmurait plus que ces trois mots, et, un moment, on crut qu'il ne survivrait pas à cette honte.

Sa colère se calma pourtant, et bientôt le pont-levis s'abaissa pour donner passage à Simon de Postis qui fut accueilli un peu froidement, il est vrai, mais néanmoins avec bienveillance. Suzanne était si puissante sur le cœur paternel !

Simon de Postis, bel homme, séduisant, charmeur, d'une grande aisance dans ses manières, d'une distinction parfaite, avait vite fait la conquête du cœur de Suzanne du

Val qu'il avait plus d'une fois rencontrée dans les grandes chasses de la forêt d'Evreux, lors de ses différents séjours chez son oncle.

Et Suzanne saturée du cliquetis des armes, soit à Evreux, soit au château paternel, préférait les grandes chasses à courre.

Aussi bien si la famille des de Postis ne rêvait pas que plaies et bosses, elle comptait dans ses rangs des hommes d'épée, de robe et d'étole. Elle appartenait à la meilleure et à la plus riche noblesse de l'Evrecin, et elle pouvait dire : toute la noblesse est alliée à de Postis.

Elevés à la vieille mode, c'est-à-dire formés de bonne heure au respect, à l'obéissance, au travail, les de Postis n'étaient pas des désœuvrés. Les uns avaient rempli le rôle de vicomte ou celui d'élu ; tous avaient fait de fortes études et appris à manier l'arme de l'éloquence pendant que leurs frères ou leurs cousins servaient sous la bannière du roi et de la France. C'était une race active et laborieuse, de peu de paroles mais de vaillantes promesses et capable à la première occasion de tous les héroïsmes.

Leur foyer n'était jamais désert ; de nombreux enfants venaient s'y asseoir et y puiser un égal amour pour la *foy* et pour la *Patrie*.

Telle était la famille de Postis qui en l'année 1569 entra en possession du manoir féodal du Houlbec. Malheureusement Simon de Postis mourut jeune, laissant deux enfants mineurs Marie et Jehan, aux soins de Suzanne sa veuve.

Suzanne, aussi connue à Evreux pour son intelligence d'élite et sa haute valeur morale que pour ses nombreux sacs d'écus, fut demandée en mariage par Louis (Loïs) de Grimouville, gouverneur de la ville, qui essayait sous des dehors fastueux, de dissimuler les nombreuses dettes qu'il avait contractées.

Si Suzanne eût eu soin de se renseigner, elle eût appris que son futur époux ne passait pas précisément pour un homme rangé, ni de mœurs sévères. Une vie de plaisirs à outrance avait dilapidé sa fortune et de fâcheuses anecdotes couraient sur son compte.

Ce mariage eut des conséquences épouvantables pour les de Postis et faillit causer leur ruine comme on le verra.

Après des luttes et des procès très onéreux qui nécessitèrent l'aliénation des vastes biens qu'ils possédaient à Evreux et aux environs, il ne resta aux de Postis du Houlbec que l'immense domaine de Suzanne du Val.

Le second mariage fut sans enfant.

Définitivement fixés au Houlbec, ils continuèrent les traditions de leur famille. Chrétiens eux-mêmes et dévoués à la patrie, ils eurent le bonheur trop peu apprécié de nos jours de choisir des compagnes dignes d'eux et de voir plusieurs de leurs enfants entrer dans la carrière des armes où ils se distinguèrent par leurs aptitudes, leur endurance et leur courage.

L'un d'eux, on le verra, deviendra général de brigade et sauvera l'armée de Mac-Mahon poursuivie par un ennemi victorieux. « Quand on veut de la gloire, disait-il, il faut s'en faire une sans aller paresseusement chercher celle d'un père qui vivait au déluge. » C'était sa devise.

D'autres ne crurent pas déroger en se consacrant à la vie rustique et en s'occupant d'agriculture dans leurs terres patrimoniales. Aussi bien dans cette famille l'agriculture a-t-elle toujours joui de quelque considération. Manier la charrue au lieu de l'épée est belle et forte noblesse aussi, et peut-être plus utile, au moins à certains points de vue.

D'autres enfin crurent s'honorer en entrant dans l'état

ecclésiastique et même en sollicitant l'honneur d'être curés de leur propre paroisse du Houlbec.

Faut-il s'étonner que d'un foyer chrétien où régnait le bon exemple de même que le respect pour l'enfance aient germé plusieurs vocations ecclésiastiques? Rien donc de moins surprenant que de voir des châtelains du Houlbec curés de leur paroisse natale : Pierre de Postis du Houlbec, chevalier, prêtre et curé du Houlbec, enrichit considérablement la cure et augmenta les ressources du trésor à l'aide de son propre patrimoine. Jacques de Postis du Houlbec, prêtre, chevalier, d'abord garde du corps du roi, déposera son épée sur l'autel élevé par ses ancêtres et ne songera plus qu'au salut des âmes. « Le bel abbé, le plus beau des abbés », comme dirait Mme de Sévigné, au lieu de songer que ses services et son titre de noblesse le plaçaient sur le chemin qui conduit tout droit à l'épiscopat, se contenta de la modeste paroisse où reposent ses aïeux.

Tous deux firent le bonheur de leurs paroissiens et travaillèrent à alléger leurs charges, comme don de joyeux avénement. Jamais on ne put leur reprocher d'être des abbés de cour, car uniquement préoccupés du bonheur temporel et éternel de leurs ouailles, ils remplirent scrupuleusement les devoirs de leur charge : Prière, bienfaisance, visite des malades, rapports avec leurs paroissiens, malgré leur aristocratique descendance.

En dehors du Houlbec, peu sans doute se doutaient du véritable nom de Jacques de Postis ou de sa vie triple de curé, d'ancien capitaine et de châtelain ; mais les paroissiens savaient apprécier ce dévouement, et ils en étaient fiers.

Rendons un dernier hommage bien mérité à cette noble famille, en apprenant au lecteur qu'elle a eu la patience

et la persévérance plusieurs fois séculaires de réunir et de
conserver ses archives familiales où nous trouvons, mis
en ordre, les actes de baptême toujours collationnés avec
l'original, ainsi que les contrats de mariage, et une multitude de documents la concernant.

Les archives de la famille de Postis du Houlbec ne
remontant pas au delà des d'Harcourt déjà seigneurs de la
susdite paroisse du Houlbec en 1288, nécessité nous est
de nous appuyer sur Charpillon et l'abbé Caresme qui,
eux, commencent en 1260 à citer comme seigneurs du
domaine du Houlbec Guérée de Guerbaville qui, en 1262,
aurait cédé à l'abbaye du Bec le droit alternatif avec le
seigneur du lieu de présenter à la cure du Houlbec[1]. Dès
1184, le pape Lucius III avait confirmé au Bec la possession de l'église de Notre-Dame du Houlbec.

Après Guérée de Guerbaville, Charpillon nous cite une
famille portant le nom de la paroisse, famille qui disparaît

---

[1] Le lecteur nous permettra de déclarer que le Dictionnaire de
l'Eure ne nous offre qu'une médiocre confiance et que nous avons
des raisons de nous en méfier, attendu qu'il fourmille d'inexacti-
tudes surtout pour les dates et les noms propres.

Ainsi pour ne citer que quelques exemples, concernant le Houlbec seulement, il confond le fief du *Bosc*, situé sur le Houlbec
Saint-Denis du Bosguerard-de-Marcouville et Saint-Ursin-de-la-Haye-
du-Theil, avec le *Bosc-Yves* ou fief Avienne (*Aviana*, fille du vicomte
de Brionne, donna ce fief au Bec. Voir *Monographie de Saint-
Georges-du-Theil*, p. 102, par l'Abbé Heullant) qui était tout entier
sur le territoire (partie sud-ouest) de Gros-Theil.

Page 390 t. II, il fait épouser Suzanne du Val par Mathieu Postis,
au lieu de Simon Postis.

Page 392 il est exact en lui donnant cette fois pour époux Simon
Postis.

Plus loin il déclare que Jehan Postis séduisit *Marie* de Grimouville, au lieu de *Suzanne* de Grimouville, et il lui fait épouser en
secondes noces Procope de Loubert le 19 juillet 1617, alors qu'elle
était déjà décédée.

Par conséquent autant nous sommes sûrs des documents puisés
aux archives de la famille de Postis du Houlbec, autant nous devons
faire des réserves concernant les données fournies par le Dictionnaire de Charpillon.

pour laisser le domaine à Richard et Thomas Ringer qui eux-mêmes ne font que passer pour faire place à la famille d'Harcourt.

Il nous paraît au moins invraisemblable qu'en 26 ans à peine, de 1262 à 1288, trois familles différentes aient possédé la seigneurie du Houlbec. Nous ne pouvons contester, et nous laissons à Charpillon la responsabilité de ses déclarations. Quant à nous, nous sommes en mesure d'affirmer qu'à partir de Jean Ier d'Harcourt, 1288, la liste des seigneurs que nous avons dressée est parfaitement exacte et basée sur pièces à l'appui et titres authentiques.

A Jean Ier d'Harcourt (Voir Histoire d'Harcourt), seigneur du Houlbec, succédèrent en la dite seigneurie du Houlbec, Jean II, Jean III, Jean IV, Jean V, Jean VI, Jean VII.

Jean VII, à son décès, 18 décembre 1452, laissa le Houlbec à sa fille, Jeanne d'Harcourt, épouse de Jean, comte de Rieux.

De ce mariage François de Rieux, 1424, qui laissa un fils Jean de Rieux et une fille Louise de Rieux.

Celle-ci épousa en 1464, Louis de Rohan, sire de Guéménée à qui elle apporta en dot le domaine du Houlbec. De ce mariage, une fille Louise de Rohan épouse de Jean Mazeline qui devient par le fait du mariage, seigneur du Houlbec.

En 1535, son fils Louis Mazeline, seigneur du Houlbec, était vicomte et garde des sceaux de la vicomté de Conches et de Breteuil.

En 1562, sans que nous trouvions la plus petite trace de contrat de vente du domaine, le seigneur du Houlbec est Jacques du Val[1], sieur de Bordigny à Breteuil, d'Hecto-

---

[1] Jacques du Val est très *probablement* le petit-fils de Jean Mazeline.

mare, du Genétey, et, marié à la petite fille du sire de Roncherolles, Mis de Pont-Saint-Pierre et d'Heugueville,

De ce mariage, une fille, Suzanne du Val, qui épouse, 1569, Simon de Postis, et qui apporte le Houlbec à la famille de Postis, seigneur du Vieil-Evreux.

AVEUX RENDUS AUX SEIGNEURS DU HOULBEC

(Pièces authent. Arch. de la famille de Postis du Houlbec.)

L'aveu étant un acte par lequel le vassal énumérait, d'une façon détaillée, les terres et droits qu'il tenait de son seigneur, nous nous croyons obligé d'en citer un certain ,nombre, comme preuves des droits des divers seigneurs du Houlbec.

I. *François de Rieux* (du 29 janv. 1454 au... 1466), 29 janvier 1454 « Adveu rendu au proffit de Très Haut et puissant seigneur Messire Franchoys conte d'Aumalle, sire de Rieux, de Rochefort, du Bourgtheroulde et du Houllebec, par Guyot le Myre, d'une ainesse aux Camps, contenant trois vergées vingt-cinq perches ou enviro n dont il est tenant du chef de cette ainesse divisée en plusieurs pièces.

La première, au dit ainé, contenant vingt-cinq perches qui est la pièce sujette à faire l'assemblement. B D C, la fille Jean Duval; DC, Colin du Marest (du Marais), DB, le chemin tendant des Hayes au moustier du Houlebec »

En 1466 autre adveu rendu au même.

Dans un trosième adveu, il est qualifié : « conte d'Aumalle, d'Evreux, d'Ancenis, du Bourgtheroulde et du Houllebec. »

(Archives de la famille du Houlbec sur parchemin.)

II. *Jehan de Rieux* (du 30 avril 1466).

« 30 avril 1466 — De Noble et puissant seigneur Jehan de Rieux, seigneur de Rochefort, d'Harcourt, conte d'Aulmalle et du Houllebec, je Richard des Marets tiens et advoue à tenir de mon d. sgr. au d. lieu du Houllebec p. foy et par homaige nuement et sans moyen une pièce de terre conten. cinquante perches ou environ bornée d'un costé enfans du moulin R..... d'autre costé led. Richart, d'un bout le chemin de Bourgtheroulde et d'autre bout Guille Lecat. Duquel tennement nuement suis tenu fo. et paier chacun an à mon d. sgr. en son fief du Houllebec au terme saint Michel deux deniers tournois avecques rentes reliefz XIII aides et faisances coutumières qud ilz esch. Ainsi baillé et advoué p. led. R.t des Marest esples et gages pleiges au d. lieu du Houllebec tenus par moy Jehan Delespine sousseneschal du d. fief le dernier jour d'avril l'an de grâce mil IIII soixante six. Lequel adveu après lecture sauf à blasmer.

« DELESPINE, avec paraphe ».

(Arch. de la famille du Houlbec, titres sur parchemin.

III. *De Rohan de Guéménée* (du 24 juin 1475 au 9 juin 1488, 24 et 25 juin 1475. — Plusieurs aveux lui sont rendus à cause de sa femme Louise de Rieux).

26 juillet 1475. « Adveu rendu au proffit de haut et puissant seigneur Louis de Rohan, sire de Guéménée, de la Roche Moysan, de la Gacilly, de Condé sur Noireau, seigneur de Bourgtheroulde et du fief terre et seigneurie du Houlbec, par Robin Costé, d'une ainesse contenant en sa totalité sept acres en plusieurs pièces. La première au dit ainé contenant une acre et demye en masure qui est la pièce sujette à faire l'assemblement. B.D.C. et D.D.B, la rue du Moustier. »

9 juin 1488, autre aveu rendu au même.

(Arch. de la famille du Houlbec, parchemin.)

IV. *Jehan Mazeline* (du 12 mai 1496 au 12 février 1529).

Un grand nombre d'aveux sont rendus à ce seigneur depuis 1496 jusqu'en 1529.

Nous citerons le suivant, du 24 juillet 1497 :

« De noble homme Jehan Mazeline escuyer seigneur du Houlbec. Je Clément Doenel tieng et advoue a tenir de mond .Sgr. par foy et hommaige nuement et sans moyen une pièce de terre un jardin et labourable cnt une demye acre et demye vergée jouxte d'un costé percnot le Boesselier d'autre costé et des deux bouts le chemin du..... De laquelle pièce de terre je suis tenu faire et payer de rente chun an à mond. Sgr. au terme chandeleur solz tournois et quatre boesseaulx d'avoine mesure du Bourtheroulde avecques reliefz XIII[l], aides coutumières et service de prévosté à mon tour le cas offrant.

«Baillé et advoué p. led. Doenel esples d. lad. seigneurie tenu par moy. Guillaume Dubost Regnoult séneschal dicelle seigneurie le lundy vingt quatre[me] jour de juillet mil....... dix sept qui fut receu sauf à blasmer.

« REGNOULT, avec paraphe. »

(Original sur parchemin. Arch. de la famille de Postis du Houlbec.)

V. *Louis Mazeline* (de 1540 au 18 mars 1546).

Le 9 avril 1546, il est rendu aveu à Louis Mazeline par Allain Mazeline écuyer S[r] d'Hectomare [1].

---

[1] Nous prions de constater d'une part que Allain Mazeline, sieur d'Hectomare rend aveu à Louis Mazeline du Houlbec, et d'autre part que Jacques du Val et Suzanne sa fille s'intituleront toujours seigneurs d'Hectomare. Or comme les Mazeline étaient alliés aux d'Harcourt, nous nous croyons en droit de conclure que les du Val

2 avril 1545 : « Adveu rendu au proflit de noble homme Louis Mazeline, vicomte de Conches et de Bretheuil seigneur du Houlbec écuyer des écuries de Monseigneur le duc de Guise, homme d'armes de sa bande, par Perrine, veuve de deffunct Pierre Marabot pour elle et ses enfants, d'une pièce de terre en maison masure jardin tant plantée que terre labourable contenant cinq vergées quatre perches bornées D.C. mond. S^r au lieu de deffunt Messire Michel Thalloys, prestre, D.C. La rue tendant de l'église du Houlbec aux marest. D.B. Estienne Costé et D.B le chemin du Roy. » (Sur d'autres aveux antérieurs ce chemin s'appelle rue Royale.)

De 1551 à 1580, nous trouvons dans les archives de la famille de Postis du Houlbec plusieurs aveux fournis à la *comtesse de Dunois* par Jean des Essarts.

Nos moyens d'investigation ne nous permettant pas de nous expliquer la présence pas plus que la raison de ces aveux, nous nous demandons si la comtesse de Dunois ne serait pas la parente de Jaques Du Val, Sr du Houlbec.

Les voici :

Juillet 1551. « Adveu rendu au proffit de Très Haute et puissante dame Madame la comtesse de Dunois par Jean des Essarts, escuyer, seigneur du Bourgdeny, d'une pièce de terre contenant douze acres ou environ. D.C. les hoirs Messire M..... et D.B. Mad. Dame et est la dite pièce assise au triège des camps souverains (ou Somnerans) acquisition de noble homme Jean de Villée (ou de Vilaire). »

(Les camps souverains (ou somnerans) doivent faire partie du fief d'Argences, aux Marais de Saint-Georges du Theil, ou à Évreux près Saint-Léger.)

étaient alliés aux Mazeline et conséquemment aux de Rohan, de Rieux et d'Harcourt. Aussi bien constatons-nous que les du Val s'intitulent seigneurs de Bordigny, à Breteuil, comme les Mazeline.

Le 28 juillet 1580, adveu rendu au profit de la dite dame tutrice de ses enfants par Jean des Essarts, escuyer, sieur de Bourdeny (Titre authent. Arch. des d. Postis) (¹).

VI. *Jacques Du Val* (du 25 mars 1557 au 27 juin 1569.)

Note explicative : Jacques du Val, Sr du Houlbec était fils de Jean du Val Sr de Bourdigny (*alias* Bordigny) et de Saint-Aubin, et de Damoiselle Jehanne Mazeline.

Le 10 août 1551, il avait épousé Damoiselle Françoise de la Haye Chantelou, fille de Louis de la Haye Chantelou et de Damoiselle Suzanne de Roncherolles, fille de Haut et puissant seigneur Louis de Roncherolles, chevallier seigneur et baron de Heuqueville et de Pont-Saint-Pierre (Archives des de Postis)

De très nombreux aveux ont été rendus à Jacques du Val, spécialement le suivant :

« De noble hôme Jacques du Val, seigneur de Houllebec, Bordigny, Hectomare, Le Génétay, vav^e et fief à la Picarde et du fief au bailly, Jehan Assyre fils de Guillaume Assyre hab. à Sainct Nicollas du Bosc et sa mère fille de Pierres Marabot tient et advoue à tenir de mond. Sg^r en son noble fief terre et sgrye de Houlbec neupment et sans moyen p. foy. et p. hommage et resséantize, une pièce de terre en masre maison et jardin... et terre labourable conteñt. cinq vergées quatre perc. jouxte d'un costé Guillaume Foret au lieu de Messire Michel Thalloys ptre et autres.

D'un costé la rue tendant de l'église du Houlbec aulx marest. D'un bout le chemin à Stey (Saint-Eloy) et le chemin du Roy. De laquelle pièce de terre je suys tenu et sommes tenuz faire et paier à mond. Sg^r. de rente sg.^alle p. chun an aulx termes de Saint-Michel et Pasques moytié

____

¹ Peut-être s'agit-il probablement de terres situées près de Pacy

vingtz solz huict deniers toûrñ. au terme de Noël une que-
linne ung denier tourñ.

Item je doy service de prévosté à mon tems et l'année que
le dit service se fera je suys subject chùn jour de samedy
au marché du Bourgtheroulde mesmes à la foyre du d
lieu aller quérir la pourveance de mond. Sgr. et icelle
apporter en son manoir et hostel à heure deue et toute
fois qu'il y aura pasnage en la forest de la Londe je doy à
mond. Sgr. deulx deniers et de pasnage pour chùn porc au
tems que mond. Sgr. le fera crier en la dte forestz nous
sommes franctz coustumiers soubz mond. Sgr. Aussy s'il y
a bestes a traict gisantes sur la d. pièce de terre en plus
est deue a mond. Sgr. p. chūn an au moys de septembre et
saison de blez une journée de harnoys d'autant ql. aurait
de bestes a traict et ung homme a les conduire. Item je
doy regard de mariage le cas offrant. Aussy sommes francz
coustumiers aulx marchés et foyres du Bourgtheroulde.
Aussy comme les aultres hommes de la dicte Srye avec
reliefs xiiie aydes coustumiers faisances et redevances et
tous aultres droitz et devoirs Sgraulx le cas offrant.

Baillé et advoué par le dict Assyre, au gage pleige de la
dicte Sgrye tenu par moy Guille le Nepveu mil Vte et XIX
qui fut resceu de mond. Sgr. saouf a blasmer.

(Original sur parchemin. Arch. de la famille de Postis du Houlbec.)

VII. *Louis de Grimouville*[1], *Suzanne du Val.*

Le premier aveu rendu à Louis de Grimouville comme
seigneur du Houlbec, est daté du 14 juin 1580.

[1] Louis de Grimouville était le second mari de Suzanne du Val.
mariée en premières noces à Simon de Postis d'Evreux, fille et
unique héritière de Jacques du Val, seigneur de Houlbec.

De son premier mariage Suzanne eut deux enfants, Jean de Postis
et Marie de Postis mariée à d'Ouinville. La seconde union fut sans
postérité.

Quant à Suzanne du Val, nous possédons de très nombreux aveux qui lui sont rendus du 11 juillet 1600 à 1632.

Le premier aveu lui est rendu comme Dame du Houllebec et veuve de Louis de Grimouville, le 11 juillet 1600.

« Le 2 juillet 1612, adveu rendu au proffit de haute et
puissante Dame Suzanne du Val, dame du Houllebec,
veuve du dit seigneur Louis de Grimouville par Pierre Mulot bourgeois de Rouen, tant en son nom qu'en qualité de
tuteur de Jean Mulot son frère sous âgé et héritier de
deffunct Nicolas Mulot au lieu et comme représentant
Jean Yvelin, Robert Tinel et Marie Lejeune veuve de
de deffunct François Tinel demeurant en la paroisse du
Houllebec d'une pièce de terre tant en masure que labour
assise en ladite paroisse du Houllebec au hamel de l'église
plantée et édifiée telle qu'elle est contenant 5 vergées
B.D.C. Guillaume Forest, fils de Guillaume, D. C. la sente
tendante de l'église à la rue Bétune, d'un bout Louis Costé
bourgeois de Rouen au lieu de François Quenet, et D. B.
la rue et froc de devant l'église du Houllebec. »

(Arch. de la famille de Postis.)

Le 11 aoust 1616. Déclaration de tous les vassaux res-
séants de la Seigneurie du Houllebec par dame Le Chat
de Chambré et la Brusière, à Monseigneur le président de
Bourgtheroulde.

Premièrement qui demeurent au hameau de l'église du
dit lieu du Houllebec, sçavoir :

Thomas Vasse, fermier de la dite dame Allain Girard,
la veuve Jean Assire et ses enfants, Jacques Lecat, Guillaume Lecat, son frère, Nicolas Halot et sa mère. La
veuve Guillaume Forest et ses enfants, Robert Tinel,
Denis Danoys Masson. Jean Costé et Joufrey Costé, clerc
de l'église. Jean Marin et Estienne dits Denis. Guillaume

le Boisselier, François des Hayes, Jacques Dehors. Vallentin Nabot et la veuve de Jeuffrey Costé et ses enfants.

Au hameau des Marets du Houllebec. Louis Lebourg, Jacques Lebourg son neveu. Claude Boisselier, Guillaume Geufroy Cardot et Marin, dits du Hamel, Pierre et Geufroy dits du Hamel, maréchaux. Michel Gorant. Nicolas Hébert Jacques Lejeune. Noël Assire, Jean Vasse, le jeune, Marguerin Assire. Jacob, Michel et Jacques dits Marest, frères. Julien et Barbe Martin sa mère, Jean Barbet, la veuve de Louis Le Périer et ses enfans, Jean Assire ;

Au hameau de Genétey du Houllebec. Roger Allix, comme fermier de Messire des Essarts, écuyer, Jean Vitcoq, Michel Guillaume et Jean dits Genétey, Clément Girard, la veuve Valérien de la Babte et ses enfants, la veuve Martin Chastel et ses enfants, Richard Genétay, Jean Hays ;

Au hameau de Laignerie du Houlbec. Jean et Georges dit Vasse, père et fils. Louis Leclerc, Richard Duval, Hector Guestard et la Boisselière sa mère, Roulline veuve de Bellhache et ses enfans ;

Au hamel des Hayes et des Noz de Houllebec. Richard Leclaire, Guillaume et Estienne Leclerc, Guillaume Jullien, Pierre Métais, Pierre Harrivel, Anthoine Le Mettais. Denis et Nicolas Guenet, frères, Nicolas Touttain, Allaine Le Mirre, Anthoine du Ruel ;

Au hameau de la Fontaine et des Brières qui est une vavassorie noble au dit Houllebec.

Les représentants le sieur des Brières, Thomas, Adrien, Louis, David et Georges dit Regnard, Richard Touttain, Thomas Le Sage, Pierre Deperrois, la veuve Michel Martin et ses enfans, la veuve Jean Deperrois et ses enfans, Guillaume Quevin, et Marguerin Goran, Pierre Gaudouet, tant en son nom que comme fermier du sieur de Saint Léo-

nard et du Bosguérard, Michel de Bellemare, ecuyer, sieur
de la Chevrollière, à cause de son fief du Ranger, le fermier de Robert le..... écuyer sieur de Barabos, Hector et
Jean dits du Bosc, Jean Leroux.

(Extrait de l'inventaire des aveux rendus depuis 1454 à la seigneurie
du Houlbec. Arch. de la famille de Postis du Houlbec.)

Les quelques aveux que nous avons cités prouvent suffisamment l'importance de la seigneurie du Houlbec avant
l'arrivée des de Postis du Vieil-Evreux, par le mariage
de Simon de Postis avec Suzanne du Val, fille et unique
héritière de Jacques du Val et descendante des Mazeline, des
de Rohan de Guéménée, des de Rieux et, par les femmes,
des d'Harcourt.

« De noble, haute et puissante dame Suzanne Duval,
dame de..... Bourdigny, Hectomare, Genestey, veuve de
Haut et puissant seigneur Messire Louis de Grimouville.....
chevalier des deux ordres du Roy, nostre Sire, conseiller
en ses conseillers d'État..... capitaine de cent hommes
d'armes de ses ordonnances, gouverneur pour Sa Majesté
de la ville et château d'Évreux ;

J'ay, Valérian de la Batte, demeurant en la paroisse du
Houlbec, tients et avoüe tenir de ma ditte Dame, en sa
noble terre de seigneurie du Houlbec par foy et homage
resséantise, nuement et sans moyen. C'est à sçavoir une
pièce de terre en masure, logée d'une maison a usage de
demeure avec les plantes et murs dessus, estant assise en
la paroisse du Houlbec au hamel du Genestey contenant
1 vergée 14 perches de terre bornée d'un côté et d'un
bout par moy, dit Valérien de la Batte, à cause de..... héritiers..... de défunct Richard Vitcoq. D'un côté et d'un autre
bout Guillaume Baillache, etc., etc.

Signé : DE LA BATTE, VITCOQ DESPREZ, chaqu'un un paraphe.

Nota. On entend par noblesse de seigneurie ou de fief, celle qui était particulière en Normandie, appelée des francs-fiefs et qui s'établit sous le règne de Louis XI, par charte donnée aux Montils-les-Tours, le 5 novembre, l'an 1470 qui alors commençait à Pâques. »

(DELAROCQUE, chap. XXXII, *Traité de la noblesse*.)

Il n'y avait que les seuls nobles d'extraction ou annoblis par le Roy qui en estoient exempts, parce que c'était un droit domanial et non d'imposition.

(*Basnage sur la coutume de Normandie*, t. I, art. 156, Francs fiefs.)

Dans un aveu du 4 may 1673, indiqué par dom Duplessis (*Haute Normandie*, t. II, p. 597) rendu par le marquis de la Londe, il est dit : « Le fief de Houllebec, assis en la paroisse du dit lieu qui fut aux sieurs comtes d'Harcourt et depuis à Dame Suzanne du Val, veuve du sieur Louis de Larchant qui se relève par demy fief duquel est présentement possesseur de Postis, lequel est patron du bénéfice et cure de la dite paroisse. »

TERRE ET SEIGNEURIE DU HOULBEC. AVEUX RENDUS
A LA FAMILLE DE POSTIS DU HOULBEC

Avant d'être possédée par les de Postis du Vieil-Evreux, la seigneurie du Houlbec appartenait aux comtes d'Harcourt et à leurs descendants, puisque des aveux sont rendus :

1° Le 12 février 1454, à noble et puissant seigneur « *Franchoys* comte d'Aulmalle, sieur de Rieux, de Rochefort, d'Harcourt, du Bourgtheroulde et du Houllebec. » (Archiv. de la famille Postis.)

2° En 1466, à noble et puissant seigneur Jehan sieur de

Rieux, de Rochefort, d'Harcourt, comte d'Aulmalle et seigneur de Houllebec ;

3° En 1490, et en 1512, à Jehan Mazeline, escuyer, seigneur du Houllebec ;

4° En 1490 et en décembre 1545, à noble homme Loys Mazeline, seigneur du Houllebec, vicomte de Conches et de Breteuil ; (Arch. de la famille de Postis.)

5° En 1566, 1567, 1568, à noble homme Jacques du Val, seigneur du Houllebec, Bordigny, Hectomare, le Génetay, aisnesses du fief à la Picarde et le fief au Bailly. (*Ibidem.*)

Noble homme Jacques du Val, seigneur du Houllebec, avait épousé noble damoiselle Françoise de la Haye Chantelou, petite fille de « Hault et puissant seigneur Messire de Roncherolles, marquis d'Heuqueville et de Pont Saint-Pierre ».

De ce mariage, une fille unique, Suzanne du Val qui épousa, en premières noces, Simon de Postis, escuyer seigneur de *vieulx* Evreux, et, en deuxièmes noces, Messire Loys de Grimouville, seigneur de Larchant et de Chambray, chevallier de l'ordre du Roy, gentilhomme ordinaire de sa chambre, capitaine de cinquante hommes d'armes et ordonnance de Sa Majesté. (*Ibidem*[1].)

Le premier mariage de Suzanne du Val lui donna deux enfants, Jehan de Postis et Marie de Postis. (*Ibidem.*)

C'est en 1578 (30 octobre 1578, date du contrat de mariage) que Suzanne du Val épousa Loys de Grimouville, puisque à cette époque des aveux sont rendus à Loys de Grimouville, à cause de haulte et puissante dame Suzanne du Val, son espouze, fille et seule héritière de Jacques du Val.

---

[1] Charpillon a tort d'attribuer trois enfants à Suzanne du Val. Elle n'eut que Jean et Marie de Postis.

Loys de Grimouville dut mourir vers 1598, car à partir de cette date jusqu'en 1632, les aveux sont rendus à Suzanne du Val qui d'ailleurs renonce à la succession du sieur de Larchant le 27 janvier 1598.

Charles de Postis, fils de Jehan de Postis, fils lui-même de Simon de Postis et de Suzanne du Val, devint à la mort de sa grand-mère, Suzanne du Val, arrivée en 1632, définitivement possesseur du fief du Houlbec. (*Ibidem.*)

Dans un aveu du 4 mai 1673, indiqué par Dom Duplessis, dans sa description de la Haute Normandie (T. II, p. 597), comme ayant été rendu au Roy, en la chambre des comptes de Rouen, par Messire le marquis de la Londe, pour son marquisat du dit lieu, (élect. de Pont-Audemer vol. 31 d'aveux), on trouve dans le registre cette désignation concernant Houllebec : « *Le fief du Houllebec assis en la paroisse du dit lieu qui fut aux sieurs comtes d'Harcourt et depuis à Suzanne du Val, veuve du sieur Larchant du Vieil Evreux* (c'est une erreur. Le premier mari Simon de Postis était seigneur du Vieil-Evreux, et le second Loys de Grimouville, était seigneur de Larchant et de Chambray), *qui se relève par demy fief duquel est présentement possesseur de Postis, lequel est patron du bénéfice et cure de la dite paroisse.* »

Le Houlbec était un demi-fief de Hautbert[1], à cours et usage, consistant en basse justice, reliefs treizièmes, rentes en deniers, grains, œufs, oyseaux, hommes, hommage, amendes et forfaictures, regards de mariage et aydes coustumiers sur les hommes quant ils échéent. Les dits fief et seigneurie du Houllebec relevaient du marquizat de la Londe ; et la sergenterie noble du dit maquizat, branche de Boissey-le-Chastel, était à Boissey-le-Chastel.

---

[1] Un acte authentique, cité plus loin déclare que le domaine du Houlbec est un *plein fief de Haubert* (p. 185).

Les archives de la famille de Postis du Houlbec possèdent à la date du 25 aoust 1575, les lettres de garde noble
accordées à dame Suzanne du Val, aux enffans d'icelle et
de deffunct Simon de Postis, de son vivant sieur du Vieulx
Evreux.

Le contrat de Suzanne du Val avec Loys de Grimouville
sieur de l'Archant, porte la date du 30 octobre 1578.

Le domaine du Houlbec était beaucoup plus étendu lors
du mariage de Suzanne du Val avec Simon de Postis. Il
fut notablement diminué par Loys de Grimouville, second
mari de Suzanne. Nous voyons en effet une vente de cinquante acres de la terre du Houlbec par Suzanne du Val,
veuve de Loys de Grimouville, par acte passé devant les
notaires de Rouen, le dernier janvier 1602. (*Ibidem.*)

Loys de Grimouville ayant contracté de nombreuses
dettes, sa veuve renonça à sa succession le 27 janvier 1598
à Evreux, en jugement devant les assises présidées par
David le Hérichon, écuyer, conseiller du Roi, lieutenant au
bailliage et siège présidial du dit lieu.

(Archives des de Postis du Houlbec, liasse concernant la
renonciation de Suzanne du Val, tant mobile que héré-
dital du dit feu de Larchant son mary.)

Nous allons maintenant transcrire ou citer seulement
de nombreux aveux fournis aux de Postis du Vieil-Evreux
héritiers de Suzanne du Val leur mère, grand'mère et
aïeule.

27 juin 1632. « Adveu rendu le 27 juin 1632, par Jehan
de Quintanadoine aux nobles enffans mineurs vivans de
Charles de Postis, escuyer, sieur du Vieil Evreux et de
noble damoyselle Loyse de Courselles, son espouze, héritiers de feu noble Dame Suzanne du Val de son vivant Dame
du Houllebec, Bordigny, Hectomare, le Genétey, le fief à la
Picarde, le fief au Bailly, et aultres terres et seigneuries,

la dite Dame de son vivant, veufve en secondes noces de
feu hault et puissant seigneur Messire Louis de Grimouville, de son vivant sieur de Larchant et de Chambray, chevalier des deux ordres du roy, notre sire, conseiller en ses
conseils d'État et privé, cappitaine de cinquante hommes
d'armes et de ses ordonnances, gouverneur pour sa Majesté en la ville et chasteau d'Evreux.

Yceultz enffans nobles, seigneurs et propriétaires des
fiefz, terres et seigneuries de Houllebec, du fief du Bosc,
du fief au Bailly, et des nobles aisnesses et vavassories à
la Picarde, la Rible et Fourques, assises en la paroisse de
Saint Elloy sur Fourques.

Moy Jehan de Quintanadoinnes, escuyer, sieur de Brétigny tant pour moy que pour François de Quintanadoinnes,
escuyer, mon frère, à présent mineur, et les enfans héritiers de feu Allonce de Quintanadoinnes, de son vivant
sieur de Brétigny et de Saint Denis du Bosguérard, tiens
et advoue à tenir par foy et hommaige nuement et sans
moyen, de mes ditz seigneurs en leur noble fief, terre et
seigneurie du Houllebec, c'est assçavoir : une pièce de
terre en teunement en plusieurs pièces, à présent réduite
en une frische et pasturaige, assize en la paroisse de Saint
Denys du Bosguérard, au triège appelé vulgairement *les
grands frisches*, faisant moytyé d'un nuement qui fut aux
hoirs et représentants de Bapliste et Jacques dictz Maze-
linne, à Philippe le Métayer et à deffunct Denys et Nicollas
dictz Guenier, et depuis à Pierre Baudouin par acquisition
et adjudication par luy faicte au droit des héritaiges du dict
Pierre Baudouin, passé aux assizes de Pont-Autou, par
devant Monsieur le bailly de Rouen et Messire son lieutenant en la dicte vicomté en datte du huitièsme jour mars
mil siz centz vingt neuf ; contenant ycelle moytié trois
acres et demye, qui se borne d'un costé le chemin tendant

du hamel des hayes au Bourgtheroulde, d'aultre costé nobles enffans seigneur du dict lieu, et bien des dictz Denys et Nicollas dictz Guenier frères; d'un boult Maître Jean Du Chesne, escuyer, bailly d'Elbeuf, sieur des Chastellierz, par acquisition faicte par feu son père François du Chesne, sieur de Beauchamp de plusieurs personnes, et d'aultres boult le chemin du Ruel tendant du hamel des Notz à Boissey-le-Chastel. Laquelle pièce de terre cy-dessus bornée et desclarée nous appartient à cause de succession du dict deffunct sieur de Brétigny, notre père, qui l'avait de son vivant, en bien et acquize en justice au déceds des héritages qui furent et appartinrent au dict deffunct Pierre Baudouin furent faites et passés par devant Monsieur le Bailly de Rouen et Monsieur son lieutenant.

A cause de laquelle pièce de terre faisant moytié du dit nuement je suis tenu et subject tant pour moy que pour François de Quintanadoinne, escuyer, mon frère, la charge de luy faire ratisfier, signer et agréer sy besoin est et par la présente, je me submetz et oblige envers mes dicts seigneurs du Houllebec de faire rendre et payer par chacun an, en la dicte seigneurie du Houllebec, au prix et par portion pied à pied, piesce à piesce de vingt-quatre boisseaux d'avoine, mesure du Bourgtheroulde qui feront douze boisseaux d'avoine pour la moytyé du dict nuement deubz au jour Saint Michel, et au terme Nouel ung chappon un demi moytyé de deux chappons, et au terme de Pasques, dix œufz ung demy moytyé de vingt œufz deux denyers de rentes seigneuriales, sauf et sans préjudice de l'indivis aux reliefz treizièmes, aydes contumiers, et deulz droictz et debvoirs sicuriaux quand ils échéent. »

Adveu rendu le 11 juillet 1636 aux nobles enffans mineurs de Charles de Postis, par François du Chesne escuyer, sieur de Beauchamp et Jehan du Chesne, escuyer,

sieur des Chastelliers, bailly vicomtal du duché d'Elbœuf,
à cause :

1° D'une pièce de terre en nature de Prey vulgairement
nommée le prey des Nôs, assise en la dicte paroisse du
Houllebec au hamel des Nôs contenant deulx acres.

2° Une pièce de terre en labour assise en la paroisse de
Saint Denys du Bosguérard, au triage de la butte des Notz,
contenant trois acres et une vergée, acquise de feue noble
Dame Suzanne du Val, de son vivant Dame du dict lieu de
Houllebec (contrat passé par-devant Abraham Théroulde
et Pierre Lambert tabellions royaulx à Rouen, le jeudy
avant midy quinziesme jour de octobre mil six cent neuf). —
Mesmes obligations pour François et Jehan du Chesne que
celles contenues dans l'aveu précédent.

Adveu rendu en 1642 le 4 février par Franchoys de
Thieuville, escuyer, tuteur principal des nobles enffans
mineurs de Charles de Postis, escuyer, du Vieil Evreux et
de noble dame Loyse de Courselles au marquizat de la
Londe, par foy, hommaige, nuement et sans moyen,
comme il est porté à l'adveu, prend ung dans yceluy tant
le domaine non fieffé, y est borné et désigné, ainsi que
toutes les rentes qui sont deues au dict fief de Houllebec.

Et sy appartient aux dictz enffans mineurs à cause de la
dicte terre et seigneurie du Houllebec, avec un moulin à
vent et en oultre ont le droict privilèges et droictures en la
forest de la Londe, et des siz forestz prochaines, tant pour
eulx que pour les hommes demeurant sur la dicte seigneurie, de prendre boys pour leurs couvertures et maisons,
envoyer bestes sans nombre en icelles forestz et les dictz
hommes. leurs uzages comme coustumiers en ensuivant
les chartes et enseignementz qui peuvent être dans ce
mondt, seigneur le marquis, et ont les dictz mineurs droict
de prendre sur leurs hommes deulx deniers de pannage et

sont francz de coustume aux foires de Saint Laurent du Bourgtheroulde et sujets les prévosts d'icelle sieurie faire la garde à la dicte foire. »

Adveu rendu le 5 juin 1643 par Jullien Allix, aux nobles enfants mineurs de Charles de Postis.

De nobles enffans mineurs d'ans de Charles de Postis escuyer, seigneur du vieulx Evreux et de Damoyselle Loyse de Courselles sa femme et espouze, seigneurs et patrons des fiefz, terre et seigneurie du Houllebec, héritiers de deffuncte noble et puissante Suzanne du Val veufve de feu hault et puissant seigneur Messire Louis de Grimouville, etc., etc.

J'ay Jullien Allix fils de Roger, demeurant en la paroisse de Saint-Georges-du-Theil, au hamel des maretz, etc., etc., tiens et advoue à tenir par foy et hommaige de mes dictz seigneurs, tant pour moy, au nom de ma dicte femme qu'au nom de mes puisnez en les dictz nobles fiefz, terre et seigneurie du Houllebec et du fief du Bosc, sis en la paroisse Sainct Denys du Bosguérard, une aynesse aux champs contenant dix-huit acres de terre et relève par vingt acres dont le chef subject à faire l'assemblement de la dicte aisnesse 1° contient sept vergeez dix perches de terre en labour, assis en la dicte paroisse de Saint Denys du Bosguérard, au triège de la butte du moullin des Brières et de la Huttière dont au droict de ma femme j'en tiens du dict chef une pièce de terre en labour au triège de la Huttière seulle subjecte à faire l'assemblement d'icelle aynesse en décharge des aultres coloiantz du dict chef, sauf l'indivis de mes dictz seigneurs, et sans que cela puisse les préjudicier, suivant la coustume, contenant demye acres dix perches de terre bornée d'un costé Louis Costé, filz Louis bourgeois de Rouen, par eschange de Estienne Maretz, d'aultre costé Jean de Saint-Amand à cause de sa femme

fille de Geoffre Assire, fils ainé ; d'un boult maître Martin,
vant bourgeois de Rouen par acquisition de maistre Pierre
Collombel, assesseur au bailliage et siège présidial de
Rouen, représentant le droict par acquisition du seigneur
de la Mésangère, au droict des acquisitions faictes par le
feu sieur de la Mésangère des héritiers de feu Louis d'Ha-
lande de son vivant escuyer et seigneur des Brières, et
d'aultre boult la sente tendant du Houllebec aux Brières.

Dans la liasse des aveux (Archives de la famille de Postis
du Houlbec) art. 14, nous lisons ce qui suit :

« Les Thesaurierz de l'esglize du Houllebec, par donation
faicte par feue la dicte Dame de Larchant à la dicte esglize
par acquisition de Jean Desprez, au lieu de Jean Assire,
filz Georges et Hermier souz charges contenuez en la dicte
donation, une pièce de terre en labour assize en la dicte
paroisse au dict triège de la huttière contenant trois vergez bornées d'un costé Jean de Saint Amand au droict de
sa femme, fille de Geoffre Assire, filz Louis, d'aultre costé
Messire Martin vaut bourgeois de Rouen, sieur de la Houssaye, au lieu de Robert Lebourg, filz Jacques, d'un boult
la sente tendant du Houlbec aux Brières et d'aultre boult
le dict sieur de la Houssaye du lieu dict, représentant le
dict de La Londe, escuyer, à cause de la dicte sieurie des
Brières, etc., etc.

A cause de laquelle aisnesse, moy dict Jullien Allix au
nom de ma femme suys tenu et subject de faire rendre
et payer les rentes seigneurialles par chacun an à mes
dicts seigneurs et au lieu de la dicte seigneurie du Houllebec, tant pour moy que pour mes dictz puisnez, au terme
Sainct Michel quatorze soulz, au jour et terme du Nouel,
quatre boysseaux d'orge mesure du Bourgtheroulde, au
dict terme deux chappons, quatre denyers, à Pasques,
vingtz œufz, deux denyerz, le tout de rentes seigneurialles.

Item je doys moy et mes dictz puisnez, servisse de prévosté à nostre tour de rang et degré l'année que le dict servisse se fera. Je suys tenu d'aller chacun jour de samedy aux marchés et foires de Bourgtheroulde quérir la providence de mes dictz seigneurs et icelle provision apporter en leur hostel et manoir de Houllebec à heure deue. Item sy moy et mes puisnez avons bestes à traictz gisantes sur la dicte aisnesse, nous debvons pries de bestes de giste et un homme pour les conduire et mener, c'est asscavoir une journée de harnais à chacun an à mes dictz seigneurs au moys de septembre et saison de Ebledz et d'autant que nous avons de bestes à traict gisantes sur la dicte aisnesse.

Item nous devons regard de mariage à mes dictz seigneurs le cas offrant comme les aultres hommes et subjectz de la dite sieurie se marient sur la dicte aisnesse. Item nous debvons toultes foys et quantes qu'il y aura pannage en la forest de la Londe sy sommes demeurantz sur la susdite seigneurie et aisnesse debvoirz à mes dictz seigneurs pour chacun porc à tel jour et heure que mes dictz seigneurs le feront publier et crier. Item je suys tenu de faire la garde au jour de la foire Saint Laurent au dict lieu du Bourgtheroulde quand le servisse de prévosté se fera, parce que moy et mes dictz puisnez resséatnz sur la dicte syeurye de Houllebec sommes francz coustumiers en la dicte forest soulz mes dictz seigneurs et francz de coustumes aux foyres et marchez du dict lieu de Bourgtheroulde à vendre et achepter pour nostre usaige et provisions ainsy que les aultres hommes et subjectz et en oultre nous delvons relliefz treizièmes aydes féodaux coustumes, faisances et rédelvances et tous aultres droicts et delvoirs seigneuriaux quand ils échéent et le cas s'offre. »

(Arch. de la famille de Postis, pièces originales.)

Autres aveux :

Adveu rendu le 5 juin 1643 aux nobles enffans mineurs de Charles de Postis par Jehan du Bost demeurant en la paroisse de St Denys-des-Monts, à cause d'une aisnesse dicte *Aux Champs* contenant deulx acres et demye quinze perches assize en la paroisse du Houllebec au triège de la champeigne du Puis. (Cette aisnesse fut tenue plus tard par le sieur de Planterose, avec même obligations que cy-dessus.)

Aveu rendu par noble Dame Marie Anne de Poisson femme civilement séparée d'avec M^{ire} Anselme le Chevallier, esc. sieur des Yfs, laquelle s'oblige envers les seigneurs du Houllebec, comme cy-dessus.

Contrat de vente passé par devant Marcotte notaire au Bourgtheroulde par noble Damoyselle Angélique du Chesne des Chastelliers, fille de M^{ire} Robert du Chesne et de Marguerite de Chalanges, au proffit de M^{ire} Adrien Bosquet prêtre chanoine de la Saussaye de deux pièces de terre assises en la paroisse du Houllebec pour lesquelles pièces de terre Adrien Bosquet rend aveu.

(Arch. de la famille de Postis, liasse aveux.)

Les 4 aisnesse qui suivent payaient redevance à la seigneurie du Houlbec.

Aisnesse qui fut d'Argences, assise en grande partie sur le territoire de St-Georges-du-Gros-Theil, contenant en chef et membre 14 acres une vergée six perches, dont est aisné François Duchemin représentant Louis Parmuit, en partie. Doit :

A la St-Michel neuf solz six denyers, et une journée de harnois à la saison des bledz.

A Noël quatre boisseaulz d'orge et cinq guelines cinq denyers.

A Pasques cinquante œufs.

Voici les noms de ceux qui tenaient les terres de l'ainesse d'Argence : Michel Marais, Béliard, Jehan Par-
mentier, Jean Pierre Anias, J. B. Hyaumet, Pierre Teur-
quety.

Aveu rendu à M^ire Louis Adrien de Postis, chevallier seigneur et patron des nobles fiefs, terre et seigneurie de
Houllebec par J. B. Gabriel de Bellemare, chevalier, seigneur de Neuville, La Motte, le Gastinel et du Renger fils de
feu Jean de Bellemare escuyer seigneur de la Motte et du
Gastinel qui était fils de Hector de Bellemare écuyer, sieur
de la Chevrollière et du Ranger qui lui-même était fils de
Michel de Bellemare, escuyer sieur de la Chevrollière et
du Ranger, tant pour luy que pour ses enfants.

« Je tiens et advoue tenir de mon dict seigneur, en sa
ditte terre, fief et vavassorie noble qui consistait autrefois
en terres labourables, prey, herbages, bois taillis et haulte
futais du Ranger, comme l'en suit une pièce de terre à
présent tout en bois taillis, assise en la paroisse de Saint
Denis du Bosguérard, au triège des Corbenières, contenant
7 acres, bornez d'un costé la pasture commune du Houlbec,
d'autre costé le chemin du Bourgtheroulde, d'un boult le
sieur Auber b^ots de Rouen, par acquisitions du sieur des
Brières et d'aultre boult Mlle du Bosquérard et le chemin
tendant des Cateliers à l'église du Bosquérard.

Item trois chappons, trois denyers en une partie, deux
solz unze denyers obolle en une autre partie de rentes
seigneuriales, 21 livres de rentes fontières. Le tout à cause
de huict actes trois vergez 1/2 de terres de ma dite
sieurie du Renger à prendre sur les Regnoult, Desperrois,
Cornet assis à lever par chacun an. Item unze sols 10 œufs
un chapon deux denyers de rentes sieuralles et fontières
sur les hoirs de Jeuffroy Le Sage et sur Jean. Le tout à

nous deues à cause de 13 acres 3 vergez 1/2 du domaine fieffé d'icelle terre du Renger.

Item à cause de notre dit tennement noble nous avons droicture en la forest de la Londe de prendre bois à notre usaige et chauffer comme francs coustumiers en icelle forest. A cause de laquelle vavassorie noble nous devons à notre dit seigneur à cause de la ditte seigneurie du Houllebec, foy, hommaige, relief treiziesme le cas échéant seullement.

Ainsi baillé, avoüé et afirmé vérittable par nous dit seigneur de Neuville et autres lieux pour moy et mes enfants pour estre présenté à Monsieur et estre resceu à saouf blasmer devant nous, Louis François Cabut licentié ès loix avocat à la cour, lieutenant général civil et criminel de M^{ire} le Bailly de Préaux, au siège de la Hays de Routot, sénéchal des fiefs nobles, terre et seigneurie du Houllebec, assisté de J. B. Hermier, greffier ordinaire d'icelle seigneurie, ce vingt neufviesme jour de juillet mil sept cent cinquante un.

Cabut, Bellemare de Neuville, Hermier, contrôlé à Elbeuf le 31 juillet 1751, reçu 48 sols. Noël.

J'ay seigneur et patron du noble fief et seigneurie du Houlbec nommé au présent soussigné reconnais l'avoir receu en original sur la question de blasmer et aux frais de réunion, à quoy je demeure expressément réservé suivant la sentence rendue en conséquence le vingt et un aoust mil sept cent cinquante un.

> (Arch. de la famille de Postis du Houlbec, pièce originale en parchemin).

Robert Chéron, Joseph Hue, fils de Guillaume, Nicolas Fermanel, Jacques Duclos, Jehan B. Delas, Pierre Leroy, Alexandre Hays de St Eloy. Cette aisnesse appartint plus tard à George Noël de Turgis, es. sieur de la rivière, par décret.

Ainesse de Planterose ou de Lagnery. L'aisnesse de Lagnery qui fut du Sr Moisant et Planterose sise en la paroisse du Houllebec triège de Lagnery, au bout des Marais, contenant tant en chef qu'en membres une acre et demye vingt cinq perches, dont le chef contient trois vergez le tout en masure, maisons et terres labourables dont le chef est tenu par les héritiers de noble Dame Charlotte des Essarts, dame du Houllebec B. d. c. les représentants de Pierre Le Cat, D. C. le chemin de Lagnery, d. B. le chemin du Bec, et d'. B. les ruelles. La dicte aisnesse est sujette de rentes seigneurialles à la sieurye du Houllebec.

Au terme de Saint-Michel : Vingt denyers.

A Noël : un boisseau d'orge, mesure de Bourgtheroulde.

Au dernier terme : une gueline et un denyer.

A Pâques : Dix œufz.

Avec les aultres charges, droits et devoirs contenus aux aveux.

L'aisnesse François de Quintanadoine qui fut l'ainesse d'Argence (c'est-à-dire la partie de l'aisnesse d'Argences assise aux marais sur St Denys du Bosguérard), triège de la Boissière. (Nous estimons qu'il y a là une erreur à rectifier. Il s'agit du triège de la Boisselière, celui de la Boissière étant assis à un kilomètre de distance), qui contient tant en chef qu'en membres 14 acres de terres relevant par quinze dont la première qui est le chef appartient au sieur de Quintanadoine escuyer, seigneur du Bosguérard, au droict du dict sieur d'Argences contenant quatre acres, partie de sept acres de terre, cy devant en masures, closages, et à présent en herbage et pasturages, avec les haies arbres et plantes dessus estant lesquelles quatre acres sont subjettes à faire l'assemblement de la dicte aisnesse, et se borne à présent d' C. Pierre Parmuit, d. C. plusieurs : d. B. le froc des marais et d' B. la rue de la Boissière, chargés de faire à la seigneurie du Houllebec, chacun an, de rentes seigneuriales :

Au jour St Michel 9 li. 6 denyers.

Au terme de Noël : quatre boisseaulx d'orge, mesure de Bourgtheroulde, cinq poules ou guelines et cinq denyers.

Au terme de Pasques : cinquante œufz. Avec reliefs treizième et aultres droicts seigneuriaux contenus en l'aveu.

L'Aisnesse du Chesne qui fut au Cat. Les représentants de noble homme François du Chesne, bailli d'Elbeuf, par acquisition de feue noble Dame de Larchant, au droict de réunion et par acquisition de Jean Deprez pour l'aisnesse qui fut Thomas Lemyrrhe, assise au triège du champ au Cat, proche de la butte des Nos, contenant tant en chef qu'en membres, quatre acres et demye en terre labourable dont le chef en tient une acre possédée par les dicts sieurs représentants, bornée en son contenu des deux côtés et d' b. les dits seigneurs aisnés et d. b. en partie le chemin tendant à Elbeuf, chargée de rentes seigneuriales à la seigneurie du Houllebec.

Au terme St Michel : 22 boisseaulz d'avoine mesure du Bourgtheroulde ;

A Noël : 2 guelines et deux denyers ;

A Pasques : 20 œufz et deux denyers.

Avec tous aultres droictz seigneuriaux contenus en l'aveu.

Exceptions proposées par Messire Louis Adrian de Postis chevalier, seigneur et patron du Houllebec, contre une prise de fief, dont signification en nullité.

Déclaration que baille M^{lre} Louis Adrien de Postis, chevalier et patron des nobles fiefs et seigneurie du Houllebec, d'héritages du noble fief nommé et appelé le fief des Brières mouvant et relevant du dict fief noble et seigneurie du Houlbec situé et assis icelui fief des Brières en la paroisse de St Denis du Bosguérard pour être réuni et incorporé en circonstance et dépendance au corps de son domaine, fief et seigneurie du Houllebec, à faute d'hommes et aveux non baillés, rentes seigneuriales non payées, droicts et devoirs seigneuriaux non faictz, aux termes de la coustume dont la teneur en suit : Le fief et seigneurie noble des Brières qui fut Aysamber Saver escuyer, conseiller du Roy et trésorier général des finances à Rouen, sieur de la Houssaye et du dit fief, terre et seigneurie des Brières, en circonstance et dépendances, la présente déclaration delivrée par moy Louis Adrian de Postis, chevalier, seigneur et patron du Houllebec, à Jacques Fermebrecque sergent royal à Boissey le Chastel, pour faire incessamment la diligence de réunion du dict fief et seigneurie des Brières.

Par ces aveux et ainessses que nous avons cités et que nous avons puisés dans les archives de la famille de Postis du Houlbec, et sur pièces originales dont la plupart sur parchemin, il est facile de se faire une idée de l'importance de la seigneurie du Houlbec qui s'étendait sur *toutes* les paroisses environnantes, *Saint Georges du Gros-Theil, Saint Eloy de Fourques, Saint Denys des Monts, Saint Denys du Bosguérard*, voire même *Marcouville et la Mésangère.* (Arch. des de Postis du Houlbec.) La pièce suivante achèvera de nous convaincre qu' « *aucun fond* » assis en la paroisse du Houlbec, n'était exempt de rentes seigneuriales envers les seigneurs du Houlbec.

« Cejourd'hui dimanche, septième jour de juillet mil sept cent quatre vingt deux, nous habitans en la généralle de la paroisse du Houlbec, assemblés en état de communs à l'issue et sortie des Vespres au son de la cloche en la man-

nière accoutumée après les annonces faittes par le sieur
Curé de la ditte paroisse au prosne de la messe paroissiale
par trois dimanches consécutifs pour délibérer en conséquence d'une signification à nous faitte requeste de M^r le
procureur général du Roy, en sa chambre des comptes de
Paris et des poursuittes et diligences de Mr de Barville,
avons sur ce délibéré de la manière dont il suit : Pour
répondre à la ditte signification nous avons déclaré et
déclarons par la présente, que nons ne connaissons point
dans l'étendue de notre paroisse aucuns fonds dépendant
du domaine ni places vuides et vagues ni autres objets
semblables, qui ne soient mauvant du fief du Houlbec.
Nous dits habitants avons nommé et député pour et au
nom de notre communauté la personne de M^{lre} du Houlbec
seigneur du dit lieu et a signé avec nous ce dit jour et an
que dessus. »

Ont signé : du Houlbec, Nicolas Costé, V. Duval, J. Boisselier, J. P. Fleury, Etienne Etienne, Louis Costé, L. Leduc, N. Lécuyer, P. Leroy, J. B. Le Bourg, Auber, Nicolas
Guérard, J. B. Halbout, Thomas Marest.

(Contrôlé à Pont-Audemer le 15 juillet 1782. Reçu 15 sols,
signé Bouillerot.)

(Pièce authentique aux Arch. de la famille du Houlbec.)

Apparemment que les rentes seigneuriales n'étaient pas
régulièrement payées, ni les droits féodaux observés,
puisque, le 13 déc. 1787, « mandement et permission sont
accordés à Messire Louis Nicolas de Postis, écuyer, ancien
garde du corps du Roy, seigneur et patron du Houlbec, etc. etc., par Michel François Duclos, avocat et sénéchal, de la seigneurie du Houlbec, à l'effet de faire saisir,
réunir et réincorporer au corps du Domaine non fieffé du
dit noble fief, terre et seigneurie du Houlbec, faute

d'hommes, aveux non rendus baillés, droits et devoirs
seigneuriaux non faits, rentes treizièmes et autres redevances seigneuriales non payées, tous les héritages tant
en maisons, masures, bâtiments, terres labourables, prés,
bois taillis, et de telles autres natures qu'ils soient, et ce
jusqu'aux hoirs venants. »

A toutes ces pièces, qu'il nous soit permis d'ajouter
brièvement plusieurs *nuements* en la seigneurie du Houlbec, années 1769, 1770. Nous nous abstiendrons, par
brièveté, de désigner les trièges, sentes, rues, chemins, etc.,
qui sont très clairement spécifiés aux archives de la
famille de Postis du Houlbec.

NUEMENTS DE LA DITE SEIGNEURIE

Le sieur Costé, bourgeois de Rouen, un nuement
de 4 acres, 1 vergée, tenu par Pierre Jacques et Jean
Pierre Fleury frères, avec autre pièce de terre de 5 vergées ;

Langlois et Guenet du Theil tiennent un nuement de
7 acres, à Saint-Denis-de-Bosguérard ;

M^{re} d'Ocquainville tient un nuement de 7 acres en bois
taillis, sur Saint-Denis-de-Bosguérard ;

Jean Langlois, bourgeois de Rouen, tient un nuement
de une vergée et demie, au Houlbec ;

Jean Lecat un nuement de 1 vergée 8 perches, au Houlbec ;

Mre de Bressy, un nuement de 10 acres en bois taillis,
à Saint-Denis-du-Bosguérard ;

Le trésor du Houlbec, deux nuements de une demi-acre
14 perches, au Houlbec ;

Jean Guenier, par fieffe de Mre de Bellemare prestre,
un nuement d'une vergée, à Saint-Denis-de-Bosguérard ;

Le sieur du Clos, un nuement d'une vergée, à Bosguérard ;

Jacques Costé, un nuement d'une vergée, à Bosguérard ;

Le chevalier de la Cambe, un nuement d'une vergée 8 perches ;

Jean Pierre Duval, un nuement d'une vergée et demie et 12 perches ;

Le triège de la butte du moulin des Brières relevait aussi de la seigneurie du Houlbec ;

Le trésor de l'église du Houlbec tenait au même triège 3 vergées ;

Jacques Marais, un nuement d'une demi-acre 27 perches.

Joseph Lebourg, un nuement de 24 perches ;

Jean Boisselier, un nuement de 50 perches ;

L'aînesse du Busc Rabasse, actuellement au sieur des Yfs, 6 acres, paie rentes seigneuriales au Houlbec ;

Mre Lescuyer, curé de Saint-Denis-des-Monts, tient nuement de une acre, à Bosguérard.

Mre Dasché, nuement de une acre, même paroisse.

L'aisnesse François Mathieu, 18 acres aux fontaines, paie rentes seigneuriales au Houlbec ;

Mme de Thuit Polet, nuement de demi-acre, demi vergée, à Bosguérard ;

L'aînesse Jean Guenier, 18 acres à Saint-Denis-du-Bosguérard, paye rentes seigneuriales au Houlbec ;

Louis Auger du Theil, nuement de 3 vergées à Bosguérard ;

Jean Pierre Assire, nuement de 3 vergées, ibidem ;

Jeufroy Boisselier, nuement d'une demi-acre, demi-vergée, à Saint-Denis-du-Bosguérard ;

L'aînesse Nicolas Parmuit de Bosguérard, 10 acres, paye rentes seigneuriales au Houlbec ;

Jean Pierre Guenet et Jean Pierre Potelet, un nuement

de une acre et demie plus 5 vergées, 10 perches, à Bos-guérard ;

L'aînesse Etienne Marais, de 20 acres au Houlbec, paye redevances et rentes seigneuriales au Houlbec ;

Mre Louis François Cabut, avocat nuement de 30 perches, au Houlbec ;

Mre Bertrand Jullien, bourgeois de Rouen, nuement de 5 vergées 12 perches, au Houlbec ;

Pierre Jacques Duval, nuement d'une vergée, au Houl-bec ;

Jacques Duval, fils Louis, nuement d'une vergée et demie et 4 perches, au Houlbec ;

Le sieur de Turgis, nuement d'une demi-vergée, à Saint-Georges-du-Theil ;

L'aînesse Jean Hue ou des Nos, de 24 acres, au Houlbec, paye rentes seigneuriales, manoir du Houlbec ;

Jacques Hue, nuement d'une vergée 50 perches, au Houlbec ;

Jean Pierre Lebourg, nuement d'une vergée et demie au Houlbec ;

Mre Bocquet, prestre, nuement en bois taillis de 2 acres et demie.

L'aînesse Pierre et Jacques Hays contenant 60 acres au Houlbec, paye rentes seigneuriales au seigneur du Houlbec ;

Le curé du Houlbec, à cause de sa cure, nuement de 28 perches, au Houlbec ;

Le trésor de l'église du Houlbec, nuement de quatre pièces de terre, l'une d'une vergée et demie, la seconde de 50 perches, la troisième de demi-acre, et la quatrième de 45 perches ;

Jacques Harivel, nuement de 2 acres, au Houlbec ;

Nicolas Guérard, nuement de 45 perches, au Houlbec ;

M^{re} abbé Bocquet, nuement d'une acre, au Houlbec;

Jean Pierre Fleury, nuement de 3 vergées, au Houlbec;

Hoirs de Claude Marette, nuement 1 vergée, au Houlbec;

Guillaume Ansoult, nuement d'une vergée et demie, au Houlbec;

Jacques Cesselin, nuement d'une demi-vergée, au Houlbec;

Michel de Launey, nuement d'une demi-acre, au Houlbec;

Nicolas de Launey, nuement d'une vergée, à Bosguérard.

Les pièces authentiques de ces aînesses et nuements sont aux archives de la famille de Postis du Houlbec.

(Liasse nuements et aïsnesse.)

La pièce authentique suivante achèvera de nous prouver la réelle difficulté qu'éprouvaient les seigneurs du Houlbec à percevoir leurs droits seigneuriaux et nous convaincra des immenses arrérages qui leur étaient dus. Le vent révolutionnaire soufflait déjà.

« Nous soussigné Louis Nicolas de Postis, écuyer garde du corps de Sa Majesté, seigneur et patron du Houlbec, et maître Louis Martin, arpenteur du Roy et feudiste demeurant à Elbeuf, sommes convenus de ce qui suit : Sçavoir : Moy, dit Martin, de lever le plan géométrique du noble fief, terre et seigneurie du Houlbec, scitué sur la paroisse du même nom et autres circonvoisines en circonstances et dépendances, et faire l'inventaire général des titres et aveux d'icelle pour avec icelui procéder à l'emplacement et renovation des cens et rentes de la dite seigneurie et ce autant que je le pourray et que les titres ne me seront suspectés, de faire rendre à chaque censitaire les aveux et déclarations qui seront dus pour raison des fonds qu'ils possèdent dans la dite seigneurie, et ce à la requeste, poursuitte, dilligence et frais du dit seigneur du Houlbec, en cas de contestation de la part du vassal; comme aussy je m'oblige de fournir au dit seigneur un plan lavé et figuré de sa dite terre et de lui remettre un terrier, gage pleige, inventaire et cueilloir des rentes seigneuriales qui lui seront dues, le tout en forme. Sur lequel plan il y aura distinction pour connaître le domaine fieffé ou non fieffé, et des numéros relatifs à ceux du nouveau terrier.

Et pour l'exécution de tout ce que dessus, moy, dit seigneur du Houlbec, je m'oblige payer au dit sieur, la somme de *quatre mille livres* qu'il consent percevoir sur les débets des rentes seigneurialles, pour se remplir d'icelle somme, comme aussi je m'oblige pendant les opérations du dit sieur Martin et de ses commis de les nourrir, coucher, chauffer, éclairer, et de lui fournir d'indicateur. Aura en outre le dit sieur Martin le bénéfice qu'il pourra faire de la façon des aveux, et signatures qu'il donnera en qualité de greffier de ma dite seigneurie par moy constitué par le présent. Fait double au Houlbec ce huit novembre mil sept cent soixante et onze. »

Signé : MARTIN.

« Je reconnais que Monsieur du Houlbec seigneur et patron de la paroisse du même nom m'a mis aux mains tous les titres et aveux tant en nuements qu'aisnesse rendus en sa dite seigneurie pour par moy en faire l'inventaire et papier terrier nouveau, lesquels je m'oblige lui remettre toutesfois et quantes après la confection d'icelui.

Ce jourd'hui seize juin mil sept cent soixante et douze. »

Signé : MARTIN.

Ce travail si intéressant a-t-il été exécuté; ou est-il demeuré à l'état de projet, ou bien encore a-t-il été égaré ou détruit ? Nous ne savons ; et nous n'avons pu en trouver la moindre trace dans les archives de la famille du Houlbec. Personne ne le regrettera plus que nous, par l'unique motif qu'il eût abrégé considérablement notre labeur.

A tous les droits qu'exerçaient les seigneurs du Houlbec sur leurs feudataires habitant le Houlbec et les paroisses limitrophes, on a vu qu'ils ajoutaient la surveillance des foires et marchés du Bourgtheroulde, avec franchise de la coutume pour eux et leurs vassaux.

Un acte du 15 mars 1752, sur parchemin de 8 pages nous prouve qu'au milieu du siècle dernier, ils avaient fieffé la sergenterie de Boissey-le-Chastel.

Cet acte, passé par devant Denis Grille notaire au bailliage du Pont-Autou, constate que « le sieur Claude Noël, cy-devant sergent héréditaire de la dite sergenterie, présent au manoir seigneurial du Houlbec, baille à fieffe, tant pour lui que pour les siens et rentes fontières perpétuelles et irraquitables à Messire Loüis Adrian de Postis, seigneur et patron du Houlbec, sieur des Brières, et à ses hoirs, la sergenterie noble de la Londe, branche de Boissey-le-Chastel, etc., moyennant 180 livres par an et 500 livres de vin. »

Cette sergenterie, suivant l'acte précité, comprenait tous fiefs dans les paroisses de Boissey-le-Chastel, le Theillement, le Boscregnoult, Berville, Marcouville, Basville, Épréville-en-Roumois, Bosbénard Crécy, Touville, Saint-Léger du Genétey, Saint-Eloy-de-Fourques, Saint-Denis et Saint-Pierre du Bosguérard, en tant que pour l'étendue des fiefs, terres et seigneuries, à savoir : La châtellenie de Boissey, les fiefs de Tilly, la Fontaine,

Bosregnoult, du Tourvieux du Moulin, Bois folles, Lauteuil, Gerville Duval du Thuit de Bezu, Marcouville, la Mésangère, Cuillon, Framboisier et fief Cabot ou Grouchy.

A cette date la sergenterie appartenait encore au seigneur du Houllebec, puisqu'un acte du 20 octobre 1775 porte :

« Bail de la noble et royale sergenterie de la Londe, branche de Boissey-le-Chastel, fait par Messire Louis Nicolas de Postis, écuyer, garde du corps du Roy, seigneur et patron du Houlbec, au sieur François Robert Mutel fils, demeurant à Pont-Audemer, cautionné par le sieur Jacques Benoist Gally, marchand à Pont-Audemer. »

(Arch. de la famille du Houlbec.)

A notre humble avis nous avons clairement établi, avec pièces à l'appui, l'importance de la maison du Houlbec qui rayonnait sur toutes les paroisses environnantes.

Nous nous proposons maintenant d'essayer l'exposition du domaine non fieffé de la seigneurie du Houlbec y compris le moulin et les noms des principaux fermiers ou meuniers.

(Nous continuons à puiser nos renseignements dans les Archives de la famille du Houlbec.)

Auparavant mettons le lecteur au courant du fameux procès intenté par Marie de Postis à son neveu Charles de Postis.

Nous ferons remarquer que les archives pourtant si riches de la famille de Postis, et recueillies avec tant de soin et de persévérance, ne contiennent pas le moindre aveu rendu ni à Jean ni à Charles de Postis, non pas qu'ils fassent défaut, mais parce qu'ils ont été soustraits par une personne intéressée, lors du fameux procès demeuré historique entre Jean, Charles de Postis et ses

enfants mineurs d'une part, et Marie de Postis épouse du
sieur d'Oinville d'autre part. Voici la base du procès :

Jean de Postis ayant eu un enfant avec Suzanne de
Grimouville nièce de sa mère Suzanne du Val, et étant
mort quelque temps après la naissance de ce fils Charles
de Postis, Marie de Postis, femme d'Oinville, sa tante,
refusa de reconnaître la légitimité de cet enfant. Suzanne
de Grimouville prétendant que son fils était légitime,
défendit ses droits et affirma qu'il y avait eu entre elle
et Jean de Postis mariage clandestin.

Marie de Postis avec un acharnement digne d'une
meilleure cause, ne voulut rien entendre, vint s'installer
au château du Houlbec, commanda en maîtresse, emporta
nuitamment tout ce qu'elle put, et essaya, mais en vain
au moins pendant plusieurs années, de gagner les faveurs
de sa mère Suzanne du Val, qui soutenait les droits de
son petit-fils et secondait les efforts de Thieuville, son
tuteur.

Le procès fut très long et traîna de cour en cour, de la
cour laïc à la cour ecclésiastique, de l'official au tribunal
civil, et plusieurs fois les avis et sentences furent contra-
dictoires.

Cependant Marie de Postis qui redoutait avec juste raison de perdre le procès réussit à obtenir de Jacqueline
de Pitebout dame de Brécourt ou Brucourt, mère de
Suzanne de Grimouville et grand'mère de Charles de
Postis, qu'elle déshéritât son petit-fils, par testament, 1540.

(Bibl. nat., dossiers bleus. 8492. fol. 10.)
(Basnage, p. 425. 467-468.)

Fière de son succès, Marie de Postis revint triomphante
au Houlbec, et, par diverses tentatives, voulut obtenir un
résultat identique de sa mère.

Suzanne du Val, malgré l'affaiblissement de ses facultés, conservait assez de droiture d'âme pour ne pas commettre pareille iniquité. Elle ne voulut consentir qu'à une chose, à la vente de tout son domaine à sa fille Marie de Postis. Marie triomphait encore, car de sa part c'était une vente fictive dont elle ne verserait pas un écu d'or.

Cependant le procès était toujours pendant, lorsque la cour de Rouen le 21 novembre 1630 et le 18 juillet 1631 débouta définitivement Marie de Postis et déclara les enfants mineurs de Charles de Postis époux de Louise de Courseulles, seigneurs du domaine du Houlbec, et petits-enfants légitimes de Jean de Postis et de Suzanne de Grimouville.

Simultanément la cour ecclésiastique de Rouen déclarait légitime l'union clandestine de Jean de Postis et de Suzanne de Grimouville, et comme elle n'ignorait pas les violences, l'acharnement et les injustices de Marie de Postis, elle fit publier le dimanche au prône de la messe paroissiale en l'église du Houlbec, la sentence qui « obligeait, *sous peine d'excommunication*, toute personne en possession d'un objet appartenant au domaine ou au château du Houlbec, à restitution immédiate. » (Archives des de Postis du Houlbec.)

Ce fut un coup de foudre pour Marie de Postis qui se hâta de quitter le Houlbec, pour n'y plus revenir. mais qui se garda bien de se prévaloir du titre de vente entre ses mains.

Que l'on nous permette de faire ici une simple observation.

De tous temps les meilleurs procès ont été une ruine, et si Marie de Postis avait joint à une intelligence droite un bon cœur et un peu moins de passion pour les biens terrestres, elle se fut épargné une humiliation profonde et des frais immenses, et son honneur fût demeuré intact.

Voici ce que nous lisons dans Basnage relativement à ce long procès qui a passionné le public à cette époque et qui a été l'occasion d'une nouvelle réglementation du mariage :

On a agité cette question, si un enfant né sous la promesse de mariage sans avoir été célébré en l'église et la mère étant morte pendant le procez sur l'accusation de rapt était capable de succéder.

Les parens collatéraux de celuy qu'on prétend être le père qui avait été renvoyé devant l'official sur la question du mariage et de la légitimité de l'enfant, par arrest du mois de février 1611, disoient que le mariage doit être célébré en l'église et la bénédiction reçue par les conjoints et administrée par le prestre, que la promesse et la conjonction ne faisoient point le mariage et qu'ayant commencé *ab illicitis* ne pouvoit recevoir sa perfection que par la bénédiction de l'église, qu'une femme et un homme ne pouvaient se la donner à eux-mêmes. Que la cour ayant renvoyé le père et le tuteur des enfants nés de cette conjonction devant l'official, elle avoit trouvé qu'il n'y avait pas eu mariage et l'official n'ayant point prononcé sur la légitimation, la qualité des enfans demeurait indécise, le mariage suivant l'ordonnance ne pouvant valoir sans les bans et le consentement des parens.

Au contraire le fils répondait que la promesse de mariage qui avait précédé la consommation avoit été reconnue devant l'official d'Evreux par le père et la mère, que le père avoit avoué[1] pour son fils celuy dont on disputait maintenant la condition, que sa mère étoit morte

[1] Suzanne de Grimouville habitait Evreux.

pendant le procèz sur le rapt[1] et son père avant le jugement de l'official sur la légitimation. Ces accidens for-
tuits ne pouvaient ruiner sa condition, *repentini casus
iniquitas non debet nocere proli;* et bien qu'on eût porté
son père à prendre des lettres de restitution contre la
promesse de mariage, néanmoins par son testament il
avait reconnu de bonne foy sa promesse. Le consentement des contractans, la foi jurée et la conjonction font le
mariage; la mort a été le seul empêchement à la célébration en face de l'église.

Cette question ayant été mue sur les promesses de
mariage entre Jean de Postis, sieur du Vieille Evreux et
damoyselle Susanne de Grimouville sur l'accusation en
rapt contre de Postis par Pigousse sieur de Dragueville et
dame Jacqueline de Pitebout, mère de ladite de Grimouville d'un premier mariage, par un arrest de l'année 1611,
les parties avoient été renvoyées devant l'official sur la
question du mariage et la légitimité des enfans; mais la
dite de Grimouville étant morte lors l'arrest et depuis le
sieur de Postis étant mort aussi, Marie de Postis, dame de
Houëlteville, sa sœur, ayant pris pocession de la succession de Charles de Postis, sorti de luy et de la dite de
Grimouville, prétendit la succession comme héritière de
son père; par arrest en la grande chambre du 21 nov.
1630, la succession fut adjugée au sieur de Postis. La
dame de Houëlteville ayant obtenu une requête civile
contre cet arrest, elle en fut déboutée par un autre

[1] Le mot *rapt* est inexact, attendu que Marie de Grimouville
était venue librement au château du Houlbec et que c'est à ce même
château qu'eut lieu le mariage clandestin de Jehan de Postis et de
Marie de Grimouville. Vraiment ne méritaient-ils pas qu'on leur
accordât des circonstances atténuantes ? Ils s'aimaient sincèrement ;
Marie n'ignorait point que sa mère ne lui accorderait pas son consentement..., et puis on pardonne beaucoup à la jeunesse, car la
patience n'est pas sa vertu dominante.

arrest du 18 juillet 1631. Depuis cet arrêté, l'ordonnance de 1639 a été publiée qui a introduit de nouvelles règles pour les mariages.

.   .   .   .

Dans la deuxième partie de cet article (art. 250) la coutume (de Normandie) dispose que si le père n'a rien promis à sa fille en la mariant, elle ne peut rien demander sur son bien. Son motif a été sans doute que la piété paternelle a porté le père à faire tout ce qui estoit raisonnable et nécessaire pour la subsistance de sa fille.

Cette présomption ne se rencontrant pas quand la fille s'est mariée sans le consentement de son père, on a douté si après la mort de son père, on devait luy permettre de demander quelque chose à ses frères. On peut dire en faveur de la fille que le père n'est dispensé de l'obligation de la doter, que quand il la marie, en ce cas il luy suffit que son père lui ait trouvé un mary ; on présume qu'il ne l'a donnée qu'à un mary qui a de quoy la faire subsister, mais quand le père ne luy a point trouvé de mary, bien qu'elle se soit mariée contre son consentement, elle n'est pas déchue de la légitime qui luy est due, et la peine que sa faute mérite ne doit pas s'étendre plus loin que de la priver de toute action durant la vie de son père et ses frères contre lesquels elle n'a point manqué n'en doivent point profiter. On expliqua néanmoins rigoureusement cet article[1] contre une fille qui s'était mariée sans le consentement de son père et on la débouta du mariage avenant qu'elle demandait à ses frères par arrest rendu en la Grand'Chambre le 3 juillet 1636...

Autre arrest sur ce fait :

Voici cet article : « Le père et la mère peuvent marier leur fille de meuble sans héritage, ou d'héritage sans meuble, et si rien ne luy fut promis, lors de son mariage, rien n'aura. »

Suzanne de Grimouville étant chez la dame de Larchant
(Suzanne du Val, au Houlbec) sa tante, fut débauchée par
le sieur de Postis, fils de cette Dame d'un premier mariage ;
un fils sorti de cette conjonction fut déclaré légitime
par arrest de l'année 1330 sur la poursuite de Suzanne de
Grimouville et de la dame Pigousse de Draqueville sa
mère. En l'année 1640, la dame de Draqueville étant veuve
déclara par son testament qu'elle ne voulait pas que
Postis sorti de sa fille eût part en sa succession ; il demanda
néanmoins mariage au droit de sa mère. Carüe disait
pour luy que véritablement la fille ne pouvait demander
que ce qui luy fut promis, mais qu'il falait peser ces
paroles (*lors de leur mariage*), parce qu'on présumait
qu'alors le père et la mère avoient fait tout ce que l'affec-
tion parternelle leur avoit suggéré, mais qu'on ne pouvait pas avoir cette pensée quand la mère ne l'avait pas
pourvue. Coquerel soutenait que ne s'étant pas mariée,
mais abandonnée, sa condition ne pouvait être devenue
meilleure, que d'ailleurs sa mère avait marqué son intention et sa volonté de l'exclure de sa succession, et que
cette volonté étoit fondée sur ce que les grands frais
qu'elle avoit faits pour la réparation de son honneur luy
tenoient lieu de légitime. Par arrest en la grande chambre
du 16 mars 1645, de Postis fut débouté de sa demande ;
contre cet arrest, il se pourvut par requête civile qui fut
appointée au conseil.... »

La Coutume Réformée du païs et duché de Normandie...
expliquée et commentée par Mᵉ Henry Basnage [t. I], titre
des successions propres, commentaires des art. 225 et
260, p. 425, 467, 468. Rouen, 1678, in-fol.)

Comme il est aisé de le comprendre par l'exposé
qui précède, il a y trois points différents en ce procès :

1º Y a-t-il eu réellement mariage entre Jehan de Postis et Suzanne de Grimouville?

2º L'enfant né pouvait-il s'appeler de Postis et avait-il droit à l'héritage de son père?

3º Sa mère étant décédée, devait-il hériter de sa grand-mère maternelle?

Primo. — Nous ferons remarquer que Jehan de Postis et Suzanne de Grimouville étant morts l'un et l'autre au début du procès, il était désormais facile à la partie adverse d'embrouiller la question, très simple pourtant. Elle avait beau jeu, en soulevant la question de rapt et en déclarant qu'il n'y avait pas eu mariage.

Jehan de Postis et Suzanne de Grimouville n'avaient eu, avant leur mort, que le temps de déclarer qu'ils étaient mariés et qu'ils reconnaissaient comme légitime Charles de Postis, leur unique héritier.

La partie adverse ne voulant rien entendre et continuant ses attaques plus acharnées que jamais, le curé du Houlbec, affirme une tradition pieusement conservée dans la famille de Postis du Houlbec, fut mandé en la cour ecclésiastique où il déclara sous la foi du serment que Jehan Postis et Suzanne de Grimouville s'étaient unis clandestinement en sa présence, sans les formalités usitées, parce que Suzanne n'ignorait pas l'opposition que sa mère ferait à ce mariage.

Ce témoignage sacerdotal concordant avec les affirmations de Jehan de Postis et de Suzanne de Grimouville, la sentence fut illicò prononcée et rendue exécutoire, comme on l'a vu plus bas.

Secundo. — Dès l'instant que Charles de Postis avait été déclaré fils légitime par son père mourant Jehan de Postis, la loi devait l'autoriser à hériter de son père, lui et ses enfants. Aussi le 18 juillet 1631 la Grande-Chambre lui octroya-t-elle ce droit.

Tertio. — Par la même raison, Suzanne de Grimouville mourante ayant affirmé la parfaite légitimité de son fils Charles de Postis, celui-ci avait droit à l'héritage de sa mère décédée, si ses grands parents n'y mettaient aucun obstacle. Mais la grand'mère, Jacqueline de Pitebout, ayant déshérité par testament son petit fils, Charles de Postis, malgré ses instances devant les tribunaux, ne put avoir gain de cause et dut se contenter de l'héritage paternel¹. 16 mars 1645 (Basnage, *loco citato*).

¹ Le document suivant confirme nos déclarations :

« Louis, par la grâce de Dieu, roy de France et de Navarre, à tous ceulx qui ces présentes verront, salut. Sur le proffit de défault requis par Charles de Postis, sieur du vieil Evreux, demandeur en adjournement personnel allencontre de Jean Doinville sieur et baron de la Ferté-Fresnel, et Jean Doinville sieur du Homme, frères adjournez en comparence personnel en vertu de l'arrest de notre cour : sçavoir faisons que veu par nostre cour la [requ]este présentée à y celle par le dict de Postis pour avoir le proffit du dict deffault, le dict arrest et decret du neufviesme décembre dernier, exploict de Henry S... et Simon Lecouty, sergeans des adjournemens faicts ausdicts Doinville les [treizies]me et quinziesme du dict mois, le dict défault obtenu par le dict de Postis en l'audience de nostre dicte court le dixneufviesme de janvier présent mois et an, ouy nostre aimé et féal conseiller commis^re ; nostre cour, par son jugement et arrest, a déclaré et déclare le dict défault bien pris et obtenu et condamne les dicts défaillans aux dépens. Et pour le proffit du dict défault ordonné que les dicts Doinville seront pris et saisis au corps amenez et constituez prisonniers en la conciergerie de nostre cour pour estre interrogez et contre eux procédé suivant le dict arrest, et [au cas] ou ils ne pourraient estre recouvrez seront adjournez à Caen a trois briefs jours, et leurs biens saisis suivant l'ordonnance. Ly donnons en mandement au premier huissier de nostre dicte cour et aultre huissier ou sergeant sur ce requis nostre présent arrest mettre à deue et entière exécution, selon sa teneur faisant tous exploitz et assignations à ce nécessaires. De ce faire luy donnons pouvoir et mandement, mandons et commandons à tous nos justiciers et subjectz aussy en ce faisant obéir. En tesmoing de ce nous y avons faict mettre nostre scel. Donné à Rouen, en parlement le vingt et uniesme janvier, l'an de grâce mil six cens trente quatre, de nostre règne le vingt quatriesme.

(Archives des de Postis du Houlbec, titre sur parchemin.)

Ainsi se termina ce trop fameux procès.

Description du fief, terre et seigneurie du Houlbec, domaine non fieffé, faite en l'année 1673 par de Thieuville[1], tuteur des enfants mineurs de Charles de Postis.

Le fief, terre et seigneurie du Houllebec qui est un demy fief de Haubert consistant en domaine fieffé et non fieffé qui s'estend aux paroisses du dit lieu et Sainct Denis du Bosguérard, relevant du marquizat de la Londe ; lequel domaine fieffé consiste en œufs, grains, oyseaux et debvoirs, et le domaine non fieffé consiste en basse justice, reliefs treiziesmes amendes et aultres droicts à noble fief appartenant, droit de patronnage à présenter à la dicte cure du Houlebec, droit de Coulombier. Le chef Moy duquel fief non fieffé consiste en manoir planté et édiffié de plusieurs bastiments, scavoir : 1° la maison seigneuriale à demeurer faitte de pierres de taille, de briques, et de caillou, et couverte en thuilles, un coulombier à pied, et un grand, un couvert en thuilles et l'autre en chaumes, pressoir, granges, estables, escuries, four, bergeries, et aultres bastiments, murs de bauge, et vieilles murailles et fossés où il y a un devant corps de logis, mare vyvier, contenance deux acres ou environ, borné d'un costé la rue de l'églize tendant au moullin à vent du dit lieu de Houllebec, d'austre costé et des deux bouts les dictez pièces

---

[1] Nous devons une mention spéciale au sieur de Thieuville, tuteur des enfants mineurs de défunt Charles de Postis qui eut à lutter contre Marie de Postis, femme d'Oinville. Ce n'est qu'à force de persévérance et d'énergie qu'il parvint à conserver aux de Postis le domaine du Houlbec convoité par Marie de Postis, grand'tante des enfants de Charles de Postis.

Les Archives de la Seine-Inférieure portent : de *Thiéville*, sieur de Quetteville.

Elle le disait tuteur de Tanneguy de Postis. C'est une erreur, attendu qu'il n'y a jamais eu de Tanneguy dans la famille.

de terre du dict fief tant en masure que jardin ; 2° *Item*
une autre pièce de terre en jardin planté d'arbres dessus
estant cloze de murs de bauge, assize en la dicte paroisse
contenant trois vergéez ou environ, bornée d'un costé la
rue tendant de l'église au moullin à vent, d'austre costé
une pièce de terre en masure du dict fief, nommée la
grande cour, d'un de la première pièce d'ycelluy fief et
susdites estables aux vaches et d'autre bout la sente tendant au favril et nostz. 3° *Item* une aultre pièce de terre
en masure tant plantée que terre labourable, cloze de
hayes et assize en la dicte paroisse, nommée la grande
cour, contenant six acres ou environ, bornée d'un costé
les deux premières pièces du dit fief, d'autre costé le prey
de la mare ronde, d'un bout la sente tendant au Favril et
Nostz, et d'autre bout une allez qui va de la porte du parc
aux haultres pastures. 4° *Item* une autre pièce de terre en
prey où est assize la mare ronde en la dicte paroisse du
Houlbec, cloze de hayes ainsi qu'elle est contenant quatre
acres trois vergées ou environ, bornée d'autre costé la
pièce cy-après nommée les haultes pastures, d'un bout la
sente des nostz, et d'autre bout la dicte allez tendant de
la dicte porte aux haultes pastures ; 5° *Item* une autre
pièce de terre en pasturage et buissons assize en la dicte
paroisse contenant douze acres ou environ bornée d'un
costé le chemin du Roy tendant au Bourgtheroulde, d'aultre
costé le dict prey de la mare ronde et la terre cy-après,
bornée d'un bout le chemin tendant de la buste des Nostz
à Ellebeuf et d'autre bout plusieurs ; 6° une autre pièce de
terre en haulte futaie où est la mare Branchère assize en
la dicte paroisse contenant trois acres et demi ou environ,
bornée d'un costé le chemin tendant de la buste des Nostz
à Ellebeuf, d'autre costé le clos de la porte du Parc, d'un
bout le clos des haultes pastures et d'aultre bout le bois

taillis prèz le hameau de la Bourdière appelé les Buisson-
nets ; 7° *Item* une autre pièce de terre en pasturage qui a
esté en labour assize devant la porte du Parc et la dicte
pièce cloze de fossés et plants dessus estant contenant troys
acres et demye, bornée d'un costé la pièce en hault boys,
y devant déclarée, d'autre costé l'allée qui tend de la porte
du parc aux haultes pastures et la pièce y après bornée ;
8° *Item* une autre pièce de terre en friche et pasturage
avec l'estan (l'étang) dessus estant assize en la dicte
paroisse devant la porte du Parc près l'églize du dict lieu,
contenant trois acres ou environ bornée d'un costé la rue
tendant de l'église du dict lieu à Sainct Denis du Bosguérard d'autre costé le clos y devant borné, d'un bout la première pièce de terre en masure du dict fief et le prey cy
après borné et les buissons vers la mare Branchère ;
9° Item une autre pièce de terre en prey assize en la dicte
paroisse vers le hamel de la Bourdière, avec les hayes
dessus estant, contenant une acre ou environ, bornée d'un
costé la rue tendant de l'église du dict lieu à Sainct Denis
du Bosguérard, d'autre costé le bois taillis et pièce cy-après
et l'allée y devant, bornée d'un bout la rue du hamel de
la Bourdière et le dit bois taillis y après et d'autre bout
la pièce y devant bornée près la mare Costé. 10° *Item* une
autre pièce de terre en bois taillis et baliveaux assise en
la dicte paroisse du Houllebec près le dict hamel de la
Bourdière, contenant deux acres et demye, ou environ,
bornée d'un costé et d'un bout le dict prey de la Bourdière,
d'autre costé le chemin et rue tendant de la buste des nostz
à Ellebeuf et d'autre bout la mare Branchère ; 11° *Item* une
pièce de terre en labour assize en la dicte paroisse du Houllebec devant la brière des champs avec brière dessus estant,
contenant vingt et un acre vingt cinq perches, comprinez
la ranglée, bornée le chemin ou sente tendant au hamel

dés Nostz, d'autre costé les héritages de Jacques Jullien, et
la sente tendant du hamel des hayes au hamel des Nostz,
d'un bout le froc des Nostz, et d'autre bout le chemin de
la rangée tendant au moulin à vent du dict lieu de Houllebec; 12° *Item* une autre pièce de terre en bois taillis
nommée les Mallis avec les chesnes ou Baliveaux dessus
estant aussi en la dicte paroisse de Houllebec cloze de
fossez et plantée qu'elle est contenant *onze acres*, com-
prinze une portion estant anciennement en labour et à
présent en friche et pasturages bornée d'un costé le
chemin tendant de l'église du Houllebec au Bourgtheroulde, d'autres costé la commune pasture du Houllebec,
d'un bout le chemin d'Ellebeuf et d'autre bout le sieur de
Bretigny, au lieu de plusieurs autres personnes; 13° *Item*
une autre pièce de bois taillis nommée le Bocquest,
assize en la dicte paroisse près de l'église du dict lieu contenant quatre acres, ou environ, bornée d'un costé le
grand clos, d'autre costé la sente de Boissey tendant
aux Brières, d'un bout le petit clos, d'autre bout la sente
aux Girards et la mare de la Ville ou étan.

14° Une autre pièce de terre en prey et labour assize
en la dicte paroisse nommée le Bosqueteau, contenant
une acre vingt perches, bornée d'un Costé Clément Girard
et la pièce y après, d'autre costé Geoffrey Costé au lieu de
Pierre Gilles Marays et la dicte sente de Boissey et d'autre
bout la rue des Maingottières tendant à l'église du dict
lieu du Houllebec; 15° *Item* une autre pièce de terre en
labour assize en la dicte paroisse du Houlbec, soulsz la
rangée du dict lieu du Houllebec, vers les marest avec le
plan dessus estant, contenant neuf acres, bornée François
et Jacques dictz Hamel, d'aultre costé Jules Lecat, et
Nicolas Tallon et les enfants soubagés de Jacques Lebourg,
fils Avice, et d'autre bout le chemin tendant de l'église

du Houllebec au moullin à vent du dict lieu du Houllebec;
16° *Item* une autre pièce en labour avec le plant dessus
estant sur laquelle il y a un Moullin à vent au dict lieu du
Houllebec, près la sente du dict moullin, et à la dicte seigneurie appartenant, contenant dix huit acres quatorze
perches qui est borné d'un C. le chemin herbé et le chemin
tendant au Bourgtheroulde, d'autre C. la sente des fossées
tendant du hamel des Hayes au Neubourg et autres, d'un
bout le chemin des Marestz tendant au Bec Hellouin et
Guillaume Langlois bourgeois de Rouen et plusieurs aultres; 17° *Item* une aultre pièce de terre en labour avec le
plant et cloze de fossez assize en la dicte paroisse du Houllebec, nommée le grand clos, contenant huict acres ou
environ, borné d'un costé le chemin d'Ellebeuf, d'autre
costé une autre pièce de terre du dit fief nommée le Bos-
quest et la sente aux Girards et plusieurs boutières;
18° *Item* une aultre pièce de terre assize en la dicte paroisse
du Houllebec, nommée le Petit Clos, avec les hayes, plants
et fosséez dessus estant, contenant cinq acres et demye dix
perches, sur laquelle pièce de terre passe la sente de
Boissey tendant aux Brières, bornée les frères Costé,
Nicollas Hesbert, par sa femme et d'aultre costé une aultre
pièce de terre du dict fief ou bois nommée les Bosquestz,
d'B la dicte sente et plusieurs au bas du petit clos et d'autre
bout Lebourg fils; 19° une pièce de terre labourable située
au Houllebec, triège de la rangée, vulgairement appelée la
pièce de Jean Lebourg, contenant dix acres, bornée d'un
costé Jean Lecat d'autre costé Guillaume Duval et M. Cabu,
d'un bout la sente aux écoliers, et Jacques Lebourg;
20° une autre pièce de terre en labour contenant deux acres,
appelée vulgairement les petits clos du tour des Maingottières de la dite paroisse du Houllebec bornée d'un costé le
Bosquet, d'autre costé la Vigne et Pierre Costé, d'un bout

les représentants de Fleury, et les grands Clos, chacun en partie d'un bout la rue et Françoise Costé, et la sente de Boissey tendant à la Londe, passant au travers de la dite pièce; 21° une autre pièce de terre en labour, assize en la dicte paroisse, contenant cinq vergées, triège de la rangée du Houllebec, vulgairement appelée la petite acre, se bornant d'un bout la sente tendante aux Hayes; 22° une autre pièce en labour assize en la dicte paroisse, triège de la rangée contenant cinq acres, ou environ, bornée d'un costé la pièce de terre sur laquelle il y a un moullin à vent, d'aultre costé le chemin en partie et les représentants de Jacques Fleury, d'un bout Jean Lecat, à cause de sa femme, aussi en partie le sieur Daubin, et d'aultre bout la rangée du Houllebec; 23° une aultre pièce de terre en prey appelée le Jardin aux Cat, située triège de l'église contenant vingt une acre, bornée d'un costé Jean Poullain, François Girard, d'aultre costé Jean Lecat et d'un bout la mare de la Ville.

24° Le bois du Houllebec contenant trente acres. D'où il ressort que le domaine non fieffé du Houllebec s'élevait en 1673 à *cent quatre vingt trois acres, six vergées et cinquante neuf perches.*

DÉSIGNATION DU MOULIN[1] A VENT DU HOULBEC
ET SES DÉPENDANCES (mêmes archives)

« Un moulin à vent faisant de bled farine, appelé le Moulin du Houllebec, situé en la dicte paroisse avec deux corps de bastiments en dépendant, bâtis en charpente posés sur un solage en pierre et cailloux, couverts en

---

[1] C'est près de ce moulin que se trouvait l'ancienne église du Houlbec.

paille. Le premier bâtiment consiste en une maison à usage de demeure, composé d'une chambre et d'une cuisine, et le second aussy d'une cuisine, deux chambres et une écurie, avec la portion de terrain sur laquelle les dictz moulin et bastiments sont assis et dont le surplus est en jardin, herbe et labour nouvellement défriché, se bornant d'un costé vers le midy, des terres en labour appartenant, à la seigneurie du Houllebec et qui en sont divisés par une haye, d'autre costé un chemin tendant du dict moulin à l'église du Houllebec, le long duquel est plantée une haye, d'un bout vers le Levant encore les terres en labour de la dite seigneurie également divisée de la dite portion de terrain par une haye et d'autre bout le chemin de Saint-Denis des Monts à Hermos.

2° Une masure plantée d'arbres fruitiers, close de hayes vives au côté vers le couchant et aux deux bouts et en partie de l'autre côté, située en la dite paroisse du Houllebec, au hameau des Hayes contenant environ une demi acre, bornée d'un côté vers le Levant le nommé Hayes, d'autre côté Nicolas Guérard, d'un bout la rue du dit hameau, et d'autre bout la pièce de terre en labour cy-après :

3° Une pièce de terre en labour faisant hache située au même lieu contenant environ une vergée et demie, bornée d'un costé les dits Guérard, et par le dit enhachement, une autre rue du dit hameau, d'un bout vers le midy la masure cy-dessus, et celle du dit Guérard, et d'autre bout pour les longs sillons, le chemin, et pour les courts sillons le dit Guérard pour terre en labour.

4° Une autre pièce de terre en labour située même paroisse au triège des friquettes, contenant environ une vergée et demie, bornée d'un côté le nommé Langlois, représentant le sieur Bizet, d'autre côté la D^{lle} Daubin,

d'un bout au Nord un chemin et d'autre bout le nommé
Gorand, pour un Bocquet.

Noms des principaux meunierset fermiers de la terre du
Houlbec, en totalité ou en partie, de 1673 à 1900 :

François Le Mercier, meunier, fils de Thomas, du Houlbec.

Adrien Costé, fils Adrien, *id.* à Houlbec.

En 1769, Hébert, meunier;

En 1789 Thomas J. B. Boudin, et sa femme Marie
Thérèse Harivel, meuniers; etc. etc.

Le 7 aoust 1769, Me Adrien de Postis du Houlbec,
accompagné de Thorel charpentier, et de Michel Hesbert
meunier, avait acheté et payé 191 livres une meule à
moulin, percée, pierre de Brie, de 6 pieds 3 pouces de
diamètre. Cette meule avait été fournie à Rouen par la
maison Addée. (Archives de la famille de Postis du
Houlbec.)

La pièce suivante se rattachant encore au domaine du
Houlbec nous paraît assez intéressante pour être citée.
La voici :

« ... trois lots et partages des héritages après deceds de
Françoise Le Clerc, en son vivant de la paroisse du Houlbec
présentés par Jean Hays son mari et donataire d'ycelle de
la tierce partye de lad. succession portée par son contrat
du mariage à noble homme Pierre de Postis prestres curé
de la paroisse du d. lieu Houllebecq au nom et comme
tuteur de Jacques de Postis escuyer Sr du Houlbecq;
lequel mineur est héritier de feu Louis de Postis en son
vivant S[r] du d. lieu du Houlbecq son grand-Père pour
estre choisis par le dit S[r] curé au d. nom a droit féodal
de deshérance et ligne esteinte jusque aux hoirs venants
estre réunis et incorporés au domaine non fieffé de
la seigneurie du Houlbecq les deux lots qui seront par

le d. sieur curé choisis et le non choix demeurera à mon
dit Hays en la qualité de donataire.

Suit la description de chaque lot.

.   .   .   .

Fait ce troisième jour d'avril mil sept cens quatorze,
présence de Jean Halbou de la paroisse de St Denis du
Bosguerard et de Pierre Lespron, prêtre vicaire du Houlbecq.

Ont signé : P. LESPRON, J. HALBOULT, le fait du dit Jean
Hays.

Pièce originale, Arch. de la famille de Postis.

En 1673, la terre du Houlbec, à cause des mineurs de
Charles de Postis, est baillée à Charles Duval, bourgeois
de Rouen, rue Herbière.

Le 4 février 1730, Guillaume Duval, du Houlbec, fermier
partiel.

Le 14 février 1731, Pierre et Jacques Costé frères, du
Houlbec, fermiers partiels.

Le 6 octobre 1736, Louis Guérard, de Gros-Theil, fermier
partiel.

Le 1er décembre 1736, Adrien Duval, de Gros-Theil, fermier partiel.

Le 15 décembre 1736, Abraham Lefebvre, du Houlbec,
fermier partiel.

Le 22 février 1737, Nicolas Lasne, du Houlbec, fermier
partiel.

Le 22 mars 1737, Nicolas Hesbert, du Houlbec, fermier
partiel.

Le 15 mars 1743, Martin Marest et Lecat, du Houlbec,
fermier partiel.

En 1789, Pierre Jacques Fleury, du Houlbec, fermier
partiel.

Puis Jacques Dauvergne du Houlbec.

— Homo, du Houlbec.

— Mancel, du Houlbec.

— Grouard, du Houlbec.

En 1867, Eustache et Maximin Léon de Saint Meslain, fermiers du tout.

En 1870, Adjutor Barbey, de Saint Paul de Fourques, fermier du tout.

En 1879, Delarue, d'Iville, fermier du tout.

Depuis 1880, Hyacinthe Laudrel, de Gros-Theil, terres de labour.

Depuis 1896, Jules Cirette de Crosville-la-Vieille, pour les herbages.

Notons en passant que le domaine de la Boissière devait chacun an 149 livres de rente à l'Abbaye du Bec, et que celui du Genétey sur Saint-Georges du Theil, possédé lui aussi par la famille du Houlbec, contenait 37 hectares, 49 ares, 24 centiares ; ainsi répartis :

Masure de Lannerie.	34 a. 55 c.
Masure du Genétey	3 h. 12 a. 22 c.
Jardin.	21 a. 21 c.
Clos du jardinet	21 a. 65 c.
Les Boullests.	29 a. 73 c.
Bois du Genétey	3 h. 26 a. 59 c.
Herbage du côté du bois de Ge-nétey	43 a. 74 c.
Grande cour de devant masure du Genétey	79 a. 64 c.
Terres de labour	28 h. 79 a. 91 c.
Contenance totale	37 h. 49 a. 24 c.

(Arch. de la famille du Houlbec, pièces authentiques.)

Nous croyons de notre devoir de faire observer au lecteur qu'il n'est déjà plus question du très important

domaine du Vieil Evreux vendu pour payer les dettes de
Louis de Larchant. Actuellement trois personnes du Houlbec paient encore aux de Postis du Houlbec une sorte de
rente seigneuriale ; ce sont les descendants de Côsté, de
Dossemont et Masselin. Et cette rente est légale.

CHAPITRE VI

PROCÈS SOUTENUS PAR LA FAMILLE
DE POSTIS DU HOULBEC

Procès aussi intéressants que vastes, et ce n'est pas peu dire.

Le lecteur se souvient que déjà nous lui avons parlé de plusieurs procès que dut soutenir la seigneurie du Houlbec, en particulier contre l'abbaye du Bec et contre Marie de Postis, femme de d'Oinville, ou Houetteville.

Il y en eut d'autres :

Le roi ayant besoin d'argent chargea Paléogo (1640-1641) de faire des recherches sur la noblesse de France avec pouvoir de saisir les biens des non nobles qui refuseraient de payer l'amende.

Paleogo trouvant que la réception que lui avaient faite les seigneurs du Houlbec laissait à désirer, fit saisir le vaste domaine. Mais il se radoucit devant les titres de noblesse authentiques qui lui furent exhibés.

(Arch. du Houlbec.)

Depuis le 30 juillet 1609 jusqu'au 1er juin 1681 eut lieu un procès entre les enfants de Postis du Houlbec, d'une part, et Marie Dubusc veuve Denis Rebuffé et ses enfants, de l'autre.

La veuve Rebuffé ne réclamait que la modique somme

de 31 500 livres qu'elle prétendait lui être due par Louis de Grimouville, sieur de Larchant.

(Arch. de la famille de Postis.)

Louis de Grimouville ayant contracté de nombreuses dettes que ne soupçonnait pas Suzanne du Val son épouse, laissa à sa mort une situation fort embrouillée et très onéreuse.

Au début Suzanne du Val consentit bien à répondre pour certaines créances qu'elle estimait peu élevées ; mais bientôt envisageant le gouffre qui se creusait devant elle, elle jugea nécessaire de renoncer à la succession du sieur de Larchant son mari[1]. Et néanmoins rien que pour combler certains vides, il lui fallut vendre l'immense domaine du Vieil Evreux, plus de 300 acres de terre. Ce fut là le point de départ d'une suite de fautes qui se succéderont et porteront un coup fatal à la fortune des de Postis.

Les enfants et petits-enfants de Suzanne du Val n'eurent point de peine à prouver que non seulement ils n'héritèrent point du sieur de Larchant mais qu'eux-mêmes avaient été victimes de ses dépenses exagérées.

Ils obtinrent gain de cause. 11 avril 1690.

(Arch. des de Postis.)

Procès détaillé dans 94 feuilles timbrées de la généralité d'Alençon.

Il dura quarante-sept ans.

Mon Dieu, on se plaint de nos jours des lenteurs de la justice. Et jadis ! Ils ne sont pas rares les procès de 20, 40

---

[1] Suzanne du Val renonça à la succession de Louis de Grimouville le 27 janvier 1598, par acte passé au greffe du bailliage et siège présidial d'Evreux.

50, 100 ans. Celui dont nous allons parler fut pendant 47 ans.

On se souvient de l'exposé que nous avons fait précédemment (page 131) de la lutte acharnée qui exista de la part de Marie de Postis, épouse de Antoine d'Oinville, (d'Oetville et mieux de Houetteville) baron de la Ferté-Fresnel, contre son frère Jean de Postis, décédé en 1624.

Marie de Postis ne voulant point reconnaître Charles de Postis, son neveu, fils de Jean de Postis et de Suzanne de Grimouville, prétendit être l'unique héritière de sa mère, Suzanne du Val, qui, comme nous l'avons dit, aliéna tout le domaine du Vieil Evreux pour acquitter une partie des dettes du sieur de Larchant, son second mari défunt.

Une note tracée par Suzanne du Val nous laisse deviner que son gendre Antoine de Houetteville marchait bien quelque peu sur les traces du sieur de Larchant, et que Suzanne avait dû vendre en une seule fois plus de 50 acres de terre dont le montant avait été remis à Marie de Postis pour apaiser les créanciers les plus menaçants.

Comme tutrice de Jean, son fils, elle se reconnaît redevable envers lui de 74 700 livres dont elle n'avait pas le premier écu, et néanmoins un mois avant sa mort, le 15 mars 1632, elle fait à sa fille Marie d'Houetteville, une vente du domaine et du manoir du Houlbec.

Hâtons-nous de déclarer que Suzanne avait toujours protégé son fils et son petit-fils, et que ses derniers actes lui sont moins imputables qu'à sa propre fille. Epuisée par l'âge, affaiblie physiquement et moralement par une suite non interrompue de chagrins domestiques, elle eût signé son arrêt de mort, si Marie sa fille le lui eût présenté.

A sa mort, survenue en avril 1632, sa fille Marie s'installa définitivement, et en maîtresse, au Houlbec, méconnaissant les droits de son neveu.

Damoyselle de Courselles (alias Courseulles) veuve de Charles de Postis, ayant déclaré son état de grossesse à la mort de son mari, de Tieuville sieur de Quetteville fut nommé curateur de l'enfant né et de l'enfant à naître. Il prit en main la cause de la veuve et les intérêts des enfants, avec une énergie telle qu'il remporta définitivement le succès, fit annuler tous les actes favorables à Marie de Postis et décréter la restitution de tout le domaine, héritages et loyers indûment perçus. Marie de Postis quitta le château, mais fit la sourde oreille en ce qui concerne les arrérages, etc.

Le procès continua et dura 47 ans; divers arrêts furent rendus, tous ou presque tous, défavorables à Marie de Postis, à son fils le baron de Crestot, à ses autres enfants et petits-enfants, entre autres à Dame de Bollengault; et le 11 avril 1690, Charlotte des Essarts, veuve de Louis de Postis, curatrice de Adrien et de Pierre de Postis, ses enfants, défend leurs droits contre les prétentions de Messire de Chaslon (ou Chaslou), baron de Crestot, conseiller en la court, et Gabriel de Lalier chevalier, sieur de Fayet, lieutenant colonel du régiment de Clermont, qui, pour ne pas exécuter les arrêts des parlements qui leur étaient défavorables, n'avaient plus qu'à invoquer la prescription, ainsi qu'une transaction de Jean et de Marie de Postis, en la date du 14 janvier 1590, sur laquelle ils prétendaient s'appuyer pour réclamer 43 000 livres.

Charlotte des Essarts, femme d'intelligence, qui avait mûrement étudié ce procès sous toutes ses faces, anéantit facilement leur argumentation, rien qu'en s'appuyant sur les dates, et fit rendre justice à ses enfants mineurs.

(Arch. de la famille de Postis.)

14

En 1729 il y avait déjà 12 ans que le droit de patronage pour la Cure du Houlbec était en débat, entre le seigneur du lieu et l'abbé du Bec. L'abbaye, comme nous l'avons vu, perdit le procès.

(Déclarations données à la chambre ecclésiastique du diocèse de Rouen.)

(Arch. de la Seine-Infér. G. 5549.)

Le 28 février 1761, Louis de Bourbon Cte de Clermont, prince du sang, créancier de 149 livres sur le sieur de la Boissière, Adrien de Postis, fait mettre arrêt de deniers sur Michel et Pierre Anias, père et fils, et sur Robert Voranger, fermiers du sieur de la Boissière.

Adrien de Postis de la Boissière était en enfance.

(Arch. de la famille de Postis.)

Le 13 may 1762, Monseigneur Louis de Bourbon Cte de Clermont, abbé du Bec, fait saisir tout le bois de la Caboche appartenant au sieur Pellefresne, demeurant paroisse St Jean, Elbeuf, époux de D^{elle} de Postis, fille d'Adrien de Postis, de la Boissière, pour arrérages de rentes dues à l'abbaye et s'élevant à 298 l.

Pour cet exploit, le père abbé envoie le sieur Cellier son receveur qui élit domicile, pour 24 heures, au manoir presbytéral de Saint-Denis du Bosguérard. Hervé Mollet huissier à St Georges du Gros-Theil, également pour ce même exploit, élit domicile au manoir presbytéral de Saint Pierre du Bosguérard.

(Arch. de la famille de Postis.)

CHAPITRE VII

DE GROLÉ DE LORRAINE D'ELBEUF

Magdeleine Victoire de Postis, fille de Messire Adrien de Postis chevalier, seigneur et patron du Houlbec et de noble D^{lle} Gabrielle Eléonore Victoire de Bourbel de Montpinçon, épousa le 7 octobre 1755, Messire Alexandre de Grolé[1] légitimé de Lorraine d'Elbeuf, fils de Henry de Lorraine et de dame Françoise de Longevois.   ·

De ce mariage :

1° Charles Henry de Grolé, né le 5 novembre 1755, décédé le même jour.

2° Henry Alexandre, né en 1760 le 8 juin, décédé le 4 septembre 1760.

3° D^{lle} de Grolé, mariée à Messire de Chesnard, comte de Boussey.

De ce mariage :

1° D^{lle} de Boussey, mariée au comte de Moustier.

2° N. de Chesnard, comte de Boussey, né en 1788, marié à Mathilde de Guenet.

De ce mariage :

1° Conrad de Boussey, mort sans postérité le 29 mars 1845.

---

[1] Les archives de la Seine-Inférieure portant de *Grosley* avec un *y* nous nous faisons un devoir de rectifier cette erreur, attendu que Alexandre de Grolé signe sans *y*, et sans *s*.

2° René de Boussey né en 1831, marié à D^lle de Riche-
mond ; sans postérité.

Avant d'épouser Magdeleine Victoire de Postis, Alexan-
dre de Lorraine, en premières noces, avait été uni à noble
D^lle Le Grand, fille de du Mesnil Le Grand demeurant à
Incarville, près Louviers, et de Marguerite de Postis.

Un document notarié au bourg d'Elbeuf, portant la date
du 15 novembre 1753, et faisant partie des archives de la
famille de Postis, nous atteste que Messire Louis Adrien
de Postis, chevalier, seigneur et patron du Houlbec, a
versé la somme de quatre mille livres en présence de Messire Alexandre Nicolas du Mesnil Le Grand.

Dont quittance signée : du Mesnil le Grand, de Grolé.

Cette somme provenait de la succession de feue Dame
Marguerite de Postis, sœur de Messire Louis Adrien de
Postis et épouse de Messire Alexandre Nicolas du Mesnil Le
Grand.

Un autre titre constate que Messire de Grolé, au règlement du compte définitif qui eut lieu au château du Houlbec le 18 septembre 1767, versa en écus de six livres la
somme de 1 119 livres.

Marguerite de Postis, née le 16 octobre 1698, épouse le
22 septembre 1728, le Grand, sieur du Mesnil. Leur fille
Marguerite Alexandrine Nicolas du Mesnil le Grand épouse
Alexandre François de Groslé de Lorraine, de la paroisse
de Caudebec-les-Elbeuf, et meurt à l'âge de vingt-quatre
ans au château du Parc, paroisse Notre-Dame de Caudebec-les-Elbeuf.

(Arch. de la Seine Infér.)

Le 15 janvier 1751, « noble dame Marguerite de Postis
du Houlbec, femme de Messire Jean Alexandre du Mesnil

le Grand mourut au château du Parc chez son gendre,
Messire de Groslé, à l'âge de cinquante deux ans. »

Elle fut inhumée le lendemain par le curé de Saint Pierre
Lierrout dans la chapelle Saint Sébastien en l'église de
Caudebec.

(Arch. de la Seine-Infér., p. 349,)

Son époux Jean Alexandre du Mesnil le Grand, le
29 mars 1761, loua pour 50 livres de loyer annuel une
partie du manoir seigneurial du Parc, pour en faire son
domicile. Le jour même il y fit apporter son mobilier.

(Arch. de la Seine-Infér., p. 369.)

Jean Alexandre du Mesnil le Grand mourut à soixante-
treize ans le 30 juillet 1767, château du Parc, léguant à sa
servante, Christine Delpierre, 100 livres, plus quelques
objets sans valeur, et tout son mobilier à Madeleine de
Postis du Houlbec, épouse d'Alexandre de Grolé, à
charge de faire dire, chaque année, dix annuels à son
intension.

Cette charge étant trop onéreuse, Madeleine de Postis
renonça à la succession.

Alexandre Le Grand fut inhumé en l'église de Caudebec.

(Arch. de la Seine-Infér., p. 377.)

Apparemment qu'à certains jours l'union et la paix ne
régnaient pas au château du Parc, entre les deux époux,
puisque les Archives de la Seine-Inférieure relatent un
long procès qui eut lieu entre Madeleine Victoire de Postis demanderesse en lettres de séparation de corps obte-
nues en la chancellerie du Palais de Rouen le 31 décembre 1773, et Messire Alexandre de Grolé, défendeur.

Un accord intervint le 20 janvier 1704, et Madame de

Grolé se retira dans la maison du refuge à Rouen, où elle ne resta que quelques mois, puis loua une maison à Montaure où elle se fixa.

(Enquêtes en mars 1774, et février 1775.)

Elle mourut à Caudebec le 3 janvier 1782, à l'âge de quarante cinq ans.

(Arch. de la Seine-Infér., p. 387 à 392.)

Le 17 mai 1775, Pierre de Postis, cheval. du Houlbec ancien garde du corps du Roi, ancien capitaine d'infanterie étant mort à Caudebec, Madeleine Victoire de Postis du Genétey des Essarts, demeurant en la paroisse de Caudebec requit avant l'inhumation Messire Lingeois notaire à Elbeuf pour apposer son scel sur les parties du domicile de son oncle Pierre de Postis, pour ensuite faire dresser l'inventaire des papiers et du mobilier laissés par le défunt, ce qui fut fait quelque temps après.

(Arch. de la Seine-Infér., p. 393.)

Le 14 mai 1782, en l'église de Saint-Pierre de Lierrout eut lieu le mariage de Marie Madeleine de Grolé âgée de vingt-quatre ans, fille d'Alexandre François de Groslé de Lorraine, et de Madeleine Victoire de Postis du Houlbec avec Chrétien Guillaume Jacques Jean Chesnard de Boussey.

(Arch. de la Seine-Infér., p. 418.)

Familles : Le Prévost de Sébouville de Turgis.
     —   *: Le bienvenu du Busc-Rabasse.*

Pierre Georges le Prévost de Saint Victor d'Epine escuyer avait épousé en 1754, en premières noces, D^{lle} Catherine Thérèse de Sébouville de Lyons-la-Forest, veuve en premières noces de Louis Vincent Mahière dont elle avait eu un fils qui fut prêtre. De son second mariage elle eut un fils : Pierre Georges Alphonse Le Prévost de Beaucoltot et une fille D^lle Julie Thérèse le Prévost qui épousa Messire Louis Nicolas de Postis seigneur du Houlbec et des Brières et patron de Notre-Dame du Houlbec.

Pierre Georges le Prévost de Beaucoltot, marié en deuxièmes noces à D^lle Magdeleine Reine de Folleville, eut trois fils :

1° Charles Hector Ferdinand le Prévost escuyer.
2° Constant François Aimé   —   —
3° Clotaire Honoré Georges   —   —

Arch. des de Postis du Houlbec de Sébouville.

« En 1635, le 17 décembre, élection de tuteurs aux enfants mineurs de feu Louis de Sébouville seigneur de Vignoru. Acte passé à Lyons devant maître Pierre Freslard sieur de Tournois.

Tutrice principale, D^lle Françoise Le Clerc, leur mère. Tuteur consulaire, le sieur d'Angerville advocat du Roy à Lyons.

« Tesmoings, parentz et amys des soubsaagés, du côté du deffunct :

Philippe de Sébouville escuyer sieur de Vignoru, père du dict deffunct ; François de Sébouville, escuyer sieur de Hennezis et des Marest, cousin germain du deffunct ; Jehan de Gaillarbois, escuyer et sieur de Saint-Denis-de-Ferment ; François le Lieur, escuyer sieur et patron de Beaufissel ; du côté de la veufve.

Alphonse Le Clerc, escuyer sieur de Croisset, frère de la dicte Damoyselle veufve ; Messire Gallien de Betencourt, conseiller du Roy, représenté par Messire Jehan Bence advocat ; Robert le Clerc escuyer sieur de Gaillarbois ;

Messire Anthoine de Lamare, escuyer sieur du Chesne-
varin.

(Arch. des de Postis.)

Les soubsaagés étaient :

Philippe de Sébouville, 14 ans.
Charles   —   13 —
Louys   —   12 —
Thomas   —   8 —
Pierre   —   6 — plus 5 filles :
Françoise, Anthoinette, Catherine, Magdeleine et Char-
lotte.

Le 12 octobre 1713 Pierre de Sébouville escuyer sieur
de Beauthil, fils légitime de Georges de Sébouville sieur
de Beauthil, d'une part et de D^{lle} Catherine Piscal, demeurant en la paroisse de Morgny, épouse D^{lle} Anne d'Ossemont, fille d'André d'Ossemont escuyer et de D^{lle} Angélique
Lesquer, demeurant en la paroisse de Martagny.

(Acte de mariage déposé aux archives de la famille
de Postis du Houlbec.)

De Turgis. Marie Gabrielle Victoire de Postis, fille de
Messire Louis Adrien de Postis chevalier seigneur et
patron du Houlbec et de noble D^{lle} Gabrielle Eléonore Victoire de Bourbel de Montpinçon, épousa Pierre Joseph de
Turgis, officier de la monnaye à Rouen.

De ce mariage :

1° Louis Pierre Auguste de Turgis, né en 1781, mort
sans enfants.

2° Marie Madeleine Victoire de Turgis née en mai 1783,
mariée le 12 juillet 1810 à Alexandre le Bienvenu du Buc,
fils de Charles Auguste le Bienvenu du Buc décédé le

4 mars 1809, et de Marie Madeleine Febvrier, décédée le 7 mai 1800. Il était officier de cavalerie[1].

De ce mariage :

Alfred le Bienvenu du Buc, né le 20 avril 1811, garde général des eaux et forêts, marié en mars 1837 à D^lle Félicie Adèle Vimont, décédée à la Saussaye, 1884.

De ce mariage :

Adèle le Bienvenu du Buc, née le 23 novembre 1837, mariée en 1855 à M. Léon de Bostenney.

De ce mariage :

Alice de Bostenney née le 15 octobre 1858, mariée à Messire des Horties de Beaulieu, capitaine d'Etat major à Rouen[2].

Charles Auguste le Bienvenu du Buc, époux de Marie Magdeleine Febvrier eut 5 enfants :

1° Alexandre le Bienvenu du Buc, époux de Marie Madeleine Victoire de Turgis, fille de Pierre Joseph de Turgis et de Marie Gabrielle Victoire de Postis du Houlbec.

2° Marie Louise le Bienvenu du Busc, épouse de Aymé Louis Alphonse de Postis du Houlbec.

3° N. le Bienvenu du Buc épouse de Théodore comte du Rouil.

4° N. le Bienvenu du Buc mariée à de Postel de Glos.

5° Louis Boniface le Bienvenu du Buc était de son vivant juge de paix à Montfort-sur-Risle-[Eure].

---

[1] C'est ce Charles Auguste le Bienvenu du Busc, officier de cavalerie, fort renommé pour son talent de stratégiste, qui élabora tous les plans de la chouannerie dans l'Eure, le Maine, etc. Son fils en a fait le récit, et son manuscrit se trouve au château de la Saussaye. Il sera publié plus tard.

[2] Cette famille habite le château de la Saussaye.

Le Bienvenu du Busc-Rabasse, de la paroisse de Saint-Denis-des-Monts.

Les archives du château du Houlbec ne possèdent que trois titres concernant la famille Le Bienvenu du Busc-Rabasse, de la paroisse de Saint Denis des Monts :

1° « du registre des baptêmes de la commune de Saint-Denis des Monts, arrondissement de Pont-Audemer département de l'Eure est extrait ce qui suit :

Cejourdhuy huitième de Mars mil sept cents quarante quatre Charles Augustin fils de Messire Charles François Nicolas Augustin de Bienvenu escuyer sieur de Bonnecourt [1], et de Dame Catherine de Poisson ses père et mère, né de ce jour de légitime mariage a esté baptisé en cette paroisse par moy prêtre curé du dit lieu, le parrain a èsté Messire Jacques de Poisson écuyer seigneur de l'église du dict lieu et du fief honoraire Dubuc-Rabasse, la marraine Dame Catherine de Marmouse le Bienvenu de Boncourt,

J. B. LÉCUYER.

Délivré en la maison commune de Saint-Denis des Monts conforme à la minutte par moy greffier soussigné le 20 pluviôse an D. de la République française une et indivisible.

LECAT, secrétaire.

Paroisse Saint-Sulpice de Paris.

Le seize du mois de juin de l'année mil sept cent quatre vingts neuf a été fait le convoy et enterrement dans l'Eglise de Damoyselle Petronille le Bienvenu fille mineure de Messire Charles Augustin le Bienvenu seigneur du Buc Rabasse et de Saint Denis des Monts capitaine au régiment

---

[1] Boncourt.

provincial de Pont-Eau-de-Mer, et de Dame Marie Magdeleine Febvrier ses père et mère, décédée hier dans la maison royale de l'Enfant Jésus, rue de Sève, âgée de près de quinze ans.

Témoins sœur Thérèse, Rose Delahaye de la Gontraye et sœur Jeanne Elisabeth Drouet de Mongermont hospitalières de la congrégation de Saint Thomas de Villeneuve qui ont signé.

Collationné à l'original par moy soussigné, prêtre et vicaire de la dite paroisse. Reps. vic.

A Paris ce dix-sept du mois de juin de l'année 1789.

3° Un troisième document incomplet, sur parchemin, signé de par Monseigneur fils et frère du Roy, duc d'Anjou de Bourbonnoys et d'Auvergne, comte de Forestz,..... La Marche, Montfort, Lamaury, Pair de France et lieutenant général, etc., contient un laissez-passer pour sa terre de Normandie et son retour à l'armée, délivré au sieur du Busc pour luy, ses gens, armes et chevaulx.

Donné à Paris le dernier jour d'octobre 1572.

Lorsqu'on possède la preuve que Damoyselle Marie Louise le Bienvenu du Buc épouse de Aymé Louis Alphonse de Postis mère de Louis Jules et de Ludovic Ferdinand, femme d'une haute valeur intellectuelle à qui revient en grande partie le mérite d'avoir recueilli une multitude de documents concernant la famille de Postis et les familles qui lui sont alliées, documents qui sont aux archives du château du Houlbec, n'est-on pas en droit de s'étonner de ne trouver que trois documents presque sans valeur sur la famille le Bienvenu des Busc-Rabasse? En face d'une pareille pénurie, n'est-on pas autorisé à soupçonner qu'il pourrait y avoir eu soustraction de documents? Peut être nous sera-t-il plus tard donné de les retrouver.

On comprendra notre laconisme, attendu que les documents ne s'inventent pas. Néanmoins la tradition nous fournit certains détails concernant cette noble famille le Bienvenu que nous nous croyons autorisé à relater ici, sans pouvoir toutefois ni les contrôler ni en garantir l'authencité :

Les Bienvenu du Buc (*alias* du Busc) Rabasse, remontent à plusieurs siècles puisque le troisième document précité constate leur existence au xvie. Ils habitaient à Saint Denis des Monts, canton de Bourgtheroulde, arrondissement de Pont-Audemer, un château féodal flanqué de plusieurs grosses tours en briques dont deux subsistent encore, et entouré de fossés qui ont été presque entièrement comblés. Ce château situé au midi de l'église paroissiale n'en est distant que d'une cinquantaine de mètres.

La tradition locale nous apprend que ce château, celui des Monts (sur Bosguérard-de-Marcouville) et un peu aussi celui du Houlbec, tous trois situés au plus à 2 kilomètres l'un de l'autre étaient le rendez-vous des chefs de la Chouannerie[1] qui s'y réunissaient nuitamment, élaboraient les plans de campagne et les faisaient parvenir dans tout le département de l'Eure, principalement dans la direction de Pacy, Saint-André, et même dans le Maine.

Or plusieurs fois ces plans furent connus des chefs républicains avant d'être parvenus aux Chouans. On en conclut

[1] Si l'on a eu raison de faire remarquer que les chouans de Vendée, du Poitou, du Maine et même de l'Eure n'avaient rien de commun avec les brigands, il est loin d'en être ainsi pour une sorte de chouannerie organisée dans la contrée et associée aux chauffeurs de pieds. Le Gros-Theil, le Houlbec et Saint-Denis paraissaient le foyer de ces brigands, et Letellier (?) guillotiné à Évreux et dont le crâne a été longtemps à l'amphithéâtre du jardin des plantes de cette ville était de Saint-Denis des Monts. Son fils menuisier a fait et posé les fenêtres de la cuisine actuelle du château du Houlbec.
(Voir monographie de Saint-Georges du Theil, p. 179. par l'abbé C. Heullant.)

qu'un traître devait faire partie du conseil, et on résolut de le découvrir et de le punir.

Les soupçons se portaient, il est vrai, sur l'un des chefs toujours assidu aux réunions. Mais comme on ne voulait se prononcer qu'à bon escient, avec preuves en main, une réunion fut projetée où l'on devait imaginer un plan d'attaque absolument irréalisable, plan qui devait demeurer dans les cartons. Or le surlendemain ce plan était parvenu au camp républicain.

Les chefs déclarèrent que, la preuve de trahison étant manifeste, le lâche devait mourir.

Celui-ci se rendait la nuit à une nouvelle réunion, suivant le sentier (qui subsiste encore) partant du château de Saint-Denis, traversant la route actuelle du Neubourg à Bourgachard, et aboutissant au château des Monts. Après avoir traversé la route, au moment où il pénétrait dans les monts, trois hommes l'arrêtent, en lui disant : « Tu es un traître ; mets-toi à genoux et recommande ton âme à Dieu, ta dernière heure a sonné. »

Après l'avoir tué, ils le jetèrent dans un trou creusé préalablement sur lequel ils plantèrent un arbre. Selon les déclarations qui nous ont été faites sur place, l'endroit où le traître serait enterré est à droite, au bord du bois, en face de la borne kilométrique au milieu de la côte des Monts se dirigeant sur Bourgachard.

Le testament qui suit se rapporte à la famille de Chesnard des Gats près Pacy.

Copie du Testament de Messire Pierre de Chesnard Desgats, neveu de Marguerite de Chesnard, décédé à Saint-Aquilin près Pacy-sur-Eure, le 5 fructidor an 9 de la République. « J'ai soussigné Pierre de Chesnard Desgats ancien commandant de bataillon au ci-devant régiment de Champagne, comme l'heure de la mort est incertaine et ne voulant pas laisser sans récompense après moi les fidelles services de mes domestiques. De plus, voulant disposer de mes biens, comme jé le juge convenable, en me conformant à la loi du quatre germinal an huit, c'est ce qui m'engage à faire mon testament et à déclarer mes dernières volontés ainsi qu'il suit, savoir :

ARTICLE PREMIER. — Je donne et lègue par le présent mon testament, sous la réserve toutefois d'une somme de dix mille francs mentionnée en l'article II qui suit, à Jean François Bouland, dit St Jean, à mon service depuis le dix neuf janvier mil sept cents quatre-vingt quatre lequel dans tout le cours de la Révolution, dans le tems de la terreur, pendant ma détention de onze mois, et enfin depuis qu'il est chez moi jusqu'à ce jour, n'a cessé de me donner des preuves de son attachement à ma personne, de sa probité, de sa fidélité, de son parfait dévouement jusqu'à exposer sa vie pour mon service. En considération de quoi je lui donne et lègue tout mon mobilier fruit de mon économie et en partie de celle de mes domestiques tel qu'il se trouvera au jour de mon décès dans ma maison de Beauregard, tant en argent comptant que tout celui qui pourra m'être dû au dit jour, toute ma garde-robe et effets à mon usage, mon argenterie, ma bibliothèque, tout mon linge, tous mes meubles meublant ma dite maison, mes bestiaux et enfin généralement tout ce qui est compris sous le nom de mobilier, sous la réserve ainsi qu'il est dit ci-devant de l'article II ci-après, d'une somme de dix mille francs dont je dispose à prendre sur la totalité du dit mobilier, le legs par moi fait au dit Jean François Bouland et la ditte somme de dix mille francs mentionnés ci-dessus et en l'aultre part et et en l'article suivant en faveur de sa femme reversible sur la tête du survivant d'entre eux.

ART. 2. — Je donne et lègue par le dit mon testament à Marie Jeanne Rouget ma cuisinière, femme du dit Bouland entrée à mon service le deux juillet mil sept cents quatre vingt quatre la somme de dix mille francs à prendre sur le dit mobilier en l'aultre part, article premier, pour preuve de ma satisfaction de ses services, en témoignage de sa probité et de sa fidélité dont je n'ai jamais eu qu'à me louer tout le tems qu'elle a été chez moi.

Art. 3. — Voulant récompenser mes domestiques autant qu'ils m'ont donné de satisfaction de leurs services, j'entends et mon intention est que les deux premiers legs qui les concernent soient perçus par eux, sans aucuns frais relatifs aux successions, donations, par testament contrôlé, et généralement tous frais quelconques, sous telle dénomination que ce soit. En conséquence il sera prélevé sur tous mes biens fonciers et rentes actuelles une somme de trois mille francs sur laquelle seront pris et payés les frais qu'occasionneront les deux dits premiers legs et en sus sera aussi pris sur la ditte somme de trois mille francs, celle de deux années de gages argent comptant que je donne et lègue par le dit testament à la fille de basse-cour qui se trouvera chez moi au jour de mon décès. L'excédent de ces frais et legs de deux années de gage, jusqu'à la somme de trois mille francs, je le donne et lègue à Victoire Bouland pour reconnoitre d'autant plus les bons soins de ses père et mère.

Art. 4. — Suivant la loi du quatre ... an huit, je ne puis disposer que des trois quarts de tout mon bien. Il y a donc un quart de tout ce même bien à soustraire de mes dispositions testamentaires. De plus sur les trois quarts restants sont encore à soustraire les legs mentionnés aux articles I, II, III, dont j'ai disposé comme on le voit ci-dessus et aux autres parts, et enfin sur les trois quarts disponibles seront payées les grosses et usufruitières réparations qui se trouveront à faire au jour de mon décès à ma maison de Vernon, rue St Jacques que j'ai achetée à vie, sous la condition qu'après ma mort..... seront chargés des dittes réparations à prendre sur mes immeubles et non sur mon mobilier.

Le surplus de mes biens et de mes rentes actives dont il me reste à disposer, le quart de tous mes biens réservé, les legs articles I, II, III, délivrés, les grosses et usufruitières réparations à ma maison de Vernon, faites et payés.

Je donne et lègue par le présent mon testament à Chrétien, Guillaume, Jacques, Jean de Chesnard de Boussey l'excédent des dits biens et rentes actives tout et authant que je suis autorisé par la ditte loi ci-devant citée du quatre germinal au huit,

voulant que le dit mon testament soit en tems que besoin
sera exécuté en tout son contenu conformement aux anciennes
lois relatives aux testaments ou actes de dernière volonté, et
que celles actuelles ou les nouvelles lois si elles sont les plus
avantageuses aux légataires ci-devant nommés serve de base
et de règle pour sa pleine et entière exécution.

Je déclare et affirme avoir fait le présent mon testament
tout entier écrit de ma main, étant en pleine santé, sans
aucunes infirmités et sans aucunes instigations des légataires
ci-devant nommés.

Pour exécution du présent mon testament je nomme Jacques
Henry, Hypolite Trichard notaire public à Vernon, y deumeu-
rant; je le prie de vouloir bien le faire exécuter et de recevoir
de ma part une bague de la valeur de cent cinquante francs.

Fait à Beauregard, Commune de St-Aquilin près Pacy sur
Eure, le premier floréal an huit de la République française.

PIERRE DE CHESNARD DES GATS.

Note sur papier libre :

A la première ligne de l'article 4 de mon testament, j'ai
oublié le mot : *Germinal.*

A la 18e ligne de la 3e page j'ai omis *mes héritiers*.

Je me suis apperçu de ces deux légères omissions, en lisant
mon testament, mais elles m'ont paru de si peu de conséquence que j'ai jugé qu'elles ne méritaient pas que j'écrivisse
de nouveau mon testament.

A Beauregard, le premier floréal an huit.

Signé : DESGATS.

Le lecteur nous pardonnera d'avoir cité tout au long ce
document. Nous pensons avoir pour excuse le désir de
faire ressortir comment la noblesse savait récompenser
les services et le dévouement des serviteurs qu'elle consi-
dérait comme faisant partie de la famille et que l'on appelait *Familiares, Familiers*.

Que les temps sont changés!

Jadis on n'ignorait pas que la charité et le respect pour le vieux serviteur était un devoir en même temps qu'une bénédiction. Aujourd'hui !...

Principales alliances des de Postis du Houlbec. Armoiries.

1° Suzanne de Grimouville, épouse de Jehan de Postis, escuyer, seigneur du Houlbec et du Vieil-Evreux était la fille de Loys ou Nicollas de Grimouville, seigneur de Larchant officier général sous Henry III et cordon bleu, et de noble D^lle de Jarnac, fille de haut et puissant seigneur messire le comte de Jarnac-Chabot par sa mère Jacqueline de Pitebout, dame de Brécourt.

Loys de Grimouville père de Suzanne, fut fait cordon bleu par Henri III le 31 décembre 1583 et son frère cadet fut fait cordon bleu par Henri IV à Rouen le 5 janvier 1597. Il avait épousé en secondes noces Suzanne du Val, et fut tué au siège de Rouen.

2° Charlotte des Essarts, épouse de Louis René de Postis, esc. seigneur et patron du Houlbec, était fille de Martin des Essarts. esc. seigneur de Saint-Aubin la Rivière, du Genétey (sur Gros-Theil) et de la Bretèque. Elle avait un frère qui était capitaine de la Noblesse à l'arrière ban et qui mourut en 1715 sans postérité.

Elle mourut à Houlbec le 12 juin 1706 et fut inhumée dans le chœur de l'église du dict lieu le 13 dudit mois.

3° Marguerite de Chesnard, épouse de Adrian de Postis escuyer seigneur et patron du Houlbec, était fille de Jacques de Chesnard, esc. seigneur et patron de Boussey, Beauregard, des Gas et de la Préberde, et de Marguerite le Fort de Bonnebos. Elle mourut fin août 1754 à Houlbec et fut inhumée dans le chœur de l'église du dit lieu le 26 août.

4° Le Grand, escuyer, sieur du Mesnil, demeurant à

Incarville, époux de **Marguerite de Postis**, fille de Adrian de
Postis et de Marguerite de Chesnard, était capitaine à la
suite du régiment de Bourbon cavalerie, fils d'Alexandre
le Grand escuyer, sieur du Mesnil et de dame Durand.

5° Gabrielle-Léonore Victoire de Bourbel de Montpinçon,
épouse de Louis Adrien de Postis, chevallier, seigneur et
patron du Houlbec, était fille de messire Raoul de Bourbel,
chevallier seigneur de Montpinçon et autres lieux. Elle
mourut le 28 novembre 1760 à Houlbec et fut inhumée le
29 du même mois dans le chœur de l'église du dit lieu.

6° Magdeleine Victoire de Postis, fille de Louis Adrien de
Postis et de D^lle Gabrielle Léonore Victoire de Bourbel de
Montpinçon, était épouse de messire Alexandre François
de Grôlé, légitimé de Lorraine d'Elbeuf, veuf de feue Marguerite Alexandrine Nicolas du Mesnil le Grand, fils de feu
très haut et très illustre prince Henri de Lorraine, duc
d'Elbeuf, pair de France, gouverneur et lieutenant général pour sa majesté en ses provinces de Picardie et Artois
et de dame Françoise de Longevois.

7° De Turgis, époux de D^lle Marie Victoire Gabrielle de
Postis fille de Louis Adrien de Postis et de D^lle Gabrielle
Léonore Victoire de Bourbel de Montpinçon était officier
commensal de la maison du roi, monnoyeur en son hôtel
des Monnaies de Rouen, licencié ès lois, avocat au parlement de Mormandie.

8° Julie Thérèse le Prévost, épouse de Louis Nicolas de
Postis, escuyer, garde du corps du Roi, était sœur de messire Pierre Georges Le Prévost de Beaucoltot garde du
corps du Roi, compagnie du Luxembourg, et capitaine
de Cavalerie et la belle-sœur de Noble Dame Charlotte
Marguerite du Four de Longuerue. Elle mourut l'an 13 de
la République au Houlbec.

9° Marie Louise le Bienvenu du Busc-Rabasse, native de

Saint-Denis des Monts, était fille de Charles Augustin escuyer, sieur de Boncourt, du Busc-Rabasse, etc., et de dame Catherine de Poisson. Elle était l'épouse de Aymé Louis Alphonse de Postis, décoré de la légion d'honneur et commandant de gendarmerie aux Andelys.

10° Alexandrine Julie de la Porte, épouse de Ludovic Ferdinand de Postis du Houlbec est fille d'Alexandre comte de la Porte frère aîné d'Alphonse Adrien Léopold vicomte de la Porte, et de Achille baron de la Porte, cousine du marquis de la Ferté Fresnel, des de Brévedent, des de Bonnechose, des de Nollent, des de Chambray, des de Choisne de Triqueville, etc.

11° Adrienne Marie Marguerite Loyzeau de Grandmaison et épouse de Adrien de Postis du Houlbec, est fille de Marie Hubert Loyseau de Grandmaison, et de Marie Pauline Alexandrine de Pons de l'Oliverie, fille de de Pons de l'Oliverie de la Chebassière, famille issue des Sires de Pons, en Saintonge.

La famille de Postis s'est encore alliée aux familles de Grimouville Larchant, d'Oinville, de la Ferté Fresnel, Le Gendre de Courseulles, du Val de Bordigny, Le Mancel de Nétreville, Lespringuet d'Argences, de Grolé, de Castelnau des Landes, de Flavigny, de Billé, etc.

ARMOIRIES

De Postis : Trois rencontres de cerf d'or, placées de front, deux en chef, une en pointe, sur fond d'azur, avec deux lévriers pour supports [1].

De Grimouville : De gueules à trois étoiles de mer

[1] A. Bibl. nat. Cabinet des titres, v° 481, par Barrin de la Galissonnière, les supports sont 2 sauvages : Cimier : un sauvage tenant une massue. La famille de Postis actuelle a bien 2 lévriers pour supp.

d'argent (alias d'or), deux en chef, une en pointe, et pour supports deux sirènes tenant chacune un miroir. Devise : *Timor Dei nobilitas*. Cimier : une sirène tenant un miroir [1].

De Jarnac : Ecartelé d'azur au lion d'or tenant en ses pattes un rameau de laurier.

De la Porte de Pinçon : Chevrons d'or accompagnés de deux roses d'or en chef et d'une étoile d'or en pointe sur fond d'azur [2].

De Pons : Ecartelé, au premier, d'argent au lion grimpant de gueules, armé, lampassé et couronné d'or ;

Au deuxième, d'argent au chevron de sable, accompagné de trois fleurs de lys de gueules, posées deux en chef, une en pointe ;

Au troisième écartelé ; au premier et quatrième, d'azur à trois pals d'or qui est de Ravart ; au deuxième et troisième parti et coupé d'azur et d'argent, à quatre fleurs de lys de l'une en l'autre qui est Desmier.

Au quatrième d'argent au lion grimpant de sable, orné lampassé et couronné de gueules.

Sur le tout :

D'argent à la fasce coticée d'or et de gueules de six pièces qui est de Pons.

De Loyzeau de Grandmaison : De sable à un oiseau d'or sur un écot de même et une étoile d'argent en chef.

(Carré de Busserolle. Touraine, II, p. 595.)

---

[1] On disait des de Grimouville : la dixième tête de France, sans connaître la première.

Le Roy disait : Moy et Grimouville.

[2] Le Prévost indique l'étoile comme étant d'argent. C'est une erreur.

Le Bienvenu du Busc (alias Buc) : D'azur au sautoir engrelé d'argent cantonné de quatre fers à cheval d'or.

(Le Prévost.)

De Planterose : De gueules au chevron d'or accompagné de trois roses d'argent, deux en chef et une en pointe.

(Le Prévost.)

La famille de Planterose a habité jadis le château de Grouchy, Hermos ou Val-Cabot, sur Saint-Eloy-de-Fourques (note de l'auteur).

Aubert (épouse de Jacques Postis) : d'argent à trois fasces de sable, accompagnée de trois roses de gueules rangées en pal.

Patry (épouse de Mathieu Postis) : De gueules à trois petites feuilles (alias de trois quintefeuilles) d'argent; deux et une. On ajoute parfois l'écu fleuronné d'or. (C.f. Lebeurier, p. 48, n° 69.)

Du Val de Bordigny, d'Hectomare, etc. (d'après Charpillon) : D'argent à la bande de gueules (d'après Potier de Courcy) d'azur au chevron d'or accompagné de trois coqs de même, crêtés et barbés de gueules.

D'Oinville : D'or à trois ou cinq bandes de gueules.

De Piteboul (mère de Suzanne de Grimouville) : D'argent au chevron de gueules chargé de trois flanchis d'argent et accomp. de trois roses de gueules.

Bibl. nation. dossiers bleus 8492, fol. 1.

De Courseulles : Ecartelé d'argent et d'azur.

Bibl. nation. Cabinet de d'Hozier
2883 fol. 7 et 27.

Le Mansel ou le Mancel : S. de Nétreville et du Long-Buisson à Evreux : D'azur semé d'étoiles d'argent à trois

pommes de pin renversées d'or, posées deux et une bro-
chant sur le tout.

On trouve ailleurs, d'azur semé d'étoile d'argent à trois
grappes de raisin d'or tigées et feuillées de même, deux en
chef et une en pointe.

(Arch. nation).

De Chesnard : Trois ruches sur fond.....(?) posées deux
en chef et une en pointe. Armoiries gravées sur la pierre
en l'église du Houlbec.

(Fondation de Chesnard.)

De Thumery : Écartelé de gueules et d'azur, par une
croix engreslée d'or sur gueules, et d'argent sur azur,
cantonnée de quatre flammes d'or.

(Charpillon, t. II, p. 776.)

Le Carpentier : D'argent au chevron de sable et une
molette d'éperon sur la pointe du premier émail.

Du Pont : D'*argent* au chef échiqueté d'or et d'azur.

Des Essarts : De gueules à trois croissants d'or, 2 et 1.

CHAPITRE VIII

Les archives de la famille de Postis du Houlbec possèdent :

Ung traicté de mariage d'entre Thomas des Essars esc., vicomte de Neufchastel, et Marguerite, fille de Robert Allorge esc., sieur du Castellier (sur la paroisse de Bosguerard de M^{ille}) en dabte du 6e de may 1486.

Une coppie donnée en la cour du Roy à Angers l'an 1498, où Jehan des Essars, esc. bourg. et con^{er} de Rouen est desnommé procur^r de Marguerite Gueroud son espouze.

Ung aultre traicté de mariage entre noble homme M. Guille Lat vivant cons^{er} du Roy et récepteur général de ses finances à Rouen et damoyselle Regner des Essars, fille de deffunct noble homme Jehan des Essars en son vivant advocat et damoyselle Jacquelyne de Quincarnon son feu père et mère du consentement de noble homme Mre Charles des Essars cons^{er} en la vicomté de Rouen et Martin des Essars homme d'armes de la compagnie de M. de Carrouges frères de la dite damoyselle faict en la présence de nobles hommes Mre Nicolle Maignart lieutenant général de l'admiraulté de France de la table de marbre du pallays de Rouen et Richard le Gras s^r de Bardouville et Mre Guille Heranbourg, huissier en la chambre des rqtes de la ville de Rouen et de Barthèlemy Gueroud.

Signé : LAT, CHARLES des Essars, MAIGNART et LE GRAS en dabte de 29e juing 1583.

Ung aultre traicté de mariage entre noble homme Robert Roussel sʳ de la Marc, homme d'armes de la q. pagnye de M. de Tarchy et damoyselle Marye des Essars fille de deffunct noble homme M. Jehan des Essars, en son vivant advocat en la court et parlement de Rouen et damoyselle Jacquelyne de Quincarnon ses père et mère du consentement de nobles hommes Mʳᵉ Charles des Essars consᵉʳ en la vicomté de Rouen et de Martin des Essars, ses frères, faict en présence de nobles hommes Jehan Le Petit sʳ du Catillon, Charles de Vatemarc sʳ de Vatemare, Mʳᵉ Nicolle Maignart sʳ de la Heunière, Mʳᵉ Guille Lat et Mathieu de Quincarnon sʳ des Rousseaux en dabte du 22 april 1586.

Signé : ROUSSEL, JEHAN et MARTIN dictz des Essars,
MAIGNART, LAT, LE PETIT.

Ung aultre traicté de mariage entre noble homme Gilles le Bienvenu esc. sʳ de la Mothe de Fresnay, et damoyselle Geneviève des Essars, fille de noble homme Mʳᵉ Jehan des Essars sʳ de Saint-Aubin et damoyselle Jacquelyne de Quincarnon en la présence et du consentement de noble homme Martin des Essars sʳ de Saint-Aubin, frère de la dite damoyselle Geneviève en dabte du..... 1594.

Extrait du registre du tabellionnage et sergenterie du pont Saint-Pierre pour estre ce quy en suict :

Du mercredy cinquiesme jour d'april mil cinq cens quatre-vingt et neuf au manoir seigneurial debvant Nicollas Le Chevallier tabellion au pont Saint-Pierre et Jehan Boissin greffier furent prêstz Hector de Thumery sieur de la Cambe et Catherine Allorge son espouze demeurant au

dit lieu de la Cambe[1] parroisse de Saint-Elloy de Fourques
eslection du Pont-Authou d'une part, et Martin des Essarts
aussy escuyer, s^r de Saint-Aubin-la-Rivière demeurant au
dit lieu d'autre part, lesquellz de leur bon grey franche'
voullonté et à instance de requeste l'un l'aultre recongnu
et confesse leurs seingtz escriptz et apposez cy-dessus es
deux feuilles de pappier. Asscavoir. . . . .

. . . .

Pour parvenir au mariage qui au plaisir de Dieu sera
faict et solemniteez en face de saincte église apprez les
sollesnnitez de l'église à ce requyses et nécessaires demeurant faictes et accomplyes entre Martin des Essars s^r de
Sainct-Aubin d'une part, et damoyselle Alliénar de Thumery, fille légitime et naturelle d'Hector de Thumery
escuyer, s^r de la Cambe, et dame Catherine Allorge ses
père et mère d'aultre part ont esté faicts les accordz dons
et promesses d'un futur mariage qui ensuive...

Présents : Dom Georges du Boscrenoult grand prieur de
l'abbaye du Bec-Hellouin et nobles hommes Martin Allorge
s^r de Daineville et de Saint-Jacques sur Darnetal demeurant au dict lieu de Daineville ; Jacques de Croyxmare s^r
de Saint-Just, conseiller en la cour des Aydes demeurant
en la ville de Rouen paroisse de Saint-Laurent; Richard
Le Gras s^r de Bardouville et de Roumare, Mathieu de
Quincarnon s^r des Rousseaulz demeurant à Pitres, Philippe
du Mesnil Jourdain sieur d'Angers demeurant au dit lieu
d'Angers tesmoingtz.

Ung traicté de mariage entre M. Charles Maignart s^r de

---

[1] *La Cambe*, ancien fief en la paroisse de Saint-Eloy de Fourques
où était le château des de Thumery, habité plus tard par des de
Postis. Actuellement c'est la demeure de M. Hareng, maire de
Saint-Eloi de Fourques dont le grand-père l'acheta au sieur Pilon
du Coudray.

la **Heunière** advocat à Vernon et Damoyselle Guillemette des Essarts fille de feu noble homme M⁰ Jehan des Essarts en son vivant escuyer advocat en court Laye, sʳ de Saint-Aubin et de Damoyselle Jacquelyne de Quincarnon en dabte du 10 juin 1797.

Dans le contrat de mariage entre Louis de Postis et Charlotte des Essars du Genétey, il est dit : « Le dict sieur du Vieil-Evreux a déclaré et recognu que la somme de huict millivres tournois qu'il aurait cy devant payée à Damoyselle Louyse du Val, fille et héritière de feu sieur Jehan du Val David par contrat passé devant maistre Nicollas Bérenger nottaire et tabellion royal à Evreux et Guillaume du Bosc son adjoint le quatriesme jour d'octobre mil six cents cinquante et ung controllé au controlle du Pont-Audemer le vingneufiesme jour de janvier mil six cens cinquante et deux...

... Le dict sieur futur époux sera obligé de payer et ratifier les deux aultres tiers de moitié venduz et engagez par la somme de seize mil livres tournois a François de Chesnard escuyer sieur des Gatz et a Jehan de la Garenne escuyer sieur de Douains par contract passé par devant le dict Bérenger tabellion devant nommé le troisième jour de novembre au dit an mil six cens cinquante et deux...

Présents : Louis des Essarts escuier frère de la dite Damoyselle future espouze, Louis des Essarts escuier conseiller du Roy nostre sire vicomte d'Andelys oncle paternel des dictz des Essarts. Charles Guerould escuier sieur des Essarts cousin maternel des dictz des Essarts, ce jourd'huy vingt troisiesme de février mil six cents cinquante neuf. Aprobo.

GERMAIN VRAZ.

Suivent les signatures :

Louis de Postis, Charlotte des Essarts, Charles de Postis, Charlotte de la Vasche, Louis des Essarts, Guérould des Essarts et Guérould du Manoir, chacun ung paraphe.

Charlotte des Essarts était fille de Martin des Essarts sieur du Genétey et de Damoyselle Charlotte de la Vasche. De ce mariage sont issus 2 enfants :

Charlotte des Essarts épouse de Louis de Postis.

Louis des Essarts, escuier marié à Marie Claude de Loubert.

Dans un transport en date du 3 avril 1636 il est fait mention de lots et partages faictz de la succession de deffunct Jacques des Essarts, de son vyvant escuier sieur de la Bretesque, homme d'armes de la compagnie du Roy. Il fut tué entre Louis des Essarts vicomte d'Andelys et Martin des Essarts sieur du Genétey.

Traicté de mariage en date du 10 juin 1597 entre François Maignard esc. sieur de   fils aîné et hérittier de noble homme messire Charles Maignard sieur de la Quenière (ou Quevière) demeurant à Vernon d'une part et Damoyselle Guillemette des Essarts, fille de deffunct noble homme Jehan des Essarts, de son vivant advocat en la cour laye, sieur de Saint-Aubin la Rivière et de Damoyselle Jacqueline de Quincarnon ses père et mère.

(Arch. de la famille de Postis du Houlbec).

Le 11 juillet 1647, aveu rendu à l'abbaye du Bec par Damoyselle Charlotte de la Vasche, veuve de deffunct Martin des Essarts escuyer tutrice de ses enfants et Charles des Buts à cause de Catherine du Val sa femme, pour une pièce de terre contenant 5 vergées et faisant partie de la terre du Genétey sur le Gros-Theil. Charlotte de la Vasche était fille de Charles de la Vasche escuyer demeurant au

Vaudreuil, qui lui-même avait pour mère Louyse de Postis.

Elle avait une sœur Marguerite dont nous parlons plus bas.

Charlotte des Essarts veuve de Louis de Postis avait acquis le 15 mai 1696 de Philippe Mabire, sieur de Longuemare, la ferme de Laignerie, mouvant de la seigneurie du Houlbec et dépendant du Genétey.

(Arch. des de Postis.)

Charles de la Vasche escuyer marié à Damoyselle Louise Pottier. De ce mariage :

1° Marguerite de la Vasche, mariée le 11 novembre 1637 à Charles Guerould, sieur du Manoir. D'où fut issu Charles Guérould sieur du Manoir;

2° Charlotte de la Vasche mariée le

à Martin des Essarts escuyer, sieur du Genetay. D'où sont issus :

Louis des Essars, escuyer, marié à Marie Claude de Loubert et

Charlotte des Essars qui épouse Louis de Postis, le 23 février 1659.

(Arch. des de Postis.)

Traité de mariage entre Louis des Essarts s^r du Genétey et Damoyselle Claude de Loubert 20 juillet 1662.

A tous ceulx qui ces présentes leettres verront et orront, le garde du scel aux contratz et obligaôns de la ville et Chastelnye de Pacy salut scavoir faisons que par devant Michel Ficquet et Jacques Henry Laisney tabellions royaux au dict Pacy, furent présentz Louis des Essarts escuyer seigneur du Genétay[1] et de la Bretesque, damoyselle Claude

<hr>

[1] Genétay, ancien fief assis en la paroisse de Saint-Georges du Theil.

de Louber son espouze de luy authorizée d'une part, et
Louis de Louber escuyer, seigneur de Martainville demeur-
rant au dit Martainville... etc., etc. traité passé devant
Louis Roussel tabellion es la branche du Cormier, 1663,
12 may etc.

Pour parvenir au mariage qui Dieu aydant sera célébré
es l'esglize catholique apostolique et romaine entre Louis
des Essars, escuyer seigneur du Genétey et de la Bretesque
filz de deffunct Martin des Essars aussy escuyer seigneur
du dit Genétay et de la Bretesque et de dame Charlotte de
la Vasche demeurant es la paroisse de Saint-Georges du
Gros-Theil pays du Roumois vicomté du Pont-Autou d'une
part, et Damoyselle Claude de Louber fille naturelle et
légitime de Louis de Louber escuyer seigneur de Martainville et de Rochefort et de dame Claude de Tilly demeurant au manoir seigneurial du dict Martainville vicomté
d'Ezy, bailliage d'Evreux d'autre part ont esté les accordz
et conventions etc. es prêce et consentement de Louis des
Essars vicomte d'Andely demt à présnt à Rouen paroisse
Saint-Nigaize, son oncle M^ro Pierre de Guilber es^r con^r du
Roy, lieutenant général criminel à Dieppe, siège d'Arques,
Charles Guerould es. s^r du Manoir, Isambar Daniel es. s^r
de Lestaut, René de Gennes es. s^r de Montmartin, Louis
de Postis es. s^r du Houlbec, les Marestz, Jacques de Farou
es. s^r de Ranöe et Esctor de Tumery es. s^r de la Cambe,
ses parents et amys, etc., etc. Damoyselle Claude de Louber es la prêce et advis et consentement des dits seigneurs
et dame ses père et mère, de Louis de Loubere es. seigneur
du dict Martainville son ayeul paternel de Mre Emery de Louber es. prestre curé de Cormier son oncle paternel Chris-
tophlle de Louber es. s^r de Neuilly, Charles du Val David
es. seigneur du dict Val David, Jean des Brosses es. s^r de
Batigny. Dame Marthe de Ser veuve de feu François

de Morainville cheval. s. d'Orgeville, Robert de Morainville, son frère, Rober de Louber es. frère aysné de la
ditte damoyselle future espouze, Jean de Louber es. son
second frère, damoyselle Eslaire de Louber veufve de
Charles Le Barbier es. s. du Fardou sa tante, René du
Chesne esc. s. de Préaux, Messire Pierre du Chesne esc.
prestre curé du Plessis, Barthelemy du Chesne esc. s. de
Saint-Marc de Préaux, Louis de Tilly cheval. s. de Frémont,
dame Françoise Le Forestier sa femme, haut et puissant
s[r] Messire Charles de Tilly chev. s. et marquis de Blaru et
dame Claude d'Arcours son espouze etc...

Suivent les signatures avec paragraphes.

Collation faitte sur l'original en parchemin conforme
à icelluy par moy Guillaume Louvel[1] tabellion juré au
bailliage et duché d'Elbeuf pour le siège de la Haye du
Theil et du Theil, etc.....

Ce 13 février 1715.

(Arch. de la famille de Postis du Houlbec.)

En 1716, le 21 août, procuration passée par devant les
notaires de Dieppe, en présence des sieurs de Villers et
Avisse, curateurs concernant une rente de 75 livres due
par la succession du sieur des Essarts, à[2] Pierre Bonaventure de Guillebert, sieur de Rouxville rente qui sera payée

(Acte sur papier timbré. Archives de la famille du Houlbec.)

---

[1] Guillaume Louvel était tabellion à Saint-Georges du Theil. Il a
encore des descendants, dans la paroisse.

[2] Pierre Bonaventure de Guillebert escuyer s[r] de Rouville était
fils unique et héritier de François Bonaventure de Guillebert escuyer
s[r] de Rouville et de noble Dam Louise de Pignée de Douxmesnil
ses père et mère. Il avait épousé une fille de Louis des Essars,
vicomte d'Andelys.

Pierre de Pigné était cheval. s[r] de Douxmesnil, conseiller du Roy
en la grande chambre du parlement de Normandie en 1720.

par Messire Adrien de Postis du Houlbec, héritier du sieur
des Essarts.

PREUVES DE NOBLESSE — FAMILLE DES ESSARTS

« Louis par la grâce de Dieu Roy de France et de Navarre
à ceulx qui ces présentes verront ou orront salut : Comme
procez aprez esté cy devant pendant et judcon en nostre
court des aydes en Normandie entre nostre procureur
général et sur icelle impétrations de mandement de nostre
court d'une part et Martin des Essartz sieur de Sainct
Aubin l'un des antiens conseillers eschevins de nostre
ville de Rouen pour luy, Louis des Essartz sieur de Genetey
et Jacques des Essarts sieur de la Bretesque... etc... etc...

Les ditz des Essartz dans un escript par eux baillé ont
demonstré qu'en l'an mil trois centz dix vivait Martin des
Essarts lung des Maires de nostre ville de Rouen et nostre
maistre d'hostel duquel descendit Jacques des Essarts
chevallier, du dict chevallier Pépin des Essartz aussy chevallier, Jacques deuxiesme du nom quy fust nostre huissier
darmes et Pierre des Essartz. Du dict Pierre soit yssuz
Jean et Robert frères, du dict Jean et de Damoyselle Mallyme Loison son espouze sortit en loial mariage aultre Jean
Martin Symonnet et Robin des Essarts escuyer, du dict
Martin et de Damoyselle Jeanne du Buse descendirent
légitimement Louys et aultre Jean sieur de Bourdeny, Guillaume et Thomas, du dict Jean troysième du nom et de
Damoyselle Marguerite Guerould est yssu Jean des Essarts
quatriesme du nom seigneur du dict fief Sainct Aubin et
Martin des Essartz. Du dict Jean quatriesme du nom marié
à Damoyselle Jacqueline de Quincarnan sont sortys d'un
loial mariage, aultre Jean cinquiesme du nom et le dict sieur
des Essart sieur de Sainct Aubin inquietté pour justification

de laquelle généalogie directe et quallité noble des dictz des Essarts inquiettez se sont aidez et font production de plusieurs contacts de mariage et aultres pièces. Asscavoir : Ung extraict d'ordonnance du maire de nostre ville de Rouen du premier jour de May mil trois cents quarante sept par lequel appert que Martin des Essart exerçoit la dicte charge de maire en l'année mil trois cents dix.

Ung cahier de coppie collationné présence de nostre procureur général sur les originaux représentés par le prieur du prieuré des deux Armandz suyvant la compulsion de nostre court auquel sont transcriptz les lettres patentes du Roy Louys du moys de Juing mil troys cents quinze par lesquelles pour rescompenser Martin des Essarts bourgeois de Rouen et son maistre d'hostel de quatre cents livres de rente qu'il avait droict de prendre sur l'eschiquier de nostre ville de Rouen et trésor de nostre vile de Paris « la représentation de Jean Sallier chevallier sieur de Incarville et de Pridart du Maubisson. Le dict seigneur luy bailla et assigna plusieurs partyes de rente tant sur Pont Saint Pierre Cottevrart que sur le prieuré des deux Amanctz jusque à la concurrence des dictz quatre cents livres. Les lettres de confirmation du dict eschange du mois de may mil trois cents dix huict concedez par le roy Philippe au dict Martin des Essartz. Abandon et remise de quatre solz de rentes a quoy se montoient les rentes à luy eschangez et plus avant des dictez quatre cens livres de rentes qu'il avoit à prendre sur le dict eschiquier et trésor de nostre ville de Paris sans que pour raison des dictz quatre solz ny pour hommaige court et usage basse justice ou seigneurie le dict Martin des Essartz ny ses successeurs puissent tomber en garde noble.

Ung contrat passé devant les tabellions de notre ville de Rouen le cinquiesme jour de janvier mil trois cens soixante

trois avant l'épifanie portant vente faicte par Jacques des
Essartz frère et héritier de feu Messire Pépin des Essartz
chevallier aux prieurs relligieux et couvent des deux
Amantz de cinquante livres de rente du nombre de quatre
vingtz unze livres huict solz que le dict escuyer avoit droict
d'avoir et prendre sur eux à cause de la fiesferme du Plessis
Nicóllas assis au Pont Sainct Pierre. La dicte vente faicte
moiennant ung cent florins d'or paiez au dict vendeur et
aultres charges refferez au dict contract.

Aultres lettres patentes de Charles duc de Normandie
régent en France du troisiesme jour de novembre au dict
an mil trois cens soixante et trois par lesquelles en considération des bons et agréables services faictz aux Roy lors
régnant par Jacques des Essartz huissier d'armes de sa
Majesté Le dict seigneur luy avoit donné congé et licence
de prendre, transporter et faire son prouffit de cent livres
de terre ou rentes qu'il tenoit a foy de sa Majesté du fief
de Pont Sainct Pierre et Cottevrart à telle personne qu'il
adviseroit bien estre sans que cella luy puist tourner a
préjudice soit pour le département du fief ou aultrement.

Aultres lettres du Roy Charles du quatriesme jour
d'apvril mil trois cents soixante et quatre par lesquelles
après avoir veu les dictes lettres trois[eme] novembre mil trois
cens soixante et trois y jugerez sa Maiesté avoit icelles
ratiffieez et approuvez voulant les dictes lettres sortir leur
plein et direct effet.

Ung contract passé devant les tabellions de Rouen le
quatriesme jour de may au dict an mil trois cens soixante
et quatre après les ronnezons auxquelles le dict Jacques
des Essartz y quallifié escuyer frère et héritier de feu
Pépin des Essartz chevallier vend et délaisse aux d. Relligieux prieur et couvent des dictz deux Amantz quarante

livres de rente en diminution des quarante et une livres
huict solz en quoy ilz luy restoient redebvrables à cause
de la dite fiesferme du Ponct Saint Pierre et ce moiennant
neuf vingtz florins d'or paiez au dict vendeur par les dictz
relligieux qui sestoient submis luy faire et paier doresnavant vingtz huict sols de rente pour la dicte fiesferme ainsy
qu'il est plus amplement desclaré au dict contract.

Aultres lettres du dict Roy Charles du quatriesme juillet
au dict an mil trois cens soixante et quatre contenant
rattiffication et amortissement faict par le dict seigneur
de la dicte vente et deux actes ou sentences l'une de nostre
bailly de Rouen et l'aultre du viconte du dict lieu du dernier septembre mil quatre cens dix et unziesme apvril mi-
quatre cens cinquante qui sont les dernières pièces du dict
cahier contenant compte et mainlevée donnée ausditz relligieux prieur et couvent des deux Amandz de la saisie
faicte du dict fief du Plessis en la main du Roy comme
estant admorty par Charte du fermier main morte.

Aultres contract passé devant les ditz tabellions de
Rouen le dixiesme juing mil trois cens quatre vingtz
huict contenant eschange faicte par Jacques des Essartz
esc. au dict Jean des Essartz aussy esc. son nepveu de six
livres de rente foncière qu'il disoit lui appartenir à cause
de la succession de M^ssire^ Jacques des Essartz chevallier
son père suivant les partages faictz entre luy et Pierre des
Essart esc. frère du dict Jean et leurs aultres frères et pour
contre eschange le dict Jean baille au dict Jacques six
livres de rente qu'il avoit droict davoir de prendre au droict
de Malime Loison sa femme sur les particuliers desnommés
au dict contract.

Quittance des Eschevins de la charithé nostre Dame des
Carmes du deuxiesme novembre mil quatre cent quatorze
de la somme de cinquante cinq livres dix solz par eux

resceue de Mallyme Loison veufve de Jacques des Essartz
escuyer pour les causes y contenues.

Aultre contrat passé devant le vicomte de Desville le
vingt huictiesme janvier mil quatre cens saize entre Robert
des Essartz escuyer de la dicte Malyme Loison veufve du
dict Jean des Essartz aussy escuyer tutrice et gardaine de
Jean, Martin Symonnet et Robin dictz des Essartz enffants
du dict deffunct et d'elle touchant quelquelz héritaiges
escheulz au dict Robert et ausdictz enffants ses nepveux
par la mort et trespas de feu Jacques des Essartz escuyer
oncle des dictz soulzagés du frère du dict Robert.

Vidymus de contract passé devant les tabellions de
Rouen le neufiesme apvril mil quatre cens cinquante collationné sur les registres du dict tabellionnage par lequel
appert que donation avait esté faicte à Martin des Essartz
escuyer par Martin Loison son oncle et parrain du tiers
de tous ses biens et héritages assis en la ville de Rouen et
pays de Caux lors occupé par les Anglois à la charge de
garder et conserver le surplus à Almaury Loison frère et
héritier du dict Martin sestant retiré de la subjection des
Anglois pour le service du Roy aprez la rediction de la
dicte ville et pays a lobbeissance de sa Maiesté de faire
lotz et partages avec le dict Almaury suivant quoy les ditz
des Essartz avoient procédé à la choisie des dictz lotz ainsy
quil est porté par le contract.

Aultre Vidymus en parchemin de contract passé devant
les dictz tabellions le quatorziesme du dict moys d'apvril
mil quatre cens cinquante contenant accord faict par Jean
Colinet et Lorette Loysel sa femme aud le dict Martin des
Essarts escuyer comme héritiers en partie du dict Martin
Loyson touchant quelquels héritages despendans de la
succession du dict Martin Loyson et par luy fieffez aus
dictz mariez.

Contract passé devant les dictz tabellions de Rouen le vingtcinquiesme de may au dict an mil quatre cens cinquante contenant fieffe faicte par Louys et Pierre du Busc frères à Berlin de Poix de la paroisse de Sainct Pierre de Cormeilles d'une maison assize au dict lieu par trente solz de rente auquel est transcript le mandement obtenu par Jean des Essartz fils et héritier de deffunct Martin des Essartz et Jeanne sa femme et sa fille et héritière de deffunct Louys du Busc pour faire refaire le dict contract ayant esté perdu ou esgaré.

Acte exercé devant le bailly de Longueville au siège de Vascœuil le dixiesme de septembre mil quatre cens cinquante ung contenant le retard des diligences de certain decret faict instance du dict Martin des Essartz escuyer sur les biens et héritages appartenant à feu Guillaume Blanctrout et sa femme.

Testament du dict Martin des Essartz escuyer du traiziesme septembre mil quatre cens quatre vingt trois par lequel après plusieurs lotz par luy faictz aux pauvres il veult et ordonne son corps estre inhumé en l'église Nostre Dame de la Ronde de ceste ditte ville et institue pour exécuteurs du dict testament Louys, Jean et Thomas ses enffanz.

Traicté de mariage sous saing privé du traiizesme may mil quatre cens quatre vingtz six entre Thomas des Essartz escuyer viconte du Neufchastel et Marguerite fille de Robert Allorge escuyer sieur du Chastellier sur Longueville.

Acte du lieutenant de la Chastellenie d'Andely du saiziesme juillet mil cinq cens uns de la comparance de Guillaume Mustel procureur de Jean des Essartz sieur de Bourdeny au manoir et chef moys du Radeval pour faire la foy et hommage par le dict escuyer à cause de la sieurie de Villers.

Deux adveus rendus à la Comtesse de Dunois ayant la garde noble des enffanz de Louys de la Porte escuyer par Guillaume Mustel procureur de Jean des Essartz escuyer sieur de Bourdeny.

Le dix huictiesme du dict juillet mil cinq cens dix acte par lequel Jean Donche Monnier représentant le droict de Martin le Carpentier son oncle au bail a luy faict de deux moullin a bled assis à Carville, pour Louys des Essartz escuyer au nom et comme gardaiñ des enffanz soubzaagez de feu Jean des Essarts escuyer sieur de Bourdeny, etc.

Aultre acte exercé devant le vicomté du Pont-de-l'Arche le vingt cinquiesme janvier mil cinq cens cinquante deux auquel les dictz Martin et Jean des Essartz, sont quallifiés escuyers et bourgeois de Rouen.

Aultre contract passé par devant Michel Farould escuyer et Nicollas Daquenot tabellions au Vaudreuil le dix septiesme juillet mil cinq cens cinquante trois par lequel le dict Martin des Essartz escuyer bourgeois de Rouen pleige et cauxionne Maistre Jean des Essartz escuyer son frère touchant la donation a luy faicte par Messire François de Lamy de quelquels héritages adjugez par provision au dict Jean par sentence du Maistre Jean le sergent viconte du Pont-de-l'Arche.

Traicté de mariage passé soubz saing privé le quatriesme de febvrier mil cinq cens trente six et recognue devant le bailly de Rouen le douziesme juillet mil cinq cens soixante et trois entre Jean des Essartz sieur de Sainct Aubin et Damoiselle Jacquelinne de Quincarnon fille de noble homme Messire Mathieu de Quincarnon sieur de Rousseaulx lieutenant général en la table de marbre du pallais à Rouen.

Aultre acte exercé devant le viconte de Caudebec le douziesme de novembre mil cinq cens soixante et unze contenant opposition formée en certain decret faict instance dung surnommé le Liepvre par D^lle Jacquelinne de Quincarnon veufve de feu noble homme Maistre Jean des Essartz advocat tutrice des enffants soubsaagez du dict deffunct et delle pour estre deschargée de douze livres de rente deue au trésor de l'église Sainct Pierre de ceste ville par le decrept au pleige du deffunct Jean des Essartz escuyer père du dict maistre Jean et de Martin des Essartz escuyers frères.

Aultre contract passé devant les tabellions de Rouen le vingt et ungiesme mars Mil cinq cens quatre vingt unze portant racquit et admortissement de soixante livres de rente hypothèque faicte par le dict Martin des Essarts inquietté y quallifié escuyer sieur de Sainct Aubin filz de deffunct noble homme Messire Jean des Essartz et frère de noble homme Messire Jean des Essarts vyvant conseiller en la vicomté de Rouen en laquelle reste. Le dict deffunct son frère étoit obligé envers ses prédécesseurs, etc.

Passeport du sieur de Villars admiral de France du traiziesme janvier au dict an cinq cens quatre vingtz quatorze donne au dict Martin des Essartz escuyer sieur de Sainct-Aubin pour luy ses gens armes et chevaulz pour vacquer pendant dix jours a ses affaires...

Certifficat du sieur de Londigny porte guidon dans compagnye de cent hommes d'armes de nos ordonnances soubz la charge et conduicte du sieur duc de Montpensier et des Commissaires et Controlleurs de guerre du vingt cinquiesme descembre mil cinq cens quatre vingt dix huict que le dict Martin des Essartz escuyer sieur de Sainct Aubin estoit homme darmes de la dicte compagnye et comme tel passe en la monstre pour avoir esté trouvé en esquipage suffisant et capable de faire service au Roy.

Le portraict des armes que le dict inquiette pretend

propres à sa famille : Ung sautoir grillé d'or et cantonné de croissants d'argent sur champ de gueulles.

La responce et conclusion du dict procureur général.

La responce et conclusion du dict procureur général. Arrest de nostre court du deuxiesme jour de ce présent moys par lequel avant que faire droict sur la dicte impétration avant estre entre aultres choses ordonne que par le conseiller commissaire rapporteur du procez presence de nostre procureur general seroit informe sy la famille du dict des Essarts estoit tenue et reputtée pour noble, s'il est descendu du dict Jean sieur de Sainct Aubin et de Bourdeny silz ont esté imposez aux tailles des paroisses de leurs demeures sy lesd armes représentez aux procez sont propres a la dicte famille sy elles sont graveez ou paintes aux églises des paroisses de leurs domiciles et situaons de leurs héritages dont seroit dressé procez-verbal pour le tout faict communiqué au dict procureur general et veu par la court ordonne ce quil appartiendroit.

L'information faicte par nostre aymé et feal Maistre Jean Bigot conseiller en nostre court commissaire dicelle en ceste partie suyvant acte pour lexecution du dict arrest les neuf et unziesme de ce moys au d. an. Ung procez verbal du dict jour unziesme de ce moys contenant la description des armes par luy trouvez semblables au dict portraict aux esglizes Sainct Estienne la grande Esglize de Nostre Dame de la Ronde du dict Rouen que aultres lieux désignez audict procez verbal ensemble sur deux tombes en la dicte Esglise Nostre Dame de la Ronde en la chapelle Nostre Dame a chacune desquelles sont gravez deux escussons des dictes armes et autour de lune dicelles est escript que « En lan mil quatre cens quatre vingtz trois estoit decede noble homme Martin des Essartz vyvant procureur général de la ville et citte de Rouen » qui avoit esté inhumé en

la dicte chapelle et en l'aultre est escript « qu'en lan mil
cinq cens ung desceda Jean des Essartz escuyer vyvant
seigneur de Bourdeny et conseilter de la ville de Rouen
aussy inhumé en la dicte chapelle. »

La conclusion deffinitive du dict procureur general et
tout considéré scavoir faisons que nostre court par son
arrest et jugement faisanct droict sur la dicte impétration
a maintenu et maintient les dicts des Essartz au dict pri-
villege et quallité de noblesse ancienne en vyvant noblement sans commettre desrogeances.

En tesmoing de quoy nous avons faict mettre nostre
scel a ces dictes presentes par lesquelles mandons au premier huissier de nostre court ou nostre sergent sur ce
requis le présent arrest mettre advec et entiere execion de
poinct en poinct selon sa forme et teneur nonobstant
opposition appellation et aultres procédures quelzconques
de ce faire te donnons pouvoir et austorité. Donné en
nostre court des aydes à Rouen le quatorziesme jour
daoust lan de grace mil six cens vingt et ung et de nostre
regne le douziesme.

(Original sur parchemin. Arch. dela famille de Postis
du Houlbec.)

Dans l'ouvrage : *Histoire et Géographie du département
de l'Eure*, par Paul Rateau et J. Pinet, édition 1870,
page 265, notice sur Vernon, nous lisons ceci :

« On remarque encore à Vernon ;

1° L'église Notre-Dame....... on y trouve le tombeau en
marbre blanc de Marie Maignal, femme d'un président de
la court des aides. »

Notre sentiment personnel est qu'il doit y avoir là une
erreur d'impression. Ce doit être *Maignart* et non *Maignal*.
En effet Nicole Maignart père de Charles Maignart mari de

Guillemette des Essartz était conseiller du Roy et lieutenant général de l'amirauté de France de la table de marbre du palais à Rouen. Plus tard il habita Vernon et était seigneur de la Heunière.

Le 4 août 1608 réception de Messire Martin des Essarts escuyer sieur de Saint-Aubin, à la charge de Monnoyeur de la ville de Rouen. (Arch. des de Postis.)

Le 15 décembre 1717, contrat de cession passé par devant Pierre Assire tabellion de Saint-Georges du Gros-Theil par Messire Louis des Essarts, écuyer, sieur du Genétey au proffit du trésor et fabrique du Gros-Theil de deux acres de terre en labour sises en la paroisse de Saint-Eloy de Fourques pour faciliter le payement d'une partie de 30 livres de rentes hypothèque à quoy Messire Martin des Essarts sieur de la Bretesque s'était obligé vers le dict trésor par contract passé devant les tabellions de la haute justice d'Elbeuf, le unziesme jour de juillet mil six cent trente huit.

Les archives de la famille de Postis contiennent tout une liasse de quittances des Trésoriers de la Fabrique de Saint-Georges du Gros-Theil concernant le payement de la rente ci-dessus et de la location d'un banc que la famille des Essarts possédait dans la chapelle de la Sainte Vierge en l'Église de cette paroisse.

Dans plusieurs de ces quittances les trésoriers écrivaient *Tay* au lieu de Theil. C'est d'ailleurs la prononciation usuelle des environs.

CHAPITRE IX

ÇA ET LA. — MÉLANGES

Plusieurs fois nous avons vu figurer dans divers actes aux archives de la famille de Postis du Houlbec le nom de François de Bassompierre seigneur de Crestot et de Cesseville, près le Neubourg, et maréchal de France, homme d'un esprit pétillant, mais un peu léger (1579-1646).

Plus tard d'autres actes portent que le fils de Marie de Postis et du sieur de Houetteville était baron de Crestot. Or ne pouvant soupçonner que le sieur de Houetteville qui avait contracté de nombreuse dettes ait jamais été en mesure d'acheter le domaine de Crestot, nous sommes peut-être autorisé à penser que d'Houetteville et Bassompierre étant unis de parenté, la susdite Baronnie serait entrée par héritage dans la famille d'Houetteville[1].

---

[1] De Bassompierre, d'après les archives du Houlbec, était fils et héritier de dame Louize le Picard de Rudeval et avait des droits sur la terre de Chantelou.

Or Philippe de la Haye Chantelou, sr d'Amfreville, était probablement frère de Dame Françoise de la Haye Chantelou, épouse de Jacques du Val, mère et père de Suzanne du Val épouse de Simon de Postis.

En 1630, de Bassompierre était embassadeur extraordinaire, en Allemagne, pour le service du Roi, ainsi que le porte l'acte de mariage de Jacques du Val, sr du Houlbec et de Françoise de la Haye Chantelou. (Archi. de Postis du Houlbec.)

Quoi qu'il en soit, nous sollicitons l'autorisation de citer une des nombreuses anecdotes que l'on prête au maréchal de Bassompierre.

Dans un voyage sur les frontières d'Allemagne, il s'arrêta à Marmoutiers (Bas-Rhin) et descendit au célèbre monastère de cette ville où les religieux le reçurent avec les honneurs dus à son rang. Ayant appris qu'il y avait au monastère une, comment dirai-je? non pas une confrérie, mais une société de buveurs, Bassompierre sollicita l'honneur d'en faire partie. Comme on lui annonçait qu'une des premières conditions du règlement imposait au récipiendaire l'obligation de boire d'un seul trait une corne de vin du Rhin, de Bassompierre crut pouvoir affronter l'épreuve et en sortir victorieux, d'autant mieux qu'il se glorifiait, bien que Lorrain d'origine, d'être propriétaire au *beau païs normand*. Il réussit, avouons le, à vider d'un seul trait la *terrible* (?) corne, mais il en fut si malade que le conseil de l'ordre des buveurs s'assembla à l'effet de savoir si de Bassompierre était *digne* d'entrer dans l'honorable société!

L'histoire rapporte que, après mures délibérations, le président annonça que de Bassompierre était digne! Grand honneur pour la Normandie!

Le Dictionnaire de l'Eure, de Charpillon, nous apprend qu'en l'an 1300, Jean d'Harcourt, seigneur du Houlbec avait obtenu pour la susdite paroisse, de Philippe le Bel, la création d'une foire. Apparemment qu'elle ne réussit guère, puisque peu de temps après nous la voyons transférée aux *Trois Pierres*, autre possession des d'Harcourt.

Le fief du Bosc dont nous avons déjà parlé et qui s'étendait sur le Houlbec, la Haye du Theil et Saint-Denis de Bosguérard, comprenant les Brières, la Boissière, les bois des Mallis, de la Caboche, etc., était un fief très important et d'une immense étendue, plus de 200 acres, sous les bois.

Dès 1288 nous constatons déjà que ce fief est l'objet d'une contestation entre l'abbaye du Bec et le seigneur du Houlbec. En 1291, un compromis est signé à son sujet entre Jean II d'Harcourt, seigneur du Houlbec et l'abbaye. En 1301, par suite d'une nouvelle transaction, les hommes du fief du Bosc sont obligés de travailler aux réparations de la motte du château ou manoir du Houlbec.

En 1540, le fief du Bosc est signalé, dans un aveu à la seigneurie de la Londe, comme faisant partie du domaine du Houlbec. Jean Mazeline venait de l'acheter de l'abbaye qui devait venir au secours du Roi. A partir de cette époque, il sera attaché au domaine du Houlbec.

(Charpillon dit que les Moines, en vendant le fief du Bosc, s'étaient réservé le droit de patronage. C'est là une erreur qui ressort évidente de l'examen du fameux procès qui eut lieu entre les seigneurs du Houlbec et l'Abbaye).

D'après A. Le Prévost, le fief du Bosc aurait été vendu à l'abbaye en 1263 par Guérée de Guerbaville, et nous avons vu qu'en 1329 noble Dame Alix de Brébant dame de Mazer (et non Brabant suivant Charpillon) Damoyselle d'Harcourt, était en désaccord avec l'abbaye pour le droit de patronage attaché au fief du Bosc[1].

Louis de Postis, écuyer, porté par Charpillon comme

---

[1] « Le 26 mars 1711, une reconnaissance sous seing d'Adrien de Postis, escuyer sieur de la Boissière par laquelle il reconnait que les 4 acres de bois nommées « Le désert Vaulet » contigus aux bois fieffés par M. l'Abbé du Bec ne sont point du compris de la dite fieffe mais font partie de la seigneurie du Houlbec. « *Les ventes Brulez au Mignon* depuis les bois du Houlbec estoient les bornes de la fieffe du Bec, sur Saint-Denis de Bosguérard.

(Arch. du Houlbec.)

étant maintenu dans sa noblesse le 2 janvier 1669 est Louis-René de Postis né en 1635, et marié en 1662 à Charlotte des Essarts. Il ne pouvait donc être, suivant le même auteur, frère de Marie de Postis, femme d'Oinville.

Autre erreur à rectifier :

Aux États généraux de Tours, en 1484, Geoffroy Postis, seigneur du fief de Hautes-Menilles, est l'un des 4 députés du bailliage d'Evreux.

Or le journal de ces États généraux (édition Bernier) dans la collection des documents inédits de l'histoire de France (in-4°), porte, page 16 : « *Gauffridus Postez* », d'après le ms. 277 de la collection de Brienne à la Bibliothèque nationale ; dans une autre liste publiée en appendice par Bernier (p. 721) ce nom est écrit *Postes,* ainsi que dans les manuscrits du fonds latin de la Bibliothèque nationale n° 10 924, fol. 4, n° 9 031 fol. 5, et 12, n° 9 032, fol. 13. Le manuscrit latin 12 724, fol. 13, : porte : Gaufridus Pestri et le manuscrit latin 17 655 Gaufridus Posty. Or Postez, Postes, Pestri et Posty ne désignent qu'une seule et même personne, Geoffroy Postis. Aussi bien est-il fort aisé de constater fréquemment dans ce journal des États généraux, par Jean Masselin, de nombreuses variantes au sujet des noms,

Dans différents manuscrits nous lisons : « Houlbec-la-Champeigne ou la Champagne » ; dans d'autres : Houlbec-la-Salle. » Il est aisé de comprendre que le premier est notre Houlbec près Gros-Theil, tandis que le second est actuellement Houlbec-Cocherel, pour lequel Louis de Grimouville, second mari de Suzanne du Val, dame du Houlbec rendit aveu. (On remarquera que dans Charpillon, t. II, p. 390-392, cet aveu de Louis de Grimouville est à la date de 1573 et plus loin le 29 mars 1579.) Il faut donc se défier du Dictionnaire de l'Eure.

Tome II, page 87-88, Charpillon dit que Louis de Grimouville était protestant, ce qui paraît douteux, attendu qu'il n'a pas d'article biographique dans la *France protestante* de Haag, ce qui eût eu lieu, pour un personnage aussi marquant. Puis il fut fait chevalier *des Ordres*, ce qui exigeait la profession de la religion catholique. L'acte de mariage de Louis de Grimouville avec Suzanne du Val n'en fait pas mention. Peut-être aurait-il professé le Protestantisme quelques années avant son mariage. Il fut nommé gouverneur d'Évreux après la bataille d'Ivry (1590). Sept ans après, il était encore gouverneur de cette ville.

La sergenterie de la paroisse de Saint-Ursin de la Haye-du-Theil appartint un certain temps à la seigneurie du Houlbec, puisque nous voyons Suzanne du Val, gênée dans ses finances par les dépenses exagérées de Louis de Grimouville, la vendre en 1609 (Aug. Le Prévost, *Mémoires*, t. II, p. 23).

Des nombreux aveux fournis à Suzanne du Val, dame du Houlbec, du fief du Bosc, de Bordigny, d'Hecto-marc, etc., etc., il résulte qu'elle eut de longues années pour seneschal de ses domaines Robert Ozenne, escuyer sieur de la Forgette et de Boville, licentié ès-loix, advocat etc. qui avait succédé, en 1588, à Pierre du Boscregnoult, escuyer licentié es-loix. En 1738, Louis Cabus licentié ès-loix était séneschal du domaine du Houlbec.

D'où l'importance des domaines de dame du Val.

Après la mort de son 1er mari, Simon de Postis, Suzanne du Val eût la garde noble de ses enfants Jehan et Marie (lettres en date du 25 août 1575) et la tutelle dura 21 ans. Des lettres de 31 may 1576, déclarent Louis de Grimouville, tuteur des enfants mineurs de sa femme Suzanne du Val.

(Arch. de la famille de Postis.)

Duchemin, *les Assemblées du département de Pont-Audemer* (1787, in-8° p. 62), fait remarquer que le nom de Louis de Postis, à cause de son fief du Houlbec, assigné pour comparaître à Rouen, le 15 avril 1789 à l'effet d'élire les députés de la Noblesse aux états généraux, est écrit à tort *Louis Postis du Houllebec*.

La seigneurie du Houlbec possédait la sergenterie royale et noble de la Londe, pour la branche de Boissey-le-Chatel et le 2 septembre 1762, nous voyons par un parchemin, aux archives du château du Houlbec, que Messire Louis Adrien de Postis, chevalier seigneur et patron du Houlbec et du fief des Brières, donne à ferme pour 3, 6 ou 9 ans, moyennant 200 francs par chacun an, la susditte sergenterie à Maître Claude Noël, de Boissey.

(Bail passé par devant Jean Hue advocat notaire pour le siège de Pont-Autou, en présence de Messire Adrien Augustin Fisset, curé du dit Houllebec et de Pierre Jacques Costé son domestique). Elle comprenait toutes les paroisses des environs même Saint-Eloy de Fourques et Saint-Taurin.

(Arch. du Houlbec.)

Dans l'inventaire fait en 1719, 19 août, par Pierre Grouard notaire garde notte royal pour la vicomté de Pont-Authou, à la requeste de dame Marguerite de Chesnard et après le décès de Messire Adrien de Postis, il est indiqué une marque à marquer les moutons, en fer, surmontés des armes du dit seigneur du Houlbec.

Cette marque existe encore au château actuel du Houlbec et est la possession de Monsieur Adrien du Houlbec :

Cercle en fer, avec, au centre, une tête de cerf, le tout surmonté d'une couronne de marquis.

(Arch. du Houlbec.)

Nous lisons dans la Monographie de Saint-Georges-du-Theil par l'abbé C. Heullant, — page 179 — que le sieur du Genétey avait tué le sieur Lainé, du même hameau. Voici à ce sujet des notes et détails complémentaires que nous empruntons à l'histoire d'Elbeuf par Saint-Denis:

« Le 8 janvier 1766, Armand de Postis. esc. s^r du Genétay (sur Gros-Theil) garde du corps du Roy, demeurant ordinairement à Versailles, requit de la justice d'Elbeuf son incarcération, dans la prison ducale, à l'effet de faire annuler une transaction qu'il avait signée dans les conditions suivantes, d'après sa propre déclaration.

Un jour du mois de septembre 1752, étant alors âgé de 15 ans seulement, il chassait dans la plaine de Saint-Eloy de Fourques, assez maladroitement, car il manquait toutes les perdrix qu'il tirait. Un laboureur de cette paroisse, nommé Nicolas Lainé, se moqua de lui. Alors le jeune gentilhomme dirigea son arme sur le chien du moqueur et le tua.

Lainé résolut de venger son chien.

Quelques jours après, apercevant de Postis seul, il alla vers lui et voulut le désarmer. Or voilà que dans la lutte l'arme partit et la charge traversa les vêtements de Lainé, sans le blesser toutefois.

Le laboureur accusa le sieur de Postis du Genétay d'avoir voulut le tuer. Pour éviter l'exécution d'une condamnation, celui-ci signa une transaction dont nous ignorons les termes, mais qui probablement consistait dans le versement d'une somme d'argent au profit de Lainé. Ce laboureur étant mort quelques années après, de Postis entreprit de faire reviser la sentence prononcée contre lui, et c'est pour y parvenir qu'il venait se constituer prisonnier à Elbeuf ».

(Histoire d'Elbeuf, p. Saint-Denis.)

Les archives de la famille du Houlbec, ne se contentent pas de nous offrir de précieux documents sur la famille de Postis, elle nous en donne aussi sur les du Val et les Roncherolles, aïeux de Suzanne du Val, épouse de Simon de Postis.

Ainsi nous apprenons qu'en 1416, le 24 août, Pierre du Val est lieutenant général et bailly d'Evreux sous Charles VII ; qu'en 1600, Adrien du Val est S^{eur} de Beauvais et qu'en 1662, Simon du Val s^r de Beauvais, demeurant au Marchis, près Pacy, a épousé Elisabeth le Barbier, fille de Louis le Barbier, sieur du Val Frémont.

(Arch. du Houlbec.)

De même nous voyons qu'en 1550, est né à Evreux Jacques du Val, célèbre médecin, auteur de plusieurs ouvrages de médecine. Il exerça à Rouen et nous paraît avoir été le neveu de Jacques du Val, père de Suzanne du Val.

Les du Val et les de Postis étant fort connus à Evreux, il nous est aisé de nous expliquer le mariage de Simon de Postis et de Suzanne du Val. Puis le fief d'Argences situé aux marais de Saint-Géorges-du-Theil près le Houlbec appartenait également aux seigneurs d'Argences d'Évreux. De là des relations.

(Monogr. de Gros-Theil. p. 110.)

En 1066, Geoffroy de Roncherolles fut en compagnie de Guillaume le Conquérant à la conquête de l'Angleterre. En 1577, de Roncherolles, baron de Mainneville, était chef des ligueurs en Normandie.

Claude de Roncherolles, né à Écouis en 1636, Mis de Pont-Saint-Pierre, commanda sous Turenne et mourut en 1700, etc.

Auparavant trois Roncherolles avaient vaillamment défendu le château Gaillard contre les anglais en 1419, et

17

un autre de Roncherolles gouverna Paris sous la ligue et fut tué en 1589 à la bataille de Senlis.

Notice bibliog., dép. de l'Eure, cant. des Andelys, p. 171.

Nous avons vu que Suzanne du Val descendait des de Roncherolles par sa mère.

Les sires de Roncherolles étaient barons de Pont-Saint-Pierre, d'Heuqueville, de Radepont, etc.

Ils reçurent le titre de premiers barons normands.

(Voir, dans Dictionnaire de l'Eure, Heuqueville et Pont-Saint-Pierre).

Nous croyons devoir faire remarquer que Richard tiers Postis est appelé vicomte de Beaumont-le-Roger. Il s'agit là non d'un titre, mais d'une fonction.

Guillaume Patry dont il a été parlé et qui habitait la paroisse Saint-Denis d'Évreux, était seigneur de Creton, près Damville, et demeurait au bailliage de Caen vers 1400. Trois Patry partirent avec Robert II, et trois d'Argences, pour la 1re croisade en 1096.

(Arch. des de Postis.)

On voit que depuis de longs siècles la famille des de Postis est parfaitement apparentée et a contracté de très nobles alliances.

Suzanne du Val, le 11 juin 1602, donne à son fermier cent brebis portières dont les produits seront partagés par moitié entre la bailleresse et le preneur. C'était le Métayage.

(Notes historiques. Inventaire des archives du Notariat de Bourgtheroulde, indiquées dans *Bibliographie historique du département de l'Eure*, p. 1891 par M. Louis Régnier).

Aux mêmes notes nous trouvons, à la date du 2 juin 1633

accord entre Antoine Doinville, seigneur et baron de la Ferté-Fresnel, Moiteville, etc. et sa femme Marie Postis, au sujet de la seigneurie du Houlbec achetée (?) par eux de feue Suzanne du Val veuve de Mgr de Larchant, dame de Houllebec. (Nous avons déjà manifesté notre sentiment à l'endroit de cette vente fictive arrachée à la sénilité de Suzanne du Val, vente fictive qui n'avait été imaginée par Marie de Postis que parce qu'elle voyait que toutes ses ruses précédentes avaient échoué et s'étaient retournées contre elle.)

Pour prouver que Suzanne du Val était généreuse envers l'église du Houlbec citons en partie l'aveu suivant :

« Aveu..... les thezauriers de l'esglize du Houllebec par donation faicte par feu la dite dame de Larchant à la dicte esglize par acquisition de Jean Desprez,... assize en la dicte paroisse au triège de la Huttière, etc. »

(Arch. des de Postis.)

Extraits des délibérations du conseil municipal concernant la famille de Postis du Houlbec.

L'an mil sept cent quatre-vingt onze, le samedi vingtiesme jour d'Août, nous maire, officiers notables de la commune du Houlbec, assemblés en conseille générale, pour délibérer au sujet d'une requeste présentée par MM. les administrateurs du Directoire du district de Louviers sur la remontrance faicte par Nicolas Charles Langlois pour demander sa décharge de receveur dépositaire des sommes à payer par à compte de la contribution foncière et mobilière de la paroisse du Houlbec, lequel dit Langlois avait été nommé par notre délibération du quatorze du présent mois pour en remplir les fonctions, pour satisfaire aux désirs et conclusions de la requête avons répondu et déchargé le dit Langlois le seize présent et avons nommé en son lieu et place pour remplir ycelles fonctions la personne de M. Louis Nicolas de Postis, contribuable de la dite paroisse du Houlbec pour faire et remplir les fonctions comme cy-dessus de receveur dépositaire des sommes à payer par à compte des contributions suivantes au désir de la loi donnée à Paris le 29 juin dernier sur un décret du 28 du dit mois relatif au paiement des dittes contributions par nous lüe et publiée et affichée le dimanche sept du présent mois pour l'effet de ce que la dite personne Louis Nicolas de Postis a été proclamée cy-dessus receveur dépositaire suivant les articles III et IV de la ditte loi. Laquelle nomination a été lüe, proclamée, publiée et affichée au principal portail de l'esglise du dit lieu par notre secrétaire greffier à ce que personne n'en prétendent cause d'ignorance à l'yssue de la grand messe parroissiale le dimanche vingt du dit mois ainsy de tout ce que nous avons aresté et signé ce dit jour et an que dessus.

Boismare maire. Lecat officier. Caritté procureur. Augustin Lecat officier. p. J. Marais. Antoine Lejeune. Jean Pierre Hays.

L'an mil sept cent quatre-vingt douze le dimanche vingt-deuzième jour d'avril, destitution de M. Louis Nicolas de Postis comme receveur dépositaire de la commune du Houlbec.

L'an 4 de la liberté (1792) le quatrième jour de septembre nous maire, officiers municipaux de la paroisse du Houlbec en présence du procureur de la commune pris pour greffier, après avoir prix de lui serment à moi requis et accoutumé pour dresser procès verbal de six particuliers qui se sont permis contre les loix et objets par nous réclamés la liberté de locher et cueillir et emporter les fruits excrues à un pommier qui est sur la propriété publique autrefois nommée le froc et connue aujourd'hui sous le nom de « Place d'armes ». Lesquels délinquants comme après l'interpellation que nous leur avons faite sous le nom de Louis Padée sergent de la compagnie de notre paroisse, Louis Mallet, Marthe Boscquier, Robert Grard, le fils de Louis Marest, enfin le fils de Louis Padée. Lesquels dit Louis Mallet, Marthe Boscquier, le fils de Marest domestiques de M. Postis et Robert Guerard aussi domestiques de M. Postis qui a en notre présence et en présence d'un grand nombre de citoyens enlevé une corbeille de pommes chez le sieur Postis, sans ce qui avait été enlevé avant notre arrivée, en quoi de tout ce que de nous avons rédigé le présent notre procès verbal en présence des délinquants et d'un grand nombre de citoyens assemblés au son de la cloche en extra sur les quatre heures d'après midy. Lesquels délinquants nous leur avons fait lecture de tout ce que dessus avec interpellations de nous donner leur soutiens par de vt lesquels ont refusé de signer, n'y donner aucune défense de plus nous avons remarqués que le dit pommier était bien endommagé par les branches.

De tout ce que dessus nous avons fait lecture en présence de Jean Hays notable, Antoine Lejeune et Thomas Marest notable Jean Pierre Lecat et au soussigné.

Arrêté sur la place d'armes au pied de l'arbre de la liberté le dit jour et heure que dessus.

(Le petit froc dont il est question ici et qui se trouve entre les rues de Béthune et des Maingottières, le cimetière et le presbytère, a toujours appartenu et appartient encore à la famille de Postis du Houlbec).

Nous Maire, officiers municipaux et notables de la commune du Houlbec, en présence et réquisition de citoyens, procureur, assemblée en conseil général nous étant transportés chez le nommé Louis Nicolas Postis domicilié dans le ressort de notre municipalité pour l'exécution de l'arrêté du Directoire du département du 4 de ce mois qui nous enjoint le désarmement des hommes suspects, nous étant transportés comme il est dit ci-dessus ayant entré dans la cuisine du dénommé cy-dessus ayant trouvé la domestique nous ayant déclaré qu'elle n'avait pas la clef de la chambre tendante à la cuisine de plus lui ayant interpellé de nous conduire aux chambres du premier étage ce qu'elle nous a déclaré n'avoir que l'ouverture de sa chambre à coucher et une dont elle nous a donné l'ouverture, qu'elle n'était munie d'aucunes armes et subsistances et plusieurs portes nous ayant déclaré n'en avoir la clé. Lecture faite la ditte domestique du dénommé ci-dessus nous a déclaré ne savoir signer, fait et rédigé en la maison du dit Louis Nicolas Postis ci-dessus nommé en présence du procureur de la commune trouvé véritable ce que nous avons signé en conseil général ce 8 avril sur l'environ cinq heures d'après midy mil sept cent quatrevingt treize, l'an deuxième de la République française. Boismare maire, Thomas Morest officier, François Crespin procureur.

Louis Padée... Hébert

L'an mil sept cent quatre vingt treize l'an deuxième de la République française le neuf may, nous maire et officiers muncipaux de la commune du Houlbec, procureur et notables en conseil général nous nous sommes transportés au domicile de Louis Nicolas Postis ci-devant noble et seigneur de cette paroisse pour faire perquisition et le désarment au terme de la loy du quatre avril dernier auquel lieu et parlant au dit cy-devant seigneur nous avons entré dans la chambre à coucher. L'ayant interpellé de nous déclarer et nous procurer ses armes, nous ayant dit qu'il n'en avait aucune luy ayant trouvé un bâton armé d'une pique au bout, de plus ayant fait l'ouverture de plusieurs armoires n'y ayant trouvé aucune chose contre ladite loy, de plus ayant pris l'ouveture d'un cabinet tendant à la dite chambre, y ayant trouvé le nombre de neuf morceaux de plomb qu'il nous a dit servir à un filet et finalement ayant été dans toutes les chambres de la ditte maison ayant trouvé dans celle qui se nomme la chambre blanche une armoire dans laquelle il y a nombre de vieils papiers qui paraissent inutile avec vingt deux livres très mauvais reliés. Lesquels bâton ferré et les neuf morceaux de plomb nous les avons enlevés et exposés au greffe de la maison commune. Fait et rédigé en la maison du dit cy-devant seigneur sur les viron huit heures du soir, les dits jour, mois et an cy-dessus, ce qu'il à signé avec nous après lecture faite.

Depostis, — Boismare, maire — Hébert notable-François Crespin procureur — Pierre Le roy notable-Adrien Marais — Louis Padée.

Les neuf morceaux de plomb et le bâton ferré mentionnés être déposés au greffe m'ont été remis pour les remettre à qu'il appartiendra.

Signé : PADÉE, agent.

La pièce suivante, que nous ne citons qu'à titre de curiosité, ne concorde point avec les précédentes et prouve en même temps que l'attachement des habitants à leurs châtelains, les progrès rapides du jacobinisme. (Extrait des reg. comm. du Houlbec.)

LIBERTÉ   ÉGALITÉ

Aux citoyens composant la commission centrale établie pour entendre les réclamations des détenus dans les maisons du sûreté à Rouen.

Exposant les Maire et officiers municipaux de la commune révolutionnaire du Houlbec, district de Louviers, département de l'Eure.

Qu'ils sont instruits que le 24 floréal dernier, le citoyen Desposties cultivateur de leur commune, a été arrêté ainsi que son épouse et ont été conduits en la maison des cy-devant Gravelines. Les exposants ont en leur pouvoir les motifs de l'arrestation de ces individus. Ils ont été arrêtés comme ex-nobles et pour n'avoir pas satisfait au décret des 27 et 28 germinal qui a déclaré Rouen ville maritime et que cette loi n'a été affichée dans cette cité que le 19 floréal suivant, peuvent-ils changer leur naissance? Cela est impossible. Mais quoiqu'ils soient de la caste de ceux qui sont indignes de porter le nom français, puisqu'ils portent les armes contre leur patrie, les citoyens Desposties n'ont jamais partagé ces sentiments barbares, au contraire ils se sont toujours conduits en vrais patriotes, ils ont satisfait à tout, ils n'ont point de parents émigrés, ils n'ont point fréquenté des personnes qui avoient des opinions contraires à la révolution et tout ce que les exposants peuvent attester c'est qu'ils n'ont reconnu en eux que des cœurs sensibles et républicains.

Les exposants vous observent encore que le citoyen Desposties et son épouse se sont présentés à la municipalité de Rouen pour avoir des passeports au désir du décret susdaté qui n'a été promulgué que le 19 floréal et qu'ils n'ont pu en obtenir par l'affluence des personnes qui en demandoient. Etant dans leur même position, ce qui les a forcés de rester et par conséquent ont été du nombre de ceux incarcérés le 24 du dit mois de floréal, que s'ils sont venus à Rouen, ce n'est point pour émigrer, mais parce que le citoyen Desposties infirme d'une jambe sollicitait les officiers de santé pour qu'ils luy adminis-

trent les soins de leur état et luy donnent parfaite gué-
rison.

Dans cet état les exposants réclament le citoyen Depos-
ties et son épouse comme leur compatriotes.

En conséquence que leur liberté leur soit rendue, au
désir de la loy du 21 messidor dernier.

Ils espèrent d'autant plus que vous leur accorderez les
fins de leur demande, attendu qu'elle n'est sollicitée que
pour rendre hommage à la vérité qui est reconnue par
les motifs d'arrestation cy-joints puisqu'il est dit qu'*il ne
s'est point trouvé aucuns papiers suspects chez les
détenus.*

*Présentée le 11 fructidor l'an deux de la République
une et indivisible.* »

A la suite de ces démarches de la municipalité, M. et
Mme de Postis furent mis en liberté.

Nous croyons de notre devoir de signaler l'erreur
reproduite par nombre d'auteurs relativement à la *Boissière* et à la *Boisselière*.

Ce sont deux fiefs différents situés sur la paroisse de
Saint-Denis-du-Bosguérard.

Le fief de la Boissière confine aux bois de Saint-Ursin
de la Haye-du-Theil, à ceux de Saint-Pierre-du-Bosguérard,
au fief des Brières, et au domaine de la Mésangère. Nous
avons vu qu'il était l'apanage des cadets de la famille de
Postis du Houlbec et s'appelait aussi fief *des fontaines*, à
cause des fontaines existant dans la cour de ce fief.

Le fief de la Boisselière (alias Boësselière) également
assis en la même paroisse de Saint-Denis-du-Bosguérard,
confine aux Marais de Saint-Georges-du-Theil, au triège des
Maingottières, sur le Houlbec, et au fief de la Boissière
dont il est différent.

Plusieurs aveus rendus aux seigneurs du Houlbec et conservés au archives de la famille de Postis, par le sieur de la Boisselière ou Boësselière contiennent des désignations qui ne laissent subsister aucun doute relativement à ces deux fiefs différents l'un de l'autre.

La mare qui existe près des Marais, sur la Boisselière, doit donc être appelée mare de *la Boisselière* et non de *la Boissière*. Ce fief de la Boisselière, comme celui de la Boissière, faisaient partie du vaste fief du Bosc dont nous avons parlé.

En 1643, au triège de la *Plante,* nous voyons figurer Raoul Le Boisselier.

(Arch. du Houlbec.)

Faisons remarquer que depuis la vente du fief du Bosc, par le Bec, à la seigneurie du Houlbec, le domaine fieffé et non fieffé de cette seigneurie ne payait aucune rente à l'Abbaye. Seuls les fiefs du Genétey et de la Boissière, passés aux cadets, payaient une rente au Bec.

(Arch. des de Postis du Houlbec.)

En 1660, à la date du 2 juillet, Isambart, escu. conseiller du Roy, trésorier général des finances de Rouen, sieur de la Houssaye et du fief terre et seigneurie des Brières, paroisse St-Denis-du-Bosguerard, rend foy et hommage à Louis de Postis petit fils de Suzanne du Val, pour son fief des Brières où il a droiture de manoir, coullombier, etc.

(Arch. des de Postis.)

Un manuscrit de 1673, dit : « Le domaine terre et seigneurie du Houllebec avec les fiefs et vavassories qui y sont attachés, au lieu d'un demy fief de Haubert est *ung plein fief de Haubert*[1]. Le fief du Bosc y a été réuni et incorporé depuis plus de cent cinquante ans.

(Arch. des de Postis.)

Un certain nombre de pièces de terre situées sur la paroisse de St-Pierre-du-Bosguérard dépendaient du fief de la Boissière, et conséquemment du fief du Bosc, telles que : la vente de la *Thuillière* cont[t] 40 acres, la vente appelée la *postiche tricardière* (34 acres), le désert *Raullis* (3 acres 1/2) la vente au *Marquis* (9 acres) en bois taillis, la *vente brulée* (25 acres en taillis).

(Arch. des de Postis.)

La famille Bourbel de Montpinçon alliée aux de Postis tire son nom de Montpinçon, commune du c[on] de St-Pierre-sur-Dives (Calvados) à 27 kilom. de Lisieux.

A Ecots, autre commune du même canton de St-Pierre-sur-Dives est situé un château qui a nom : le Houlbec. Nous soupçonnons que les de Postis de Vire pourraient bien ne pas être étrangers à cette appellation qui leur rappelait le château du Houlbec leur lieu d'origine. Nous livrons ce problème aux chercheurs dont les moyens d'investigation seraient supérieurs aux nôtres.

Faisons observer aussi que la famille de Postis du Houllebec est la plus ancienne famille noble du département de l'Eure ayant encore des descendants dans le diocèse d'Évreux et résidants dans le vieux château familial.

Nous croyons encore de notre devoir de signaler une grosse erreur de Charpillon :

Tout ce qu'il dit dans son dictionnaire de l'Eure, tou-

---

[1] Nous tenons à signaler cette affirmation.

chant le fief du *Bosç*, c'est-à-dire 21 lignes, 1re colonne, page 393, est faux ou se rapporte au fief du *Bosc-Yves*, assis en la paroisse de St-Georges-du-Gros-Theil.

(Voir *Monogr. du Gros Theil,* par l'abbé C. Heullant, p. 102).

Seul Aug. Le Prévost a soupçonné l'existence du fief du *Bosc* et celle du fief du *Bosc-Yves*. Il était dans le vrai. Ce sont deux fiefs différents situés à quelques mètres de distance et dans des paroisses diverses.

Auguste Le Prévost, dans son histoire du département de l'Eure, dit :

« Deux tours et deux étages de caves *superposées* sont tout ce qui reste de l'ancien château. »

Pour rectifier, nous dirons que le château actuel est fort bien de l'époque de l'ancien château et que les caves ne sont pas *superposées*, mais *juxtaposées*.

Dans le dépouillement des volumineux documents qui composent les riches archives de la famille de Postis du Houlbec, nous avons à diverses reprises constaté que les seigneurs du susdit domaine exerçaient leur droit de justice, en véritables juges de paix et de conciliation.

Nous allons maintenant donner quelques explications concernant plusieurs termes employés dans le courant de ce travail.

1° *Esleu. Eslu.*

Esleu était primitivement un officier subalterne non lettré et sans degrés qui connaissait en 1re instance de l'assiette des tailles, aides, subsides, et autres impositions ; des différends qui survenaient en conséquence et de ce qui concernait les aides et les gabelles. Leurs appellations ressortissaient à la cour des aides.

Anciennement on appelait *eslus* ceux qui dans les provinces avaient la direction des aides ou derniers qu'on

levait sur le peuple pour la solde des gens de guerre. Ils
étaient nommés par les Etats qui ordonnaient la levée des
impositions, et ils étaient aussi anciens que les généraux
des aides qui étaient commis à même fin et qui en avaient
la direction générale dans tout le royaume. Ils avaient
soin d'asseoir et de départir les tailles pour distribuer
et égaliser sur chacun feu selon ses facultés. Mais depuis
que les tailles furent mises en ordinaire, le Roi établit
et institua en titre d'officier formé ces élus ou éleûs qui
ne furent plus à la nomination du peuple.

(Dict. univ. Trévoux. t. II, p. 1083.)

2° *Escuier*, *écuyer*.

Titre que portaient jadis en France les gentilshommes
et les anoblis, en attendant qu'ils fussent armés chevaliers.

3° *Chevaliers*.

Le 1er degré d'honneur de l'ancienne milice qu'on donnait avec certaines cérémonies, à ceux qui s'étaient signalés
par quelque exploit remarquable, était celui de chevalier,
eques.

Ainsi on appelait chevaliers, les gens issus de la haute
et ancienne noblesse ou qui avaient été faits chevaliers
par les princes. Les coutumes de Paris et d'Orléans, portent que si quelqu'un était convaincu d'avoir surpris le
titre de chevallier, on le déclarait indigne de noblesse
et l'on brisait ses éperons sur un fumier.

La qualité de chevallier est au-dessus de celle d'écuyer
et de simple gentilhomme.., etc. ; c'est la plus haute
dignité où l'homme de guerre peut aspirer.

Le Roy lui-même s'en faisait honneur et admettait à sa
table les chevaliers.

(Dict. univ. Trévoux, 1721, t. Ier, p. 1737-1738.)

(On a vu qu'en 1663, Messire Louis de Postis était chevalier, seigneur et patron du Houlbec. A partir de cette époque tous les seigneurs de Postis du Houlbec seront *chevaliers*).

4° *De Chesnard des Gats.*

Gast est un ancien mot qui entre dans la composition de plusieurs autres. Tantôt il signifie : *Dominus ;* tantôt il veut dire : homme propre à tout, ou homme d'esprit, sage, habile, prudent, savant.

Parfois aussi il signifie *vastatio*, de là les mots dégast, gastine, c'est-à-dire une plaine ou une forêt vides d'arbres.

(Dict. univ. Trévoux, t. III, p. 94 et 95.)

On se souvient que la famille de Chesnard des Gats, gast ou gas, était originaire des environs de Pacy.

5° *Crosville la Vieille.* — En 1661 ce fief appartenait à Louis de Houetteville, écuyer, seigneur du Mesnil Hardray.

(Même auteur. Canton du Neubourg, p. 286.)

6° *Vieil Evreux* (Même auteur, p. 223).

Mr Bonnis. Atlas des antiquités du Vieil Evreux. Bibl. d'Evreux.

7° *Le Val David.*

Le Val-David se trouve situé dans le canton de St André à environ 3 kilom. du Vieil-Evreux.

8° *Martainville du Cormier.*

Martainville du Cormier est assis dans le canton de Pacy à environ 4 kil. 500 du Vieil-Evreux.

9° *Le Bois Bercher.*

Le Bois Bercher se trouve à près de 3 kilom. 500 du Vieil-Evreux.

10° *Garennes.*

Ce pays est dans le canton de St-André à 21 kilom. 200 du Vieil-Evreux.

11° *Tilly*.

Tilly, près Ecos, est à 26 kil. du Vieil-Evreux.

12° *Les Essarts*.

Les Essarts, situés dans le canton de Damville, à environ 13 kilom. 200 du Vieil-Evreux.

13° *Nestreville*.

Ce fief se trouve à 2 kilom. 500 de la ville d'Evreux.

14° *Chanteloup*.

Chanteloup appartient au canton de Damville à environ 11 kilom. 500 du Vieil-Evreux.

15° *Houetteville*.

Houetteville, du canton du Neubourg, est à 16 k. d'Evreux.

16° *Champignolles*.

La petite paroisse de Champignolles, dans le canton de Rugles, est à environ 20 kil. d'Evreux, et proche les paroisses de la Ferrière-sur-Risle, la Vieille-Lyre et le Bosc-Renoult..

17° *Le Mesnil-Hardray*, canton de Conches, 18 kil. d'Evreux.

Louis[1] de Houetteville, fils de Dointville, baron de la Ferté Fresnel et Gauville, et de Marie de Postis, était seigneur du Mesnil-Hardray.

18° Point à éclaircir :

Nous avons vu figurer dans un vitrail de l'église de Bourth, canton de Verneuil, l'écusson des de Postis, sans pouvoir nous expliquer la présence de ces armoiries dans une paroisse où cette famille n'a jamais habité.

Peut-être ce vitrail a-t-il été jadis offert par Marie de

---

[1] Garencières. Garencière a été conjointement avec Grossœuvre, un titre de baronnie ayant droit de haute justice. La chronique des quatre premiers Valois mentionne Monseigneur de Garancières parmi les barons normands.

(*Hist. et Géogr. du départ. de l'Eure*, par Paul Rateaux,, p. 251.)

Postis qui, étant donné la parenté de son mari Dointville
avec les Le Veneur, seigneurs de Bourth, de Cesseville et
Crestot, aura séjourné quelque temps à Bourth et aura
voulu marquer son passage chez ses parents par une générosité en faveur de l'église.

Quoi qu'il en soit de cette supposition, le fait de la présence de cet écusson dans l'église de Bourth est aussi
indéniable que le droit des de Postis à porter seul ces
armoiries.

CHAPITRE X

SUZANNE DUVAL ET MARGUERITE DE CHESNARD

Nous croirions manquer à notre devoir et encourir un blâme, si, malgré la longueur de ce travail, nous gardions le silence sur les châtelaines qui ont habité le Houlbec, et qui, toutes, parce qu'elles étaient chrétiennes, ont mis en pratique la divine leçon donnée par l'Esprit Saint aux femmes de toutes les conditions sociales, en traçant l'admirable portrait de la femme forte.

Nous nous sommes complu, avouons-le, dans l'étude de ces vies vertueuses et de ces caractères sans défaillance dont l'unique préoccupation était de semer le bonheur autour d'elles, et, à l'exemple de Titus, de ne laisser jamais passer un jour sans faire des heureux.

S'il est vrai de dire que jamais les hommes ne manquent aux occasions, il est plus vrai encore et indiscutable que fréquemment la femme se montre à la hauteur de sa situation.

Telles furent les différentes châtelaines du Houlbec, depuis Jeanne d'Harcourt, épouse de Jean de Rieux, à la générosité de laquelle la paroisse est redevable de sa charmante église.

Toutes douées d'une foi raisonnée, intelligente, avaient su agrandir, multiplier, enrichir les dons naturels si précieux que la Providence leur avait départis. Aussi avaient-elles réussi à gagner les cœurs qui, on le sait, ne se donnent qu'à bon escient, et qui savent se donner à fond, mais qu'on ne saurait prendre de force.

Leurs charités avaient beau se dissimiler sous le voile de l'anonymat, c'était peine perdue. Tout don, toute aumône, tout bienfait étaient leurs signatures, et personne ne s'y trompait.

Aussi les châtelaines du Houlbec étaient-elles reines sur leurs terres, à l'encontre de l'adage habituel qui répète le contraire.

Nous l'avons dit, toutes étaient naturellement et sincèrement chrétiennes, et profondément attachées à la population du pays à laquelle elles s'intéressaient et au milieu de laquelle elles habitaient perpétuellement. Et pourtant on eût pu dire d'elles que par la culture de leur esprit, l'aménité de leurs manières, elles auraient tenu fort honorablement leur place dans les premiers rangs de la société française. Aussi les paroissiens du Houlbec n'avaient-ils point de secret pour celles qu'ils appelaient habituellement : « leurs bonnes Dames ». Et il n'y avait pas jusqu'aux domestiques qui ne soient dévoués à leurs maîtresses, dans ce manoir où ils occupaient au foyer une place large et respectée.

Toutes mériteraient ici une notice biographique ; mais parler de toutes serait élargir démesurément les proportions de ce travail déjà volumineux. Force nous est donc de circonscrire notre sujet et de ne parler que des deux principales : Suzanne du Val et Marguerite de Chesnard.

De toutes les châtelaines qui ont habité le château du Houlbec, il n'en est point qui aient joué un rôle plus important que Suzanne du Val, ni dont la réputation ait été plus répandue.

Unissant aux qualités de l'esprit celles du cœur, fille

unique et héritière d'une grand nom ainsi que d'une fortune considérable, douée d'une remarquable supériorité de caractère, et d'une élévation de sentiments qui lui méritaient toute confiance, Suzanne exerça autour d'elle une réelle influence. Sa droiture et sa sincérité étaient proverbiales.

Dans le commerce habituel de la vie avec les habitants, elle se montrait bienveillante, accessible, enjouée même, sans jamais pourtant autoriser la familiarité. Pleine de dévouement et de tendresse pour les siens, de compassion pour la souffrance ; douée d'un grand cœur, elle voulait que tout le monde fût heureux ; son sourire dilatait les physionomies les plus sombres et semait partout la joie. Un mot affectueux avait toujours raison d'elle, car jusqu'à la fin de sa vie la bonté fut sa qualité maîtresse, bonté qu'elle tenait de son très pratique christianisme, bonté fortifiée encore et attendrie par de nombreuses épreuves et de dures expériences.

En même temps, l'âme essentiellement virile, elle seconda énergiquement de Thieuville, tuteur de ses petits-enfants, lutta de concert avec lui sans relâche, avec un tact et une persévérance en même temps qu'une souplesse, une patience et une ténacité qu'on ne saurait trop admirer et qui lui permirent de sortir avec honneur de difficultés inextricables.

Elle dépensa dans ce procès qui eut un si grand retentisssement des trésors d'adresse et de longanimité pour remplir ce qu'elle appelait « ses lourds devoirs » ; à plusieurs reprises elle mouilla les poudres accumulées par sa fille Marie, pour éviter la guerre ouverte, car plus d'une fois, la mort dans l'âme et sans doute la rougeur au front, elle fut contrainte de donner tort à sa propre enfant, Marie de Houetteville.

Et si la fin de sa vie fut marquée par une faiblesse revêtant les apparences d'une iniquité, il est juste de faire observer que Suzanne du Val ne donna ces signatures qui lui sont reprochées qu'alors que ses facultés affaiblies par l'âge et les infirmités ne lui laissaient plus ni la liberté ni la responsabilité de ses actes.

Aussi bien ces signatures sont-elles authentiques et de la main de Suzanne ?

Nous professons trop de respect pour les hautes qualités de Suzanne du Val et pour les éminentes vertus dont elle a fait preuve toute une vie, pour la soupçonner capable d'actes aussi blâmables, et nous estimons que le devoir nous commande de tracer ici une brève esquisse des agissements de Marie de Postis, épouse de Houetteville, en ce fameux procès, laissant au lecteur le soin de tirer lui-même les conclusions qui s'imposent en face des traits saillants de sa physionomie morale.

La jalousie de Marie de Postis et son âpreté au gain avaient tellement obscurci son intelligence et détruit en elle tout sentiment, qu'elle ne recula devant aucune injustice, commit toutes les incohérences et peut-être..... nous n'achevons pas.

On avouera que la mort inopinée de Jean de Postis, celle de Suzanne de Grimouville et même celle de Charles de Postis furent bien opportunes. Aussi un mystère inexplicable planait-il sur elles.

Quoi qu'il en soit, Marie eût volontiers répété, en le modifiant, le mot tristement fameux de Guillaume d'Orange « Plutôt une patrie en ruine que pas de patrie. »

Et comme la connivence de la domesticité du château du Houlbec lui était nécessaire, elle mit tout en œuvre pour l'acheter. Et à mesure que les décisions des tribunaux lui étaient défavorables, elle imaginait de nouvelles procédures, dans l'unique but de gagner du temps et dans l'espoir de profiter de l'abaissement des facultés de sa vieille mère, pour lui faire signer en sa faveur une vente fictive du domaine du Houlbec, ainsi que des créances imaginaires qui firent plus tard l'objet de procès longs, fort dispendieux et plus ruineux pour la famille de Postis que plusieurs incendies et une bataille perdue.

Voyant qu'elle ne pouvait sortir de l'impasse où l'avait aiguillée son amour aveugle de l'argent, constatant que tout lui échappait, elle eût l'audace de venir s'installer au château du Houlbec, sous prétexte de prodiguer des soins à sa vieille mère mourante, mais en réalité pour agir en pays conquis et dévaliser le manoir.

Telle fut la raison d'être de l'intervention énergique de l'autorité archiépiscopale de Rouen en faveur des enfants de Charles de Postis, intervention qui « *ordonnait sous peine d'excommunication la restitution immédiate de tout objet enlevé du château du Houlbec.* »

MONITOIRE

« . . . . Rothomagensis . . . . paroisses de Houllebec, Sainct Denis-des Monts, Sainct Denis du Bosguérard, Sainct Georges du Gros-Teil, la Haye du Teil, le Bourgtheroulde, Marcouville, Sainct Eloy de Fourques, Sainct Pierre du Bosguérard, et aultres paroisses du diocèse, salut, de la part de Thieuville escuier et sieur de Questeville, tutteur institué par justice de l'enfant de veufve et Damoyselle Louyse de Courselles, femme de Charles Despatis (sic) escuzier et sieur du Vieil Evreux. Le dict tutteur permis par sentence donnée du sieur Lieutenant particullier civil et criminel de Monsieur le bailly de Rouen au siège de Pontaudemer

le vendredy quatorziesme de juillet dernier, ...
ces présentes pour avoir révellation et congnoissance de
quelques malveillants à luy incongnus . . . depuis ung an
auroient malicieusement tant de jour que de nuict au préjudice du dict tutteur enlevé une grande quantité de biens
meubles bestiaulx et aultres ustensiles de mesnages qui
estoient reportés au manoir seigneurial du Houllebec des-
laissez en icelluy apprès le deceds de deffuncte Dame
Suzanne du Val de laquelle le dict enfant seroit et est héritier, mesme pour avoir revellation et congnoissance des
personnes qui auroient substraict mal print et enlevé et
qui seroient saisis de lettres et escriptures tiltres de . . .
seigneuriaultz et fonciers de la dicte terre d'Houllebec.
Ensemble des racquitz quittances et francs isseües faictz
par la dicte Dame en son vivant à ses creantiers. En quoy
led. tutteur du led enfant mineur estre préjudice de plus
de dix mil livres ne pouvant led. suppliant avoir congnoissance de tout ce que dessus ny mesme des tesmoings qui
peuvent rapporter la vérité et sont delazants de le faire
s'ils ny sont contraints par les présentes . . . . qu'il
nous a humblement requises quaccorde . . . . . Quotitia
vobis mandamus quatenus per tres dies dominicos conti-
nuos in prosno missæ parrochiæ . . . designando sciet
nominando nomine malefactores satisfaciendo citari vero
qui de previssus (?) notitiam habentes . . . . . quicquid
videbunt ant scienbunt (?) quod si facies (?) rescescam-
bunt (?) lapsus dictis diebus tribus diurnis continuis ac
monitione canonica hujusmodi præmia (?) Ipso in hoc
scripta excommunicamus et quicd œva (?) agrariarus (?)
singulis diebus dominicis et festivis candelis (?) . . . . . .
et campanis pulsantibus pallam (sic) publice excommu-
nicatos et agrariatos denumtiatos. Datum Rothomagy
anno die milleismo sexcentesimo trigesmio quarto die duo

mensis Augusti . . . . et d'autant qu'il est nécessaire de faire publier les présentes à d'autres endroicts
nous voullons que aux vidimus ou coppies d'icelles
approuvées et collationnées par nostre greffier foz y soit
adjointe comme au présent original. »

LE ROYER.   PLANNAULDE.

(Original sur parchemin. Archives de la famille de
Postis du Houlbec.)

Notre dernier mot sur Suzanne du Val sera un mot
d'admiration.

Veuve, son sort ne lui avait réservé que des angoisses ;
remariée, elle avait bu à la coupe de l'épreuve ; veuve de
nouveau, chacun des jours de sa longue vie n'avait été
qu'une chaine non interrompue de malheurs d'autant plus
douloureux qu'ils étaient intimes, malheur qu'elle avait
supportés avec un courage viril dont beaucoup d'hommes
eussent été incapables, et avec cette tenacité tranquille
qui d'ailleurs est la vraie force. De telle sorte que suivant
une parole demeurée célèbre, ou pourrait dire : « Suzanne
du Val fut un grand homme ! » Elle demeurera dans l'histoire une figure curieuse à des titres variés.

Après Suzanne du Val, une autre figure presque aussi
intéressante s'offre à notre plume :

MARGUERITE DE CHESNARD

Son port élevé, sa figure intelligente, son sourire gracieux, ses nobles manières séduisaient tous ceux qui
l'approchaient, et nous n'avons aucune peine à nous
expliquer qu'un de Postis du Houlbec ait rêvé d'en faire

la reine de son manoir aussi bien que celle de son cœur.

Compagne aimante, dévouée, modeste, elle était heureuse de voir son foyer se peupler et de nombreux enfants y prendre place. Nature exquise, enveloppée d'une incomparable bonne grâce, elle voyait son salon le rendez-vous de toute la noblesse du pays sur laquelle sans même s'en douter — elle avait pour principe qu'une femme gagne toujours à se taire — elle exerça une influence immense et des plus fructueuses, car la vertu germait dans le sol de son cœur, comme la fleur germe dans un sol riche et fécond.

Sincèrement chrétienne, profondément pénétrée de ses devoirs, animée du désir du bien, elle ne dédaignait pas d'enseigner le catéchisme aux enfants. Une de ses grandes joies était de voir ses fils, à tour de rôle, servir à l'autel. Souvent même elle leur répétait que le plus grand honneur qui puisse advenir à une famille chrétienne, si haute soit sa naissance, si glorieux soient ses ancêtres, est de compter dans ses rangs un ministre du Roi des rois.

Aussi ne sommes nous point surpris de la voir offrir joyeusement à Dieu un de ses fils qu'elle présentera elle-même à la modeste cure du Houlbec, pas plus que nous ne sommes étonné de lire, dans sa fondation, gravée sur la pierre, l'obligation « *de chanter chaque dimanche après Vêpres, les commandements de Dieu* ».

C'est bien là en effet la conduite d'une mère chrétienne et d'une châtelaine ayant au cœur la passion du bien et soucieuse de l'intérêt des âmes.

Cette brève esquisse offrant tous les traits saillants de sa physionnomie morale, nous nous arrêtons pour ne pas entrer dans le récit des nombreux faits aussi admirables qu'ils lui étaient naturels dont sa vie est émaillée, comme une prairie est naturellement émaillée de fleurs.

Il est aisé de comprendre l'influence exercée sur la modeste population du Houlbec par les seigneurs du pays et les compagnes de haute valeur et de grand mérite qu'ils avaient eu le bonheur de s'ajoindre.

Une estime mutuelle entre les Châtelains et les habitants du Houlbec, le respect de ceux-ci envers leurs seigneurs et le dévouement de ces derniers à l'endroit de ceux que nous oserions appeler leurs heureux feudataires ne faisaient des uns et des autres qu'une seule famille qui vivait dans l'union, la paix et le bonheur, à l'ombre du clocher et du manoir seigneurial, ignorant le mirage trompeur des villes où, depuis, tant de leurs descendants sont allés se fixer, persuadés qu'il n'y a qu'à se baisser dans les rues pour y ramasser l'or à pleines mains, et où ils n'ont peut-être trouvé que la honte et le désespoir.

Oui, on était heureux au Houlbec, et l'on n'avait qu'à se féliciter des excellents rapports qui, depuis des siècles existaient entre le manoir et la chaumière. Que de fois n'avons-nous pas constaté par des actes authentiques, consignés aux archives de la paroisse, la part empressée autant que généreuse que prenaient les châtelains aux naissances et aux mariages qui avaient lieu au Houlbec !

Aussi est-ce sans étonnement que nous n'avons rencontré aucun document nous relatant soit la pépétration de quelque crime, soit l'existence de désordre ou de révoltes dans cette paroisse.

Deux fois seulement nous avons vu les seigneurs intervenir et exercer leur droit de justice, mais en vrais juges pacificateurs, concernant un acte d'indélicatesse et un refus de la part d'un frère de donner connaissance à sa sœur des papiers de famille détenus en sa demeure.

Mais pour douce et touchante que soit cette évocation du passé, ce n'est pas sur elle que nous devons finir. Il

nous faut arriver à l'époque de la première révolution
pour constater la transformation rapidement opérée et
dans les esprits et dans les cœurs par les idées nouvelles
et la déclaration des droits de l'homme.

Que notre devoir d'historien impartial ne nous permet-il
de jeter un voile sur cette période néfaste!

Pour expliquer ce changement, il suffit de se rappeler
que l'on avait imaginé de réveiller les plus mauvais ins-
tincts des masses en faisant miroiter à leurs yeux l'appa-
rition prochaine de l'âge d'or, véritable mirage plus facile
à promettre qu'à réaliser.

On a dit avec raison que la foule demeure toujours
enfant, sans jamais atteindre l'âge de raison. Les fan-
tômes lui font peur et les mots sonores lui plaisent,
comme aux enfants. Aussi les révolutionnaires durent-ils,
en grande partie, leurs succès aux spectres qu'ils agitaient
contre la royauté, contre la noblesse et contre le clergé ;
et aux grands mots si retentissants et si emphatiques de
Liberté, d'Égalité, de Fraternité.

Plusieurs habitants de l'humble paroisse du Houlbec
adoptèrent avec enthousiasme les idées nouvelles, et y
prirent la tête du mouvement, pendant que d'autres plus
timides observaient, avec cet instinct lâche des foules
qui se mettent toujours du côté du manche et attendent
le succès pour s'y rallier.

Les châtelains du Houlbec eurent à passer de bien
mauvais quarts d'heure, car la révolution qui s'achemi-
nait à grands pas était loin d'être la république idéale
faite de justice et de vraie liberté qu'on aurait pu rêver.

Dénonciations malveillantes, visites domiciliaires, vol
de la place du froc de l'église que ces Messieurs avaient
un peu prétentieusement déclaré *place d'armes,* profanation des tombes des ci-devant seigneurs, grattage des

armoiries dans l'église et de tout ce qui pouvait rappeler l'ancien régime, aucun vexation ne leur fut épargnée et ce n'était qu'une préface, un avant-propos.

Et ils ne pouvaient songer à faire appel à la justice, car ils n'ignoraient pas que ceux qui demandaient des juges, ne trouvaient que des bourreaux et que c'est au au nom de la Liberté, de l'Égalité et de la Fraternité que le sang a coulé et que les plus criantes injustice ont été commises.

Vraiment ces mots emphatiques, seulement inscrits sur les murs, sonnaient faux dans la bouche de ceux qui prétendaient s'être donné pour tâche de supprimer des abus et qui en commettaient de plus grands, de réparer des injustices et qui perpétraient le vol d'un simple trait de leur plume. Et voilà pourtant les gens qui ne cessaient de blâmer la formule du bon plaisir : « *Sic volo, sic jubeo.* »

A Sparte on présentait à la jeunesse un ilote ivre pour lui inspirer l'horreur de l'ivrognerie. Il nous semble que la vue des fautes nombreuses et des excès commis par les Jacobins, aurait dû inspirer à tout jamais des idées saines et droites aux générations à venir.

Cependant le curé de la paroisse, comme nous l'avons dit, voyant monter le flot révolutionnaire jusqu'au Houlbec, et voulant conserver son honneur intact et sa conscience sans reproche, crut sage de prendre le chemin de l'exil et de refuser obéissance à la constitution civile imposée injustement au clergé.

Dès lors plus de fêtes religieuses, plus de dimanches, plus de messes consolantes, plus de sacrements administrés, sauf à de rares intervalles et en cachette, par l'abbé Regnoult, ancien curé de Saint-Georges-du-Theil, retiré en sa famille à Saint-Eloy-de-Fourques, et qui, déguisé

en marchand de chevaux, exerçait çà et là le saint minis-
tère (Voir *Monog. du Gros-Theil*, par l'abbé Heullant,
p. 143).

Les quelques Jacobins du Houlbec dont nous possédons
les noms, essayèrent d'organiser des fêtes dites nationales. Mais à ces fêtes les honnêtes gens refusèrent de
prendre part, et ceux même qui y assistaient le faisaient
sans conviction.

Un jour de décadi, on imagina de singer les villes, en
plantant sur le froc ou *place d'armes*, sans doute pour
affermir l'ère nouvelle, l'arbre du peuple, *populus*, un peuplier.

Mon Dieu, si nous ne nous étions proposé de n'être
jamais méchant, nous eussions eu, avouons-le, un malin
plaisir à citer ces vers du poète :

> Que cet arbre n'est-il un chêne!
> Il aurait pu nourrir sans peine
> Avec le gland qu'il eût porté
> Les *citoïens* qui l'ont planté!

Quant aux chauffeurs de pieds condamnés à mort pour
vol et assassinat, contentons-nous de dire que deux furent
de la paroisse du Houlbec, au hameau des Hayes.

(*Monog. de S -G.-du-Theil*, p. 174 et suiv.).

Le Jacobinisme en enlevant la crainte de Dieu dans
les âmes, prouvait par des faits qu'il n'avait rendu
personne ni plus sage, ni plus honnête, ni plus ver-
tueux.

Quant aux révolutionnaires du Houlbec, sans doute fiers
de leurs exploits, s'ils croyaient pouvoir monter au capitole,
persuadés qu'ils avaient sauvé la France, ils ne pouvaient
certes pas se vanter d'avoir réussi à faire naître l'âge d'or,
car la misère augmentait de toutes parts, et des bandes de

miséreux demeurées légendaires inspiraient autrement
de terreur que les ci-devant seigneurs.

Répétons en terminant que nous ne nions pas les fautes
commises par certains nobles, mais nous estimons qu'il
serait souverainement injuste de les faire retomber sur
la noblesse entière. Bazaine et Dreyfus ne personnifient
pas l'armée.

Aussi bien, aurait-on grandement tort d'oublier les
vertus, les générosités et les mérites d'une foule de
membres de cette même noblesse.

TABLE ALPHABÉTIQUE

DU TERRIER DE LA SEIGNEURIE DU HOULBEC, VERS 1788

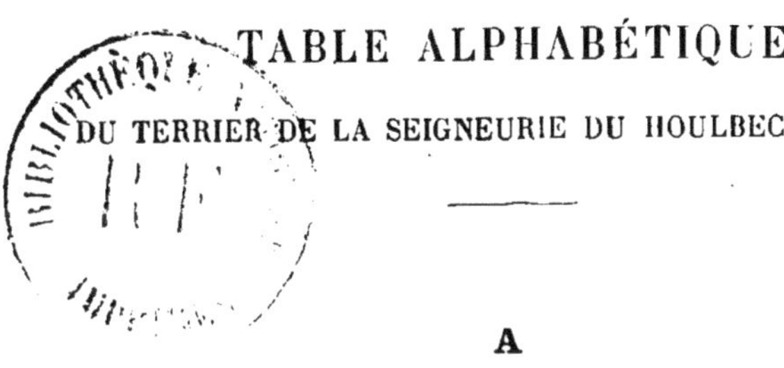

A

Anias (Michel), fils Michel, art. 16.

Anias (Jean-Pierre), fils Pierre, art. 181.

Assire (Jean-Pierre), fils Jean-Pierre, art. 87, 100, 115, 118, 446.

Assire (Jacques-Eustache), fils Jacques, art. 110, 114, 280.

Assire (Jacques-Philippe), fils Philippe, art. 112, 446, 723.

Assire (Jean-Michel), fils Robert, art. 110, 841, 850, 852, 880.

Assire (Louis), fils Jean-Baptiste, art. 96.

Auger (Jean-Baptiste-Pierre), fils Pierre, art. 73, 79.

Amand (Pierre-Nicolas et Jean-Pierre Saint-), frères et enfants de Pierre Nicolas, art. 51.

Auber (Charles), fils Charles, art. 378.

B

Bourville (M. le Président de), art. 62, 270.

Boismarre (Guillaume), fils Thomas, art. 579, 581, 583, 587, 609.

Boisselier (Geoffray), fils Geoffray, art. 445, 511.

Boisselier (Jean), fils Jean, art. 300, 368, 374, 376, 387, 421, 428, 445, 686, 768, 811, 860.

Bourg (Jean-Baptiste le), fils Jean Baptiste, art. 170, 260.

Bourg (Pierre-Georges le), fils Nicolas, art. 574, 868.

Bourg (Jacques le), fils Pierre, art. 175, 186, 665, 673.

Bourg (Joseph le), fils Joseph, art. 431, 450, 672.

Bourg (Nicolas le), fils Pierre, art. 213, 665, 685, 805, 815.

Bourg (Marie-Suzanne-Élisabeth le), fille Jean Pierre, veuve Pierre Fleury, art. 430, 663, 701, 716, 717.

Baillehache (Marie), fille de Jacques, art. 762, 770, 813, 828, 858, 865, 867.

C

D

E

F

M

N

O

P

Cette table du terrier de la Seigneurie du Houlbec ne laisse aucun doute sur l'importance de cette terre.

Nous ferons remarquer que beaucoup des familles dont les noms figurent dans la liste ci-dessus subsistent encore dans la contrée et que trois d'entre elles, comme nous l'avons dit, payent encore à la famille de Postis du Houlbec, « par chacun an » une rente seigneuriale parfaitement légale.

TABLE DES MATIÈRES

—

9 782019 937423